MERIAN *momente*

KUBA

BEATE SCHÜMANN

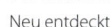

KUBA ENTDECKEN
Höhepunkte für eine unvergessliche Reise   4

KUBA ERLEBEN
Ausgesuchte Adressen und Empfehlungen   20

KUBA ERKUNDEN

Die Orte, die Regionen,
die Sehenswürdigkeiten   62

QUER DURCH KUBA

Touren und Ausflüge   156

KUBA ERFASSEN

Zahlen, Fakten, Hintergründe   166

IM FOKUS

Kleine Reportagen aus Kuba

KARTEN UND PLÄNE

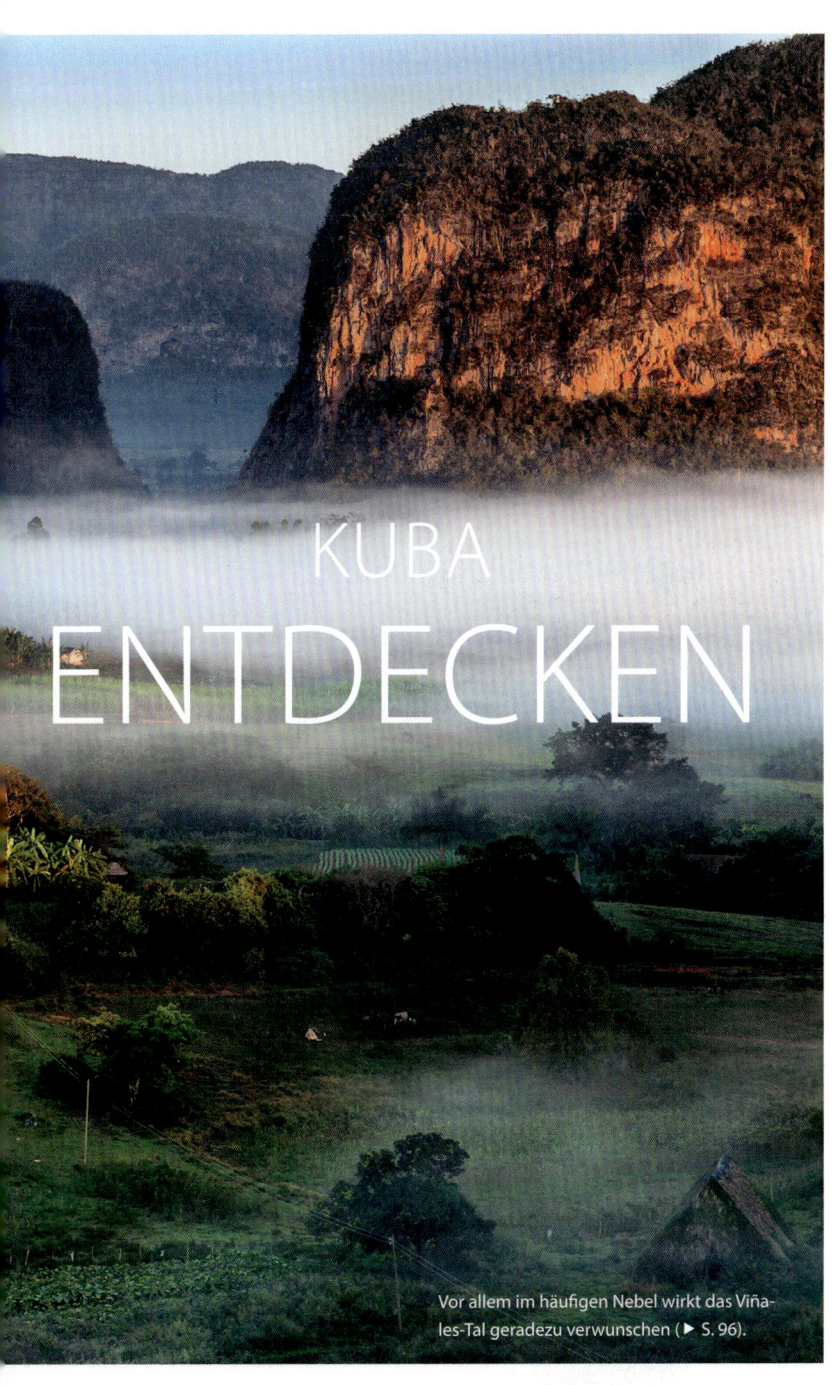

KUBA
ENTDECKEN

Vor allem im häufigen Nebel wirkt das Viñales-Tal geradezu verwunschen (▶ S. 96).

MEIN KUBA

*Mythos und Phänomen, berührend und überraschend:
Die größte der großen Antillen ist viel mehr als paradiesische
Karibik, sie bietet auch die unvergessliche Begegnung mit einem
Volk, für das Solidarität mehr als nur ein Wort ist.*

Oftmals fragte man sich, was wohl aus Kuba werde – ohne Fidel? Nun ist
der rote Caudillo Ende letzten Jahres gestorben. Die kubanische Symbol-
figur verschied am 25. November, dem 60. Jahrestag seiner Rückkehr aus
dem Exil, um auf Kuba die Revolution anzufachen. Symbolhaft noch im
Tode. An manchen Straßen ist jetzt ein neues Großplakat hinzugekom-
men, das das Bildnis des jungen Máximo Líder aus der Zeit der Revolution zeigt – »Yo Soy Fidel« steht darauf. »Ich bin Fidel«, heißt das oder
»Ich bin treu«, und es will sagen: »Sei der Revolution treu wie Fidel.«
Doch die Revolution war gestern. Die Gegenwart heißt Marktwirtschaft.
Eine neue revolutionäre Umwälzung ist längst im Gange: der Umbau des
Sozialismus. Seit Fidel seinem drei Jahre jüngeren Bruder Raúl Castro

◄ Bröckelnder Charme: neomaurische Fassa-
denornamente in Havannas Altstadt (► S. 66).

2008 die Regierungsgeschäfte übertragen hat, erlebt das Land eine er-
staunliche Entwicklung. Der Not gehorchend, gab der pragmatische
Funktionär auf der roten Insel grünes Licht für freies Unternehmertum
und Privatbesitz. Raúl Castro will die Geschicke des Landes noch bis 2018
bestimmen, einen Stellvertreter aus der jüngeren Riege hat er aber schon
bestellt: Miguel Diaz-Canel. Castros Kronprinz ist linientreu, zitiert allerdings gern den Nationalhelden José Marti: »Zurückblicken ist wertlos.«
Inzwischen kamen auch vom mächtigen Nachbarn im Norden Zeichen
der Entspannung. US-Präsident Barack Obama verkündete im Dezember
2014 das Ende des Kalten Krieges. Erst besuchte Papst Franziskus die Insel,
dann kam Obama selbst, gefolgt vom internationalen Jetset wie den Rolling Stones, Paris Hilton und Karl Lagerfeld. Das Embargo wurde gelockert. Inzwischen gibt es Internet, Starbucks und McDonald's sind aber
noch weit entfernt. »Bei uns haben sich viele Türen geöffnet«, sagt Javier
in Trinidad. Aber es seien kubanische Türen; es gehe eben langsam. Seine
Vision ist ein Sozialismus mit guten Lebensbedingungen. So wie Javier
denken heute viele. Denn die Schattenseiten der Reformen zeichnen sich
bereits ab: Die Gesellschaft spaltet sich – Gleichheit »adios«. Wer einen
Erwerb im Tourismus findet, wo der Peso Convertible (CUC) die gängige
Währung ist, lebt im Überfluss. Wer keine CUCs verdient, ernährt sich
von Reis und Bohnen. In Kuba prallen zwei Welten aufeinander.
Die besonderen Erlebnisse in diesem Land sind persönliche Begegnungen mit seinen Menschen. Es war in der tiefsten Versorgungskrise Kubas
nach dem Zusammenbruch der Sowjetunion – jene Zeit, in der es auf
Kuba noch aussah wie vormals in der DDR: Die Orte grau und irgendwie
menschenleer, außer Propandaschildern keine Werbung, Lebensmittel
nur auf Karte, Benzin nur für Funktionäre. Wir standen vor einer Bau-
grube in Varadero, wo eines der ersten Hotels für den Tourismus entstand, den Fidel Castro als neues Devisenbeschaffungsprogramm ausgerufen hatte. Das Gesicht des Mannes war von der Sonne gegerbt und
seine hagere Gestalt in einen verwaschenen Drillich gehüllt. In der Hand
hielt er eine Orange, damals kostbare Vitaminbomben, über deren Ver-
teilung der Staat wachte. »Also aus West-Deutschland bist du«, sagte er
und murmelte verlegen, »das kapitalistische Deutschland also.« Dann
hob er den Kopf, sah mich an und hielt mir eine Orangenscheibe hin.
Mir, die ich gerade ein Frühstück verzehrt hatte, von dem er in diesen

Zeiten nur träumen konnte. Aber alle Abwehr half nichts. »Doch doch, nun nimm doch!«, insistierte er: »Wir sind doch alle Brüder.«

Dieser ersten Begegnung mit dem »socialismo tropical« Kubas folgten viele weitere. Und immer lockten nicht nur die Sonne, die wunderbaren Strände oder die damals in unglaublicher Geschwindigkeit entstandenen Ferienresorts, sondern auch die Menschen, diese Lebenskünstler. Man litt mit ihnen, man tanzte mit ihnen nach den Melodien des Welt-Filmhits »Buena Vista Social Club«, freute sich über die ersten Genehmigungen für Privatquartiere (»casas particulares«) und private Restaurants (»paladares«) und ist jetzt erleichtert über die aktuelle Aufbruchsstimmung.

KOLONIALE SCHÄTZE UND URALTE STEINRIESEN

Kuba ist unvergleichlich. Man muss hinter seine oft noch schäbigen Fassaden gucken und seine Bewohner treffen, um dem Land näherzukommen. Beste Voraussetzung: mindestens drei Tage und Nächte in der ungewöhnlichsten Metropole, die ich kenne – Havanna. Das Einmalige an ihr entdeckt man zu Fuß oder nachts mit dem Taxi: die vor Läden, Restaurants, Bars und Hotels berstenden, restaurierten alten Paläste in der Altstadt, die Überlebenskünstler in den Seitengassen des Centro. Die zurückkehrende Dekadenz in den Jazz- und Salsaclubs Vedados, die Eleganz Miramars mit seinen größtenteils wieder hergerichteten Art-déco-Villen direkt am Meer.

Dazu ein Abstecher in die Vergangenheit: nach Trinidad. Von den vielen neuen Restaurants und Bars abgesehen, die in die alten Häuser einzogen, sieht es immer noch so aus, als wäre es vor 200 Jahren erstarrt. Enge Gassen voller unebener Kopfsteinpflastersteine, koloniale Prachtbauten mit schweren großen Holztüren und hohen Fenstergittern, drinnen hohe Balken, an denen kostbare Glaslüster hängen, und kühle Patios. Gesehen haben sollte man auch das Valle de Viñales. Mächtige Kalkblöcke, »mogotes« genannt, erheben sich dort wie gebeugte Riesen aus flacher fruchtbarer roter Tabakerde, abgeschliffen von den Millionen Jahren, die sie auf dem Buckel haben, und von tropischem Grün überwuchert. Ein Bild von biblischer Wucht. Jeder Riese hat einen Namen und ist von Wanderwegen wie von Riemen überzogen, auf denen sich – fasziniert und vorzugsweise im Morgennebel – Urlauber aus aller Welt tummeln.

AUF DÄMMEN ÜBER DAS MEER ZU DEN INSELN

Und wo macht man am besten Badeurlaub? Havanna-Fans mögen die nahen Playas del Este genügen. Oder das berühmte, nur eine Autostunde weiter gelegene Varadero, das inzwischen viel besser ist als sein Ruf. Den schönsten und längsten Strand, die beste Infrastruktur und von Devisen verwöhnte, also höchst entspannte Kubaner bietet es allemal. Von unvergleichlichem Zauber aber sind die unzähligen Inseln, gerahmt von hellen puderfeinen Stränden und unversehrten Riffen. Cayo Largo etwa, ein Inseltraum im südlich vorgelagerten Canarreos-Archipel. Oder die Cayos der Cayería del Norte und der Jardines del Rey, beide zum Sabana-Camagüey-Archipel gehörig. Man fährt einfach auf Dämmen zu den Inseln hinüber. Rechts und links wogt das Wasser, Schwärme von Flamingos ziehen über den Besucher hinweg, und alle Alltagslast ist vergessen.

EINE INSEL, VIELE LEBENSWELTEN

Von Havanna oder Varadero aus erschließen sich die bekanntesten Attraktionen Kubas: im Westen Viñales mit seinen weltberühmten Tabakregionen, im Süden das größte Sumpfgebiet der Karibik, die Ciénaga de Zapata, dazu die angrenzende Schweinebucht und nur etwas weiter die einstigen Zuckermetropolen Cienfuegos und Trinidad. Ebenso der kontrastreiche Nordosten mit Santa Clara – der Stadt, in der Che Guevara den Sieg der Revolution besiegelte und in der heute sein Memorial steht. Sie ist zugleich das Tor zu den Inseln des Archipels Sabana-Camagüey. Hier wechseln sanfte Mittelgebirge mit den archaischen »mogotes« ab, weite volkseigene Plantagen für Zuckerrohr oder Zitrusfrüchte mit boomendem Kleingewerbe in den Dörfern und Städten. Alles scheint hier quirlig und umtriebig.

Ganz anders der Osten. Weite Ebenen und gewaltige Gebirge dominieren die Landschaft, vereinzelt sind Dörfer und Städte eingestreut. Die Brise vom Meer, die einst Kolumbus hier anspülte, ist frischer, die Küste zerrissener. Holguín, die größte Stadt, rahmen Berge wie die Zinken einer Krone. Hier landen alle, die zu den schönen Strandbuchten und Ferienresorts der Costa Esmeralda wollen oder jene, die im Humboldt-Nationalpark wandern oder auf den Spuren der Revolution wandeln, deren Sieg Castro in Santiago de Cuba verkündete. Vor nunmehr über 50 Jahren.

Die Autorin Beate Schümann ist eine erfahrene Reisejournalistin. Sie wurde in Hamburg geboren, studierte Geschichte und spezialisierte sich auf Lateinamerikanistik. Sie schreibt Reportagen für verschiedene Zeitungen und Zeitschriften und verfasste eine ganze Reihe von Reiseführern und Reisebüchern. Die Karibikinsel lernte sie auf zahlreichen Reisen kennen. Kaum ein Land auf dem Kontinent fasziniert sie so wie Kuba. Heute lebt sie in Schwerin.

MERIAN TopTen

Diese Höhepunkte sollten Sie sich bei Ihrem Besuch
auf keinen Fall entgehen lassen: Ob Havanna, Viñales
oder Trinidad – MERIAN präsentiert Ihnen hier
die wichtigsten Sehenswürdigkeiten Kubas.

1 Parque Nacional Alejandro de Humboldt

Kubas wichtigster Nationalpark mit Regenwald und gut 2000 Pflanzenarten bedeckt große Teile des Inselostens und ist UNESCO-Weltnaturerbe (▶ S. 33).

2 Havanna

Eine einzigartige Millionenstadt zwischen schöner Kulisse, Verfall und spannender Aufbruchsstimmung (▶ S. 64).

3 Museo Casa Ernest Hemingway, San Francisco de Paula

In der Finca, die Hemingway mehr als 20 Jahre bewohnte, erhält man Einblick in sein Privatleben (▶ S. 81, 158).

4 Viñales

Mit seinen grün überwucherten uralten Kalksteinfelsen auf roter Tabakerde übt das Tal eine fast magische Wirkung auf Besucher aus (▶ S. 96, 162).

5 Jardines del Rey

Die Krönung von Kubas vorgelagerten Inselwelten – ein Traum für Strandläufer, Schnorchler und Taucher (▶ S. 104).

6 Monumento Memorial Che Guevara, Santa Clara

Die Pilgerstätte für alle Fans des berühmten Comandante der Revolution befindet sich in der Provinzhauptstadt Santa Clara (▶ S. 108).

7 Varadero

Der legendäre Ferienort an der Nordküste nennt einen der schönsten Strände der Insel sein Eigen und ist auf dem
besten Weg, wieder Kubas mondänstes
Badeziel zu werden (▶ S. 111).

8 Trinidad

Der Zuckerboom des 19. Jh. lässt grüßen: Kolonialstil in Reinkultur und internationales Flair prägen eine der ältesten, elegantesten und besterhaltenen
Städte Kubas (▶ S. 133, 160).

9 Finca Mañacas, Birán

Wer wissen will, wo und wie Fidel Castro die ersten Lebensjahre verbrachte,
besucht seine elterliche Finca, die tiefe
Einsichten in seine Herkunft und seine
Jugendzeit zulässt (▶ S. 149).

10 Santiago de Cuba

Die alte Festungsstadt ist das New Orleans von Kuba, afrikanischer und mu-
sikalischer als der Rest der Nation. Sie
tanzt und swingt zu Rhythmen, die jeden mitreißen (▶ S. 150).

MERIAN Momente
Das kleine Glück auf Reisen

Oft sind es die kleinen Momente auf einer Reise, die am stärksten in Erinnerung bleiben – Momente, in denen Sie die leisen, feinen Seiten der Insel kennenlernen. Hier geben wir Ihnen Tipps für kleine Auszeiten und neue Einblicke.

1 Der Malecón – die Erlebnismeile der Hauptstadt ⟩ E1

Auf dem 8 km langen Malecón von Havanna läuft sich die halbe Stadt über den Weg, turtelt, musiziert, angelt, radelt, schaut aufs Meer, wenn die Sonne versinkt, oder spielt »Du kriegst mich nicht« mit der Gischt der Wellenbrecher. Beschwingt beginnt man seinen Spaziergang nach einem Cocktail im Sloppy Joe's, der wiedereröffneten, legendären 1950er-Jahre-Fast-Food- und Cocktailbar, in der einstmals Stars wie Frank Sinatra verkehrten und in der

auch schon Graham Greenes »Mann aus Havanna« seinen Hunger mit einem »Sloppy Joe« stillte, dem angeblich ersten Hackfleisch-Burger Amerikas.
🕐 Kommen Sie am besten gegen 16 Uhr. Havanna | Calle Zulueta 252 y Ánimas | Tel. 07/8 66 71 57 | tgl. 10–24 Uhr | www.sloppyjoes.org | €€–€€€

2 Mit Donnerhall in die Nacht von Havanna ⟩ E1

Früher waren die Kanonenschüsse für die Bewohner das Signal für die Schließung der Stadttore. Heute läutet der

Cañonazo in der Fortaleza de la Cabaña um 21 Uhr lautstark die heißen Nächte der karibischen Großstadt ein. Die imposante Festung, die am Ostufer an der engsten Stelle von Havannas Hafeneinfahrt an das ältere Fort El Morro anschließt, wurde 1764 nach dem Abzug der Engländer erbaut. Mit einer Fläche von 10 ha gilt La Cabaña als die größte spanische Bastion Amerikas. Die Anlage bot mehr als 500 Soldaten Platz.

In historischen Kostümen feuern heute Soldaten der Revolutionären Streitkräfte Kubas den Schuss ab, eine Tradition, die seit der Kolonialzeit gepflegt wird. Wer das Ritual lieber aus ohrenschonender Entfernung erleben will, sollte ins Moneda Cubana gehen und es von der Dachterrasse des privaten Restaurants aus entspannt zu einer Languste genießen. Rechtzeitig kommen!

Havanna | Havana vieja | Calle Empedrado 152 | Tel. 07/8 61 53 04 | tgl. 12–24 Uhr | www.lamonedacubana. com | €€€

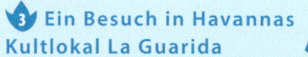 Ein Besuch in Havannas Kultlokal La Guarida   E1

Es spielte nicht nur eine wichtige Rolle im Film »Erdbeer und Schokolade« und ist eines der ältesten wie besten privaten

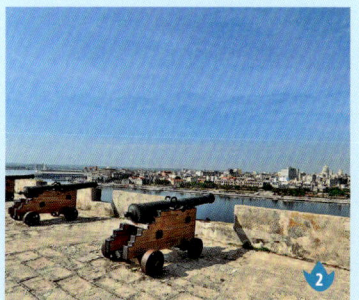

Restaurants – allein der Aufstieg hinauf in den dritten Stock ist ein denkwürdiges Erlebnis. Nur selten erhält man einen so guten Einblick in die improvisierten Innenwelten von Havannas Altbauhäusern. Havannas bekanntestes Privatrestaurant liegt im Oberstübchen eines alten, innen ziemlich verfallenen Stadthauses im Zentrum. Im Lokal ist es behaglich wie in der guten Stube von alten Freunden. Genauso fühlt man sich auch bewirtet. Unter den Gästen sind Prominente, Diplomaten und reiche Kubaner. Reservieren!

Havanna | Centro Habana | Calle Concordia 418 e/ Gervasio y Escobar | Tel. 07/8 66 90 47 | www.laguarida.com | Mo–Fr 12–15, 19–24, Sa, So 19–24 Uhr | €€€–€€€€

 Viñales – die Wucht der Natur im Morgenlicht   C2

Wenn der Morgennebel die »mogotes« umwabert, verharren selbst kühle Denker oft in stummer Andacht. Schließlich sind die gebeugten Kalksteinriesen erdgeschichtliche Greise, Zeugen einer Zeit, als Kuba noch mehrfach geteilt war und ein Urmeer über den mächtigen Korallenstöcken wogte. Für den besten Blick kann man zu Aussichts-

punkten fahren, seiner »casa particular« aufs Dach steigen oder sich gleich im Hotel Los Jazmines einquartieren, das besonders schöne Ausblicke bietet. Zur Panoramaterrasse mit Pool gesellen sich hier viele Annehmlichkeiten wie Ausflugsservice und ein ruhig gelegenes öffentliches Kartentelefon.

🕐 Am schönsten ist es um ca. 6 Uhr. Viñales | Ctra. de Viñales, km 23 | Tel. 048/79 62 05 | www.cubanacan.cu | 77 Zimmer | €€

5 Cayo Coco – die Fahrt zur Insel ist das Ziel   L2

Sie beginnt mit der Passkontrolle an der Schranke zum »pedraplén« (Damm) und führt über ein Dutzend Brücken – weit fort vom kubanischen Alltag und so wunderbar mitten durchs Meer, dass man am liebsten nie ankommen will. Unbedingt ein Fernglas mitnehmen – unterwegs kann man oft ganze Schwärme von Flamingos beobachten!

Überfahrt: je 2 CUC Hinfahrt und Rückfahrt | Länge des pedraplén: 17 km

6 Sancti Spíritus – am Puls der Geschichte   J3

Freunde Lateinamerikas kommen in der Iglesia Parroquial Mayor an der Plaza Honorato einem historischen Ereignis nah: In der Vorgängerkirche hielt der Dominikaner Bartolomé de Las Casas 1514 seine berühmte Pfingstpredigt, in der er sich erstmals für den Schutz der Indianer einsetzte.

Die uralte Stadt lohnt eine Übernachtung, und am schönsten residiert man gleich gegenüber in der Hostal del Rijo. Hohe herrschaftliche Flure und Zimmer, zum Teil mit Blick auf die Plaza Honorato, sorgen in diesem gut geführten Haus für das behagliche Gefühl, eine Oase zu bewohnen.

Sancti Spíritus | Honorato del Castillo 12 | Tel. 041/32 85 88 | www.islazul.cu | 16 Zimmer | €€

7 Trinidad – Musik als verbindendes Erlebnis   H3

Ungeduldige sitzen schon kurz vor Sonnenuntergang auf den Stufen, gegen 20 Uhr bevölkert sich die Treppe, und wenig später, wenn Livebands einheizen, kommt die Menge richtig in Schwung. Nach und nach stehen die Menschen auf und tanzen auf den Stufen bunt durcheinander nach den flotten Rumba-, Salsa- oder Son-Rhythmen der oftmals jungen kubanischen Bands, die nicht selten hier ihr Coming-out haben und mit der gleichen Begeisterung bei der Sache sind wie ihr internationales Publikum. Das allabendliche Konzert bringt sie alle zusammen, Alte und Junge, Fremde und Einheimische – ein unvergessliches Erlebnis. Das »Haus der Musik« wacht mit seinem kleinen Vorplatz über den Trubel oben auf der Treppe.

Trinidad | Calle Cristo | Tel. 05/41 93 41 4 | http://promociones.egrem.co.cu | tgl. ab 22 Uhr Nachtclub | Eintritt 2 CUC

8 Bayamo – ein Blick auf das neue Kuba ▌05

Wer in Bayamo über die Fußgängerzone der Calle General García an Restaurants, Bars und Läden vorbeispaziert, spürt die Kraft der Wende wie kaum anderswo. Die wenig touristische und selbstbewusste Stadt ist wie gemacht für kleine Entdeckungen. Gute Basis: ein Besuch des Museums für den Vater der Nation. Im Geburtshaus von Manuel Céspedes (1819–1874) sind neben kostbarem Mobiliar viele Dokumente aus seinem Leben als Freiheitskämpfer im ersten Unabhängigkeitskrieg zu sehen. Bayamo | Calle Maceo 57 | Di–Fr 9–17, Sa 9–14, 20–22, So 10–13.30 Uhr | Eintritt 1 CUC

9 Santiago de Cuba – schöner als im Kino 👫 ▌P6

Drohend wacht die wuchtige Festung Fortaleza de San Pedro de la Roca del Morro auf einer 60 m hohen Klippe am Ostrand der engen Einfahrt zur Bahía de Santiago de Cuba. Atemberaubend der Blick über das weite Meer, schwindelerregend steil die 207 Treppen hinunter zum Wasser und verwirrend das Labyrinth aus Gängen und Brücken, Treppen und Gräben: Diese abenteuerlich in die Klippe erbaute Festung versetzt wunderbar in alte Piratenzeiten. Dazu gibt es eine kleine Ausstellung.

Ähnlichkeiten mit El Morro in Havanna sind nicht zufällig, Architekt war in beiden Fällen der italienische Festungsbaumeister Juan Bautista Antonelli. Ab 1590 wurde in Santiago mit der Errichtung begonnen: mit dreifachen Gräben, mehreren Zugbrücken, zwei doppelten symmetrischen Bollwerken und sechs verschiedenen Ebenen für die Feuerlinie. Von der untersten bis zur obersten Ebene mussten die Soldaten rund 250 Stufen im Laufschritt überwinden. Der Castillo de San Pedro de la Roca galt als eine der gewaltigsten Festungen in der Neuen Welt. Seit 1997 steht er auf der Liste des UNESCO-Weltkulturerbes.

🕐 Die Sonne steht besonders günstig am Vormittag für eine Besichtigungstour. Santiago de Cuba | Ctra. del Morro | tgl. 8–19.30 Uhr | Eintritt 4 CUC

NEU ENTDECKT
Jetzt nicht verpassen

Jedes Land verändert sich – auch wenn vieles beim Alten bleibt. Durch neu eröffnete Museen, Hotels oder Restaurants gewinnen Orte und manchmal ganze Landstriche weiter an Attraktivität. Ebenso lässt sich das Land mit neuen Freizeitangeboten vielfältiger erleben und vielleicht sogar mit anderen Augen sehen. Hier erfahren Sie alles über die jüngsten Entwicklungen.

◄ In der Mitte der Casa Templo de Santería Yemayá (► S. 17) thront die Meeresgöttin.

SEHENSWERTES
Casa Templo de Santería Yemayá
⚑ H3

Ein Gotteshaus für die Göttin des Meeres, für Yemayá, wie sie im afrokubanischen Santería-Kult heißt. Von Christen wird sie als Jungfrau von Regla verehrt. Auf ihrem Altar türmen sich Opfergaben aus Früchten, besonders Wassermelonen, mit Wasser gefüllten Gläsern und runden Steinen. Der Raum ist ganz in Weiß, ihrer Lieblingsfarbe. Auf einem Stuhl thront Yemayá in einem weißen Kleid – eine Puppe. Sie trägt Turban, schmückt sich mit einer langen Perlenkette, und ihr Gesicht ist schwarz. Der Tempelvorsteher erklärt Besuchern gern, was es mit den Orishas, den afrokubanischen Gottheiten, auf sich hat. Von Zeit zu Zeit präsentiert er eine gut einstudierte Zeremonie, in der er Gästen auch gern aus den zu Boden geworfenen Muscheln die Zukunft vorhersagt. Die Zukunft ist nur gegen Bares zu haben, versteht sich.

Trinidad | Calle Rubén Martinez Villena 59 e/ Bolívar y Guinart | unterschiedliche Öffnungszeiten | Eintritt frei

Cementerio Santa Ifigenia ⚑ P6

Fidel – mehr steht nicht auf der Grabplatte von Fidel Castro. Fidel – treu bis in den Tod. Der am 25. November 2016 gestorbene Máximo Ex-Líder liegt auf dem Friedhof der Helden begraben. Der mehrtägige Trauerzug von Havanna durch das Land endete in Santiago, der Wiege der Revolution. Fidel Castros Urne wurde in einem grauen Granitfels verschlossen, der über 4 m groß und 2 t

schwer ist. Er soll aus der Sierra Maestra stammen, wo die Revolution gegen die Batista-Diktatur 1959 begann. Auf dem Cementerio befindet er sich in guter

Nachbarschaft des Nationalhelden José Martí, dem wenige Schritte entfernt ein Mausoleum errichtet worden ist.

Santiago de Cuba | Ave. Crombet | tgl. 8–18 Uhr | Eintritt 1 CUC

La Abadia ⚑ E1

Wie eine gotische Kathedrale sieht der schmale Bau aus, der hier in die Höhe wächst. Supermodern und lichtdurchflutet hat er auf faszinierende Weise eine Baulücke zwischen traditionellen Stadtvillen geschlossen. Und dies an Havannas Ikone, dem Malécon. So viel Extravaganz ist in Kuba selten zu sehen. Die Architektin Vilma Bartolomé gehört zur Designergruppe (e)spacios, sucht für ihre Bauten in der Altstadt nach einer neuen Ästhetik und hat am Malécon schon zwei Projekte umgesetzt. Leider erhalten die innovativen Vordenker vom Staat nur selten Aufträge. La Abadia beherbergt einen Coffeeshop, in dem man den Hunger mit unaufgeregten Kleinigkeiten stillen kann.

Havanna | Malecón/El Campanário

Parque El Cubano   🚩 H 3

Als Ausläufer der Sierra del Escambray erstreckt sich der Naturpark El Cubano nordwestlich von Trinidad – eine smaragdgrüne Lounge zum Durchatmen und ideale Alternative zum staubigen Straßenpflaster Trinidads. Badesachen sollte man unbedingt dabeihaben, beim Javira-Wasserfall lockt ein erfrischendes Bad. Wer mehr Aktivität braucht, kann Wandern und Reiten.

5 km nördl. von Trinidad | Eintritt 10 €

ÜBERNACHTEN

Hostal La Familia   🚩 J 3

Wie Zuhause – Die Herzlichkeit von Livan und seiner Frau Maireny sind umwerfend. »Welcome« sagen sie, und man fühlt sich gleich pudelwohl. Liebevoll hat das Paar sein Haus in eine Herberge umgewandelt. Das Bad ist neu, die Zimmer sind mit Air-Condition und Minibar ausgestattet. Die Terrasse auf dem Dach ist ein traumhafter Sonnenplatz. Die Lage unweit des Parque Serafin Sanchez ist ruhig. Im Haus befindet sich auch eine Galerie.

Sancti Spíritus | Calle Máximo Gomez 16 | Tel. 0 41/33 22 99 | 3 Zimmer | €

La Ronda   🚩 H 3

Koloniales Flair – Die stilvollste Wahl für alle, die nahe der Altstadt wohnen wollen. Die komfortablen Zimmer des kleinen Boutiquehotels gruppieren sich um den schönen Innenhof, in dem auch das Frühstück serviert wird. Die Bar befindet sich auf der Dachterrasse. Kürzlich restauriert, gibt es viel Lob: frische Farbe, guter Service, gute Küche.

Trinidad | Calle José Martí 246 | Tel. 0 41/99 85 38 | www.cubanacan.cu | 17 Zimmer | €€–€€€

ESSEN UND TRINKEN

Finca Agroecologica El Paraiso   🚩 C 2

Perfektes Dinner – Ein Traumpanorama über Tabakfelder und die Viñales-Landschaft. Ein schönerer Blick auf die Mogotes-Hügel ist kaum vorstellbar. Auf den offenen Holzterrassen, die sich geschickt um die Küche anordnen, sitzt man eng beisammen. Was hier in den Topf kommt, wird frisch aus dem Garten geholt, wo nach ökologischen Maßstäben angebaut wird. Man kann zusammenrutschen, doch die Plätze sind begrenzt. Daher unbedingt reservieren.

Viñales | Ctra. Al Cementerio, km 1,5 | Tel. 0 48/69 51 87 | nur abends | €€–€€€

El Paso   🚩 M 4

Schick – Das private Bar-Restaurant führt Lisbel Tena mit persönlichem Engagement, serviceorientiert und ein bisschen amerikanisch. »Mir gefällt der American Way of Life«, sagt sie. Um den Gast kümmert sie sich persönlich, die Menüs und die üppigen Sandwiches schmecken vorzüglich. Osvaldo, ein smarter Richard-Gere-Typ und der beste Barkeeper der Stadt, ist der Herr über die gut bestückte Bar. Er kenne alle Cocktails, heißt es, und Cuba Libre mixt er mit echter Coca-Cola.

Camagüey | Calle Hermanos Agüero 261/ Plaza del Carmen | Tel. 0 32/27 43 21 | tgl. 9–24 Uhr | €–€€

Chocolateria Fraternidad   🚩 P 6

Im süßen Himmel – Es mag draußen noch so heiß und drückend sein, heiße Schokolade fließt immer in die Becher. Sie gilt als die beste der Stadt. Auch das selbst hergestellte Speiseeis rühmt sich, direkt ins Himmelreich der Schlemmer zu führen. Die Sorten Schokolade und

Erdbeere sind Standard. Doch es werden immer neue Aromen und Kompositionen erfunden, sowohl beim Kugeleis als auch bei den Eisbechern.

Santiago de Cuba | Plaza da Marte/ Aguilera | tgl. geöffnet | €

KULTUR UND UNTERHALTUNG
Gran Teatro   E1

Das üppig verzierte Gebäude von 1915 ist der Sitz des Weltklasseballetts Nacional de Cuba, das Alicia Alonso 1948 gründete. Solo-Einlagen werden hier vom Publikum wie bei Jazzauftritten beklatscht. Wegen der Renovierung lange geschlossen, wurde das Theater im Jahr 2016 wiedereröffnet.

Havanna | Paseo de Martí 458 y San Rafael (Centro Habana) | Tel. 07/8 61 30 96 | www.balletcuba.cult.cu

AKTIVITÄTEN
Kreuzfahrtschiffe   E1

Noch ist es ein seltener Anblick, wenn ein großer weißer Schwan in den Naturhafen von Havanna einfährt. Kubaner säumen das Ufer der Avenida del Puerto zum Kreuzfahrtanleger und staunen über die Ozeanriesen. Seit der Bann zwischen Amerika und Kuba gebrochen ist, tauchen mehr und mehr Cruise Liners vor Kubas Küste auf. Sie laufen die Häfen von Havanna, Cienfuegos und Santiago de Cuba an.

Havanna | Avenida del Puerto

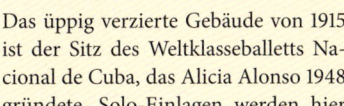
Weitere Neuentdeckungen sind durch dieses Symbol gekennzeichnet.

Die Öffnung Kubas hat in der Kreuzfahrtbranche eine regelrechte Goldgräberstimmung ausgelöst (▶ S. 19). Ganz vorne mit dabei ist die Gesellschaft MSC, hier mit der »Armonia«.

KUBA
ERLEBEN

Echte Havannas (▶ S. 35): Die Klassiker unter
den Zigarren sind auch in Kuba nicht billig.

ÜBERNACHTEN

Damit Sie auf Ihrer Reise so unterkommen, wie Sie es sich vorstellen: Hier erfahren Sie alles, was Sie über die Hotels und weitere Übernachtungsmöglichkeiten wissen sollten. Im Anschluss finden Sie besonders empfehlenswerte Adressen aus diesem Band.

Große parkähnliche **All-inclusive-Resorts** mit Poollandschaften, Palmengärten, Restaurants, Einkaufsmeilen und Sportanlagen sind seit Beginn der 1990er-Jahre an den schönsten Stränden Kubas entstanden: in Varadero, auf den Cayos Coco und Guillermo der Jardines del Rey, auf den Cayos Las Brujas, Ensenachos und Santa María der Cayería del Norte sowie in den herrlichen Buchten nördlich von Holguín, einer Region, die gern Costa Esmeralda genannt wird. Betrieben werden diese Ferienanlagen meist als Joint Venture mit Hotelkonzernen aus Kanada, Italien, Frankreich oder Spanien, zunehmend aber auch vollkommen in eigener Regie. Internationale Flughäfen ermöglichen ein zeitsparendes Landen in der Nähe, Transferbusse sorgen für den schnellen Transport zum gebuchten Hotel.
Nachteil eines Urlaubs in den meist luxuriösen All-inclusive-Arealen: Von Land und Leuten bekommt man dort nur recht wenig mit. Ideal ist des-

◀ Das Hotel Nacional Havana (▶ S. 24) lockt
mit viel Luxus und legendären Geschichten.

halb eine Kombination aus All-inclusive- und Individualurlaub, der auch Übernachtungen in »casas particulares« einschließt. Das sind Privatquartiere, mit denen kubanische Familien selbst Devisen verdienen können. Deshalb wachsen sie überall wie Pilze aus dem Boden. Man erkennt sie am Türschild mit dem blauen Anker auf weißem Grund. Für ein Mindestmaß an Komfort sorgen die Inspektoren, die die Genehmigung für eine Vermietung erteilen, und auch die mittlerweile harte Konkurrenz unter den Anbietern von Privatzimmern. So findet man heute viel mehr Privatzimmer mit eigenem Bad als früher, auch komplett eingerichtete Apartments und sogar Villen. Übernachtungen kosten zwischen 20 und 50 CUC – das Frühstück wird mit etwa 5 CUC extra berechnet, ein Abendessen mit 8 bis 12 CUC. Ist man sich mit dem Vermieter einig geworden, muss man seinen Pass für den Eintrag ins Mietbuch zeigen und diese Angaben unterschreiben. Wer unterwegs Hotelatmosphäre bevorzugt, kommt außerdem in fast allen Stadtzentren gut in oft schmuck restaurierten staatlichen City-Hotels unter. Neu ist bei den Stadthotels die Kategorie »encanto«, sozusagen die »Charme-Version« von staatlichen Hotelgruppen wie Cubanacan. In dieser Rubrik finden sich Quartiere in schön restaurierten Kolonialgebäuden, die nicht mehr als 30 Zimmer haben.

LOHNENDER BLICK INS INTERNET

Alle Unterkunftsmöglichkeiten lassen sich gut übers Internet bei den einschlägigen Portalen individuell zusammenstellen. Bewertungsportale wie »Tripadvisor.de« helfen bei der Einschätzung, sofern es sich nicht um bestellte Lobhudelei handelt. Einen Angebotsüberblick über die »casas particulares« auf Kuba bieten Portale wie www.cubaguide.de und www.casasparticulares.com. Buchungen sind z. B. möglich unter www.privat pensionen.de, www.holacuba.de und www.cuba-erlebnisreisen.de.

BESONDERE EMPFEHLUNGEN

HOTELS

Ambos Mundos 📖 E1

Legendär – Als es Hemingway nach Kuba zog, stieg er zunächst hier ab und unternahm von hier aus seine nächtlichen Kneipentouren. 1997 wurde das Hotel wiedereröffnet. Das ehemalige Zimmer Hemingways auf Nr. 511 ist so hergerichtet, als würde er eben seinen Mojito in der Bodeguita del Media trinken. Er wohnte dort von 1928 bis 1939. Für Nicht-Hotelgäste wird ein Eintritt von 2 CUC erhoben (▶ Karte S. 67).

Havanna | Habana vieja | Calle Obispo 153 y Mercaderes | Tel. 07/8 60 95 30 | www.hotelambosmundos.info | 52 Zimmer | €€€€

Casa Muñoz ✹H 3

Weltoffen – Ein Ort für anregende Begegnungen und Gespräche, denn in dieser »casa particular« treffen sich Fans des einheimischen Fotografen Julio Muñoz. Seine Trinidad-Fotos erschienen 2012 in der Zeitschrift »National Geographic«, heute gibt er zweitägige Fotokurse (100 CUC). Mit seiner Ehefrau kümmert er sich auch um geschundene Zugpferde. Angenehme große Räume, zwei Dachterrassen, schöner Patio, und zum Frühstück gibt es ein Büfett (▶ Karte S. 135).

Trinidad | Calle José Martí 401 e/ Fidel Claro y S. Escobar | Tel. 041/99 36 73 | http:// casa.trinidadphoto.com | 3 Zimmer | €

Hostal San Basilio ✹P 6

Elegante Adresse – Schöner kann man im historischen Zentrum von Santiago de Cuba gar nicht wohnen. Mit Vorgarten und Freitreppe, hohen geräumigen Zimmern und geschmackvollem Mobiliar macht das San Basilio einen fast fürstlichen Eindruck zwischen den vielfach baufälligen Häusern in der Nachbarschaft (▶ Karte S. 153).

Santiago de Cuba | Calle San Basilio 403 e/ Calvario y Carnicería | Tel. 0 22/ 65 17 02 | www.cubanacan.cu | 8 Zimmer | €€

Hotel Los Frailes ✹E 1

Kontemplativ – Wer im quirligen Havanna Stille sucht, ist hier richtig. Der mit sensibler Hand restaurierte Palast von Don Pedro Claudio Duquesne, ehemals Vierter Marquis und Kapitän der französischen Marine, wurde zu keiner Zeit als Kloster genutzt. In Atmosphäre und Ausstattung aber ist es dem benachbarten Kloster San Francisco de Asís nachempfunden, sodass sich hier klösterlicher Stil und koloniales Flair auf originelle Weise mischen. Das Hotel liegt nur wenige Schritte von der Plaza Vieja entfernt (▶ Karte S. 67).

Havanna | Habana vieja | Calle Brasil 8 e/ Oficios y Mercaderes | Tel. 07/8 62 93 83 | 22 Zimmer | €€€–€€€€

Hotel Nacional ✹E 1

Der Luxuspalast – In den 1930er-Jahren veranstalteten Mafiosi wie Lucky Luciano und Meyer Lansky hier rauschende Feste. Winston Churchill und Charles de Gaulle standen ebenso auf der Gästeliste wie die Filmstars Errol Flynn und Marlon Brando. Das Haus wurde komplett renoviert und ist berühmt für sein gutes »Cabaret Parisien« (▶ Karte Klappe hinten).

Havanna | Vedado | Calle O y 21 | Tel. 07/8 36 35 64/67 | www.hotelnacionalde cuba.com | 457 Zimmer | ♿ | €€€€

Mercure Cuatro Palmas ✹F 1

Familiäres Ambiente – In diese sympathisch »kolonial« wirkende Ferienanlage wurde die ehemalige Villa des 1958 gestürzten Diktators Fulgencio Batista integriert. Wer dort wohnen will, sollte direkt danach fragen. Zentral gelegen, lockt das Hotel mit seiner unkomplizierten Atmosphäre auch Familien mit Kindern.

Varadero | 1ra Ave. e/ 60 y 64 | Tel. 0 45/66 70 40 | www.accorhotels.com | 160 Zimmer am Strand und 122 in Reihenbungalows | €€–€€€

Salon der um das Jahr 1800 errichteten Casa Muñoz (▶ S. 24) in Trinidad. In den privat geführten »casas particulares« kann man landestypisch und nicht selten auch sehr stilvoll wohnen.

La Riviera ⚓ E 1

Stylisch – Kinofans kennen den traumhaften Balkonblick dieses Hotels aus der Mittwochsepisode im Film »7 Tage in Havanna« (2012). Daniel Brühl, der einen Musikagenten spielt, plaudert auf dem Balkon etwas zu ungeniert in sein Handy (»Nein, er hätte noch nicht mit ihr geschlafen …«) – Cecilia, seine Angebetete, hört es und verschwindet. Natürlich musste dieses Hotel im Film eine Rolle spielen. Keines spiegelt die Dekadenz der 1950er-Jahre besser wider, wurde es doch 1956 von einer Gesellschaft erbaut, hinter der Mafioso Meyer Lansky steckte. 21 Etagen hoch, dominiert es bis heute den Malecón – nach wie vor in lupenreinem 1950er-Jahre-Stil und mit Pool auf der Dachterrasse.

Havanna | Vedado | Paseo 1 e/ 1era y Malecón (Plaza de la Revolución) | Tel. 07/8 36 40 51, 8 34 42 21 | www.hotelhavanariviera.com | 352 Zimmer | ♿ | €€€–€€€€

Weitere Adressen finden Sie im Kapitel **KUBA ERKUNDEN**.

Preise für ein Doppelzimmer mit Frühstück:
€€€€ ab 200 CUC €€€ ab 120 CUC
€€ ab 50 CUC € bis 50 CUC

ESSEN UND TRINKEN

Gehen Sie in Kuba auf kulinarische Entdeckungsreise:
Hier erfahren Sie alles, was Sie über die lokale Küche und
Gastronomie wissen sollten. Im Anschluss finden Sie besonders
empfehlenswerte Adressen aus diesem Band.

Kuba litt lange Zeit an extremem Versorgungsmangel, vor allem Anfang der 1990er-Jahre. Damals begann, was man heute noch in den Städten beobachten kann: Innenhöfe wurden zu Schweineställen umfunktioniert, Dächer zu Hühnerfarmen und Gemüsegärten. Wundern Sie sich also nicht, wenn Sie morgens in ihrer »casa particular« vom Quieken der Schweine oder Gackern der Hühner geweckt werden! So mancher Kubaner mag auf sein privates Versorgungsparadies noch nicht verzichten, obgleich inzwischen überall die freien Märkte boomen.

Heute kaufen sogar Hoteliers Frisches direkt auf den Bauernmärkten und werden nicht mehr wie zuvor zentral vom Staat mit Eingeführtem aus Kanada, Mexiko, Mittel- und Südamerika oder Europa versorgt. Von dieser Möglichkeit machen vor allem ehrgeizige Küchenchefs der florierenden neuen privaten Restaurantszene gern Gebrauch. Sie boomt, seit

◄ In der Floridita-Bar (▶ S. 29) pflegte schon
Hemingway seine Drinks zu schlürfen.

»paladares«, wie die privaten Restaurants heißen, unbegrenzt Sitzplätze bieten dürfen. Kleinere staatliche Gaststätten oder Schnellimbisse sind meist noch auf die zentrale Versorgung angewiesen. Und die hat ihre Tücken. Möglich ist es z. B., dass der einzige Schnellimbiss weit und breit, ein »rápido« oder »ditú«, zwei Stunden geschlossen ist, weil die Einnahmen abgerechnet und neue Lieferungen von Getränken und Speisen verbucht werden müssen. Wenn dann noch der Strom ausfällt, besteht berechtigte Sorge, ob Fisch und Fleisch in der Kühltruhe noch für den Verzehr geeignet sind. Zur Not helfen dann die Straßenstände mit »pan con lechón« (Brot mit Spanferkel), »bocadito con cerdo« (Brötchen mit Schweinefleisch), »tamales« (Maistaschen mit Fleisch) oder »palitroque« (Grissini-Brotstangen).

EIN KULINARISCHER SCHMELZTIEGEL

Kubas Küche präsentiert sich als ein Schmelztiegel der Kulturen und Kochtöpfe. Ob Indianer, spanische Eroberer, Sklaven aus Afrika oder Einwanderer aus China – alle brachten ihre Traditionen und Zutaten ein und vermengten sie über die Jahrhunderte. Das typische kreolische Menü sieht vorneweg einen Obstsalat vor, meist aus Pampelmuse und Orange, bisweilen auch Ananas, seltener Papaya, Mango, Avocado und Melone. Vor dem Hauptgericht wird der Magen durch einen frischen Salat aus Weißkohl, Gurke, Tomate und manchmal »palmito« (Palmenherz) angeregt. Bei den Hauptgerichten dominieren Huhn und Schweinefleisch, gern auch Spanferkel, die geräuchert (»ahumado«), geschmort (»guisado«) oder gebraten (»asado«) zubereitet werden. Rindfleisch kommt meist in Form eines dünnen, harten Fladens oder als Hack, »picadillo«, auf den Tisch. Köstlich und kostbar: »ropa vieja«, das kubanische Gulasch.

TYPISCHE BEILAGEN

Die wichtigsten Begleiter kubanischer Gerichte sind weißer Reis mit kleinen schwarzen Bohnen, eine Mixtur, die sich als »moros y cristianos« (Mauren und Christen) einen Namen gemacht hat. Als suppige Variante heißen sie »frijoles negros« und, abgewandelt mit roten Bohnen, »arroz congrí«. Daneben liegen stärkehaltige und enorm sättigende Knollengemüse auf dem Teller, etwa die kartoffelähnliche »malanga«, die würzige Süßkartoffel »boniato«, die faserige »yuca« (auch »manioc«) oder »ñame«.

Endgültig satt wird man dann durch die Gemüsebanane (»plante«). Sie ist eine Verwandte unserer Essbanane, die frittiert als »tostones« oder als »patacones pisados« – in Scheiben geschnitten, flach gedrückt und in Öl gebacken – serviert wird. »Ajiaco« ist ein aus diversen Knollengemüsen gekochter Gemüseeintopf, manchmal auch mit Fleischeinlage. Scharfmacher sind in der kreolischen Küche nicht am Werk, ganz im Gegenteil: Kubanische Köche geizen mit Salz und anderen Gewürzen.

Zum Dessert wird gern Guavenmarmelade mit Frischkäse, »guayaba con queso«, gegessen. Spezieller sind die kandierten Papayas mit einem Fettgebäck namens »buñuelos« aus Yuca und Boniato. Zum Abrunden des Mahls wird ein starker schwarzer Kaffee mit viel, viel Zucker gereicht, der »café mezclado« genannt wird.

CUBA LIBRE, MOJITOS UND CO.

Cocktails sind natürlich der Hit auf der Getränkeliste. Berühmt der Cuba libre (wörtlich: »freies Kuba«), den die Kubaner 1898 als Begrüßungsdrink für die Amerikaner nach dem Sieg über die spanischen Kolonialherren mixten: mit einem Teil Kuba (Rum) und einem Teil Amerika (Cola). Weitere köstliche Cocktails entstanden im Lauf der Zeit: Piña Colada (weißer Rum, Kokoscreme, Ananassaft, Frappé-Eis), Saoco (weißer Rum, Kokoswasser), Cubanito (Tomatensaft, weißer Rum) oder der Planter's Punch (Limonensaft, Zucker, Frappé-Eis, brauner Rum). Hemingways Favoriten waren der Mojito (weißer dreijähriger Rum, Limonensaft, Sodawasser, Zucker, viel Eis, frische Minze) und der Daiquirí (weißer Rum mit Frappé-Eis, Limonensaft und Zucker).

BESONDERE EMPFEHLUNGEN

RESTAURANTS

Atelier 🚤 E1

Angesagte Lokalität – Eine noble private Adresse, gelegen in den großzügigen Räumen einer Villa im Stadtteil Vedado. Stilmöbel und moderne Kunst verleihen dem Restaurant von Niuris und Enrique den passenden Rahmen zu täglich wechselnden kreativen Menüs, etwa Sirloin-Steak mit Shrimps und Selleriesauce.

Havanna | Vedado | Calle 5 No. 511/ Paseo y 2 | Tel. 07/836 20 25 | tgl. 12–24 Uhr | €€

San Cristóbal 🚤 E1

Privater Schatz – Ein Lokal wie eine Wundertüte: Originalfotos vorrevolutionärer (Show-)Stars erzählen so viele Geschichten, dass sie ein ganzes Buch füllen würden. Und mit der Hingabe, mit der alte Schätze an die Wände gepinnt wurden, wird ein Menü serviert, das jeden Mangel im Land vergessen lässt. Besonders köstlich: das Rinderfilet in Pfeffersauce.

Havanna | Centro Habana | Calle San Rafael 469 | Tel. 07/867 91 09 | Mo–Sa 12–24 Uhr | €€€–€€€€

BARS

La Bodeguita del Medio　　E1

Stammgast Ernest Hemingway und der Spruch »Mi Mojito en La Bodeguita, mi Daiquirí en El Floridita« über der Theke haben diese Bar berühmt gemacht und sorgen dafür, dass sie stets überfüllt ist. Barbara Schwarzwälder erzählt in ihrem Buch »Havanna. Literarische Spaziergänge«, dass hier auch Alejo Carpentier gern verkehrte und dass eigentlich Francis Drake den Mojito erfand. Die »bodeguita« wurde 1946 – untypisch für eine Taverne, die sonst an Straßenecken lagen – zwischen Wohnhäusern eröffnet, weil die Miete dort günstiger war (▶ Karte S. 67).

Havanna | Habana vieja | Calle Empedrado 207 | Tel. 07/8 67 13 74 | tgl. 10.30–24 Uhr | €€€

El Floridita　　E1

Hemingway-Fans können sich an der Bar neben die lebensgroße Bronzestatue des Meisters setzen – eine Anspielung darauf, dass dieser hier Dauergast war. Sein Lieblingsdrink war der »Frozen Daiquirí«, weshalb sich das Floridita rühmt, die »Wiege des Daiquirí« zu sein. Zur Zeit Hemingways wurde das Lokal von großen US-Magazinen als Top-Adresse in Havanna gehandelt. An den alten Glamour erinnern noch die stolzen Preise (▶ Karte Klappe hinten).

Havanna | Habana vieja | Calle Obispo 557 | Tel. 07/8 67 12 99 | tgl. 11–24 Uhr | www.floridita-cuba.com | €€–€€€

Weitere Adressen finden Sie im Kapitel **KUBA ERKUNDEN**.

Preise für ein dreigängiges Menü:

€€€€ ab 45 CUC　€€€ ab 30 CUC
　€€ ab 15 CUC　　€ bis 15 CUC

KLEINE WARENKUNDE
Kaffee

Ein Tässchen Café? In Kuba gehört die kleine Kaffeepause zum karibischen Lebensstil und ist Ausdruck von Gastfreundschaft.

Eine Tasse Kaffee bringt noch mehr Schwung ins Leben, finden Kubaner. Sie lieben sein einzigartiges, würziges Aroma, trinken ihn gern in Gesellschaft aus kleinen Tassen oder – auf dem Land – aus den Schalen des Baumkürbisses. Das Getränk gilt als Lebenselixier, selbst Aufstände sollen bei einer Tasse Kaffee geschmiedet worden sein. Die Sträucher mit den roten Früchten werden seit mehr als 250 Jahren angebaut und liefern vor allem die Sorten Arabica und Robusta. Auf den nährstoffreichen Böden der Sierra del Escambray, der Sierra de los Órganos in Pinar del Rio sowie der Sierra Maestra und der Sagua Baracoa gedeihen sie hervorragend. Bis 2010 war Kaffee eine tragende Säule der Wirtschaft, bis die Produktion dramatisch sank. In den Libreta-Läden, wo subventionierter Kaffee verkauft wird, ist er mit Erbsen gestreckt.

Grüner reisen
Urlaub nachhaltig genießen

Wer zu Hause umweltbewusst lebt, möchte vielleicht auch im Urlaub Menschen unterstützen, denen ein verantwortungsvoller Umgang mit der Natur am Herzen liegt. Empfehlenswerte Projekte, mit denen Sie sich und der Umwelt einen Gefallen tun können, finden Sie hier.

Kuba ist eine sehr grüne Insel mit viel revolutionär bedingter Monokultur. Doch in einem Land, das heute den Tourismus als Haupteinnahmequelle nennt, beobachtet und studiert man die Besuchererwartungen sehr genau – wenngleich Biomärkte oder -geschäfte nach westlichem Muster nach wie vor fehlen. Allerdings haben sich inzwischen manche Privatrestaurants, die »paladares«, und sogar einige staatliche Hotels auf den Trend europäischer Gäste eingestellt und bieten ein oder zwei Gerichte für Vegetarier und Veganer an.

Die kubanische Regierung hat längst erkannt, dass sie das Thema »Öko« stärker berücksichtigen muss. Deshalb finden Naturfreunde seit ein paar Jahren einen eigens für sie gegründeten Veranstalter: die kubanische Reiseagentur Ecotur (www.ecoturcuba.tur.cu). Ihre Spezialität sind Wanderungen in den Umweltschutzzonen, Nationalparks und UNESCO-Biosphärenreservaten. Einige dieser Schutzgebiete sind erst in den letzten Jahren eingerichtet worden.

◄ Üppiges Grün im Nationalpark Alejandro
de Humboldt (▶ MERIAN TopTen, S. 33).

Zur Erhaltung des Wildbestandes in den Naturschutzgebieten wurde
Wilderei mit hohen Strafen belegt. Informationszentren an den Eingän-
gen der Schutzgebiete bieten dem Besucher eine gute Übersicht über die
verfügbaren Wanderwege (»senderos«); wer auf eigene Faust unterwegs
ist, kann dort auch den obligatorischen Führer buchen. Ein Problem ist
nach wie vor die umweltverträgliche Mückenbekämpfung in den Ferien-
gebieten mit Strandlagunen. Neben natürlichen Mückenlarvenvernich-
tern werden dort weiterhin – vorzugsweise, wenn die Urlauber zu Abend
essen – auch Pestizide zerstäubt.

BESONDERE EMPFEHLUNGEN
ÜBERNACHTEN

Hotel Moka 🏃 D 1
Mitten im Biosphärenreservat Sierra
del Rosario liegt das Vier-Sterne-Hotel
Moka, das bald, nachdem das Gebiet
seinen UNESCO-Titel erhalten hatte,
auf einer kleinen Anhöhe unterhalb des
Loma El Sálon (540 m) und oberhalb
des künstlichen Sees gebaut wurde. Der
Komplex im Plantagenhausstil steht
zwischen Bäumen und wurde harmo-
nisch integriert. Sogar die Rezeption
wurde um einen Baum herum angelegt.
Das Hotel ist Kubas erstes und immer
noch bedeutendstes Ökoprojekt. Die
Zimmer sind hell und geräumig, und
selbst von der Badewanne aus kann
man entspannt ins Grüne blicken.
Betrieben wird das Haus von der örtlichen Kooperative. Angeboten werden
Wanderungen, Reiten, Mountainbike-
touren, Angeln, Vogelbeobachtung oder
Klettern im Hochseilgarten. Außerdem
gibt es Tennisplätze und einen Swimmingpool. Das Hotel ist ein hervorra-
gender Startpunkt für Exkursionen,
etwa ins Tal von Bayate, zu den Hügeln

von Taburcte oder zu den Wasserfällen
von San Claudio. Zum Komplex gehören auch Künstlerateliers.

Comunidad Las Terrazas | Artemisa |
Tel. 0 47/77 86 00 | www.hotelmoka-las
terrazas.com | 42 Zimmer | €€–€€€

Villa Maguana 🏃 R 5
Eine Traumadresse für Individualisten.
Diesem kleinen Bungalowhotel, gut
20 km von Baracoa entfernt, kann man
glatt 3,5 Sterne geben. Es wirbt mit
»Nachhaltigkeit«, was die Inhaber auch
immer darunter verstehen. Doch beim
Bau wurden überwiegend natürliche
Materialien wie Holz und Rohr verwendet. Aus der Küche kommen frische Fischgerichte, aber auch Fleisch.
Die idyllische Lage am Meer ist einfach
umwerfend und garantiert erholsame
Ruhe. Die Strandbucht steht dabei nur
Hotelgästen zur Verfügung. Die Zimmer sind modern ausgestattet und verfügen über Klimaanlage, Satelliten-TV
und integrierten Safe. Alle haben einen
Balkon mit Meerblick.

Ctra. Moa, km 22 | Tel. 021/64 12 04 | www.
villamaguana.com | 16 Zimmer | €€

ESSEN UND TRINKEN

El Bambú 🍃 E 1

Die wenigsten fahren nur zum Essen hierher. Denn das Restaurant liegt im nationalen Botanischen Garten. So prägt der natürliche Reiz der Umgebung den Charme des Platzes. Hat man die weitläufige Parklandschaft erwandert, die verschiedenen Vegetationsbereiche gesehen, fast 300 Palmenarten bewundert und das Schmuckstück, den Japanischen Garten, erreicht, ist man auch schon ganz nah am Restaurant. Unter den leckeren Gerichten am Büfett finden auch Vegetarier eine stattliche Auswahl, z.B. Salate, Speisen mit Reis und vegetarische Pizzen.

Havanna | Arroyo Naranjo | Jardín Botánico Nacional | Ctra. del Rocio, km 3 | Tel. 07/549170 | Mo geschl. | €€

El Romero 🍃 D 1

Ein Fest für den Gaumen ist dieses Restaurant mitten im Biosphärenreservat Sierra del Rosario. Michael Casate Castillo ist ein Fan gesunder Ernährung, Tierschützer und wäre sicher Mitglied der Slow-Food-Bewegung, wenn es sie auf Kuba gäbe. In der ökologischen Küche des Landes gilt er als Pionier. 2015 übernahm er das Lokal, in dem er nun ausgewogene Gerichte auf Gourmetniveau frisch zubereitet. Michael verwendet schmackhaftes Gemüse sowie Wildkräuter, die er selbst nach biologisch-dynamischen Kriterien zieht. Er süßt mit dem Honig der eigenen Bienen und kocht mit Solarenergie. Die wechselnde Karte lockt mit Bohnentortilla, Kürbis, Hummus und Zwiebelkuchen, alles mit Extra-Vergine-Olivenöl angemacht. Nach einer schwierigen Anfangsphase erhält das Restaurant inzwischen auch von der lokalen Bevölkerung viel Anerkennung.

Las Terrazas | Artemisa | Terraza 170 | Edificio 5 | Tel. 048/578700 | tgl. 9–21 Uhr | €€

EINKAUFEN

Casa del Chocolate 🍃 R 5

Das Umfeld von Baracoa ist die Hochburg der Kakaopflanze. Nirgendwo in Kuba wird so viel angebaut wie hier. Was liegt da näher, als Schokolade zu trinken und diverse Spezialitäten zu probieren – kurze Transportwege, reife Früchte, gute Qualität. Das Café ist in einer schönen alten Villa untergebracht. Wer dem süßen Leben noch etwas nachträumen möchte, kauft sich handgeschöpfte Schokolade, die als beste des ganzen Landes gilt. Sie wird in einer kleinen Fabrik nördlich von Baracoa verarbeitet, die Che Guevara am 1. April 1963 eröffnet hatte.

Baracoa | Calle Maceo 121 (Bulevard) | Tel. 021/642125 | tgl. 7–23 Uhr | €

AKTIVITÄTEN

Centro de Visitantes Viñales 🍃 C 2

Was ist der Unterschied zwischen »mogote« und »Kegelkarst«? Antwort: Ein »mogote« ist ein Karstgestein mit vertikalen Seiten, der »Kegelkarst« hingegen spitzt sich kegelförmig zu. Welche Pflanzen gedeihen auf dem Kalkstein? Antworten auf solche Fragen und andere erdgeschichtliche Infos zur Region (inkl. Diavorträgen in Englisch) erhält man in diesem hervorragenden Informationszentrum, außerdem Führer für die Wanderungen (3 Std., ab 12 CUC) zu Fuß oder zu Pferd durch den Nationalpark. Unter den 14 angebotenen Wanderungen finden sich alle Schwierigkeitsgrade und Längen: von leicht (5 km, 3,5 Std.) bis sehr schwierig, wie Ausflug Nr. 9 (8,6 km, 6- bis 7-stündige Tour von Infierno nach Paraíso). Unterwegs bekommt man dann auch den Zwergpalmfarn (»palma corcho«, lat. Microcyca calocoma) zu sehen, eines der typischen regionalen Gewächse.

Viñales | Ctra. a Pinar del Río, km 22 | Tel. 0 48/79 61 44 | tgl. 8–18 Uhr

★ **1 Parque Nacional de Alejandro de Humboldt** 🏊🚤 Q/R 5

Er gilt mit seien 71 140 ha als der größte und letzte zusammenhängende Regenwald der Karibik, beherbergt rund 2000 Pflanzen- und 90 Vogelarten und gehört seit 2001 zum UNESCO-Weltnaturerbe. Der Humboldt-Nationalpark umfasst mit Mangroven bestandene Uferzonen mit vorgelagerten Riffen, Flüsse, tiefe Täler und Cañons sowie den 1168 m hohen Gipfel des El Toldo. Kubas wasserreichster Fluss, der Río Toa, entspringt hier. In den sehr unterschiedlichen Lebensräumen konnte sich eine große Artenvielfalt entwickeln, viele von den 343 Spezies kommen nur in dieser Bergregion vor. So kann der Naturliebhaber etwa den vom Aussterben bedrohten Elfenbeinspecht beobachten, den Insektenfresser Kubanischer Schlitzrüssler, den Kuba-Sittich, die Kuba-Amazone, eine Papageienart, und mit Glück auch den wohl kleinsten Frosch der Welt, den Rana iberia.

An der Organisation der Infrastruktur mit Besucherzentrum, Wegen, Beschilderung, Schutzhütten und ausgebildeten Rangern war die deutsche Organisation Oro Verde (www.oroverde.de) beteiligt. Achtung: Die Anfahrtsstraße ist recht marode. Wanderungen lassen sich auch in Baracoa bei INFOTUR (Calle Maceo 129 A e/ Frank País y Marav, Tel. 0 21/64 17 81, www.baracoa.travel) organisieren. Das Besucherzentrum Bahía de Taco liegt 34 km außerhalb von Baracoa an der Carretera Moa und ist leider nur unregelmäßig besetzt.

Rote-Bete-Suppe, serviert mit einem frisch gepressten Fruchtsaft im El Romero (▸ S. 32). Das vegetarische Restaurant befindet sich mitten im Ökodorf Las Terrazas.

EINKAUFEN

*Damit das Einkaufen Spaß macht und Sie wissen, wonach Sie
Ausschau halten können: Hier sind Anregungen zu dem speziellen
Angebot und zu individuellen Mitbringseln. Im Anschluss
finden Sie besonders empfehlenswerte Adressen aus diesem Band.*

Noch steckt im Warenangebot der sozialistische Grauschleier, denn was
sich die Einheimischen leisten können, ist allemal billigste Importware. So
leiden auch die wenigen Einkaufszentren, die mittlerweile in Havanna und
Varadero eröffnet wurden, an mangelnder Attraktivität für den Besucher
aus dem Westen und zugleich an Unerschwinglichkeit für den Kubaner.
Auf Souvenirmärkten sieht die Welt schon anders aus: Hier regiert die
Fantasie, verkaufen fliegende Händler ihre nicht selten sehr originellen
Handarbeiten wie Masken und Figuren, Schmuck aus Muscheln und Per-
len, Keramikarbeiten, Stoffpuppen, aus Palmenwedeln geflochtene Hüte
oder Häkelkleidung, aber auch alte amerikanische Straßenkreuzer aus
Pappmaschee oder Dosenblech. Und immer wieder begegnet man dem
Revolutionshelden Che Guevara in fast allen Variationen: auf T-Shirts,
Schlüsselanhängern, Fotos, Postkarten und Bildern.

◄ Eine kleine Pause muss sein: Souvenir-
händler am Strand von Matanzas (► S. 114).

Kuba mag mit der westlichen Warenwelt nicht mithalten können, den besten Tabak aber produziert es allemal. Kenner schwören darauf, und viele aus dem Ausland lassen sich ihre Zigarren aus Havanna kommen. Der weltweit teuerste Tabak, der Vuelta Abajo, wird in dem begrenzten Gebiet zwischen Pinar del Río, San Luis und San Juan y Martínez geerntet. In den Fabriken wird jedes Blatt einzeln auf Aroma, Farbe, Beschaffenheit und Brennbarkeit geprüft, nach Einlage, Umlage und Deckblatt sortiert.

BERÜHMTE ZIGARREN UND RUM NACH ALTEM REZEPT

Zigarren werden in verschiedenen Durchmessern, Längen und Farben angeboten, etwa als »coronas«, »regalías«, »brevas«, »panetelas«, »cadetes« und »punchenellos«. Die »corona« ist die dicke Standardform. Alle berühmten Marken wie Cohiba, Partagás, H. Upman, Montecristo, Romeo y Julieta erhalten als Beweis ihrer Echtheit eine Banderole, auf der »República de Cuba, hecho en Cuba« geschrieben steht. Echte Havannas sind auch in Kuba nicht billig. Zwar werden überall in den Straßen Zigarren (»puros«) angeboten – »spottbillig«, wie die Händler sagen –, meist handelt es sich jedoch um Fälschungen und nicht um die angepriesenen Cohibas oder Montecristos. Die Original-Banderolen stammen vom Schwarzmarkt, der Tabak ist der Abfall aus der Fabrik, in der die Schwester der Freundin arbeitet. Wer Wert auf Originalität legt, sollte die »puros« lieber in Zigarrenfabriken, offiziellen Läden oder Hotels kaufen. Bei mehr als 20 Zigarren sollten Sie sich für die Ausfuhr unbedingt den Kaufbeleg im Original und in Kopie geben lassen, außerdem müssen die Zigarren originalverpackt und mit einem holografischen Stempel versehen sein.

Ein ursprünglich kubanisches Erzeugnis ist auch der berühmte Bacardí-Rum. Sein Imperium begründete der Spanier Facundo Bacardí 1838. Nach der Revolution floh die Familie nach Puerto Rico und nahm das Bacardí-Patent mit. Fidel Castro aber ließ die Produktion nach altem Rezept unter neuem Namen weiterlaufen: Havana Club. Er ist der meistverkaufte Rum, doch Kubaner schwören eher auf Caney oder Santiago. Als bester Tropfen gilt der Matusalem, der allerdings nur unter der Hand zu bekommen ist. Die Gran Reserva mit 15 Jahren Fassreife ist die teuerste Sorte.

Musik ist ein Lebensnerv in Kuba. Rumba, Son, Danzón, Bolero und Trova sowie neuerdings auch Cubaton, eine kubanische Spielart des Reggaeton, sind deshalb in Souvenir- und Musikgeschäften als CDs gut sortiert im Angebot. Oft bieten die Bands auch signierte CDs nach ihren Konzerten an – der Besuch einer Musikveranstaltung zum Beispiel in einer Casa de la Trova bringt dann zum Spaß gleich noch ein nettes Mitbringsel. Läden und Souvenirmärkte haben auf Kuba von Montag bis Samstag von ca. 9/10 bis 18/19 Uhr und länger geöffnet, vor allem in Touristengebieten.

BESONDERE EMPFEHLUNGEN

GALERIEN

Galerie Joel Jover ⚓ M 4

Joel Jover Llenderosas (*1953) ist ein arrivierter Künstler Camagüeys. Mit Gattin Ileana Sánchez betreibt er an der schönen Plaza San Juan de los Dios eine Werkstatt und Galerie. Viele seiner Bilder beschäftigen sich mit dem Santería-Kult, früh entwickelte der Künstler einen eigenen Stil zwischen Symbolismus und abstrakter Kunst, beschäftigte sich auch mit Ikonen Kubas, allen voran Fidel Castro. Er ist Mitglied der Union Nacional de Escritores y Artistas de Cuba (UNEAC) und stellt öfter auch im Ausland aus.

Camagüey | Plaza San Juan de los Díos | tgl. 9–13, 14–17 Uhr

KLEIDUNG

Lederschuhe aus Camajuaní ⚓ H 2

Die beliebte Fußgängerstraße in Santa Clara, auch Bulevar genannt, ist ideal zum Bummeln. Eine Besonderheit unter den zahlreichen Souvenirs und dem Kunsthandwerk der Straßenhändler sind handgefertigte Jesuslatschen aus gutem Leder, die aus der Schuhstadt Camajuaní stammen (▶ Karte S. 109).

Santa Clara | Calle Independencia (nahe Parque Vidal)

Quitrin ⚓ E 1

Das unscheinbare Geschäft an der alten Hauptverkehrsstraße Alt-Havannas ist der richtige Ort für alle, die kühle weiße Baumwollkleidung lieben. Vor allem gibt es hier die schon von Hemingway und Gabriel García Márquez geschätzten Guayabera-Hemden, traditionelle Leinenhemden, die in diesen Breiten den Anzug ersetzen. Frauen finden hübsche Blusen und Kleider (▶ Karte S. 67).

Havanna | Habana vieja | Calle Obispo 153 | Tel. 07/8 62 08 10 | Mo–Sa 9–17 Uhr

KUNSTGEWERBE

Galería Manos ⚓ E 1

Dieser kleine Laden ist eine Fundgrube für Liebhaber besonderer Souvenirs, denn hier werden die häufig sehr kreativen Werke der kubanischen Kunstgewerbeschaffenden zum Kauf angeboten. Ob es sich um einen großen gallischen Hahn handelt oder kleine Bambusmöbel, Colliers aus Muscheln oder Puppen – alles ist hier eine Nummer origineller, aber auch teurer als auf dem Souvenirmarkt gleich neben an (▶ Karte Klappe hinten).

Havanna | Habana vieja | Calle Obispo 411

Mercado Artesanal ⚓ E 1

Die drei ausrangierten alten Lokomotiven »Central Orozo«, »Central Josefita« und »Central Narcisa« vor dem Eingang lassen die alten Lagerhallen, in denen der größte Kunstgewerbemarkt Havannas untergebracht ist, schon von Weitem erkennen. Drinnen sitzen geschützt vor Regen jede Menge Souvenir- und Kunsthändler an durchnummerierten kleinen Ständen. Kleidung, Schnitzereien, Bongos, Schmuck, T-Shirts, Ledertaschen – die Auswahl ist riesig. Und damit der Besucher sich auch wohl fühlt, gibt es eine gemütliche Cafetería mit Blick auf den Hafen, Telefonautomaten, Geldwechselmöglichkeiten, natürlich Toiletten, sogar das Rote Kreuz ist hier vertreten. Käufer von Kunstwerken können sich in einem eigens dafür eingerichteten Büro der Kulturbehörde für 2 CUC die bei größeren Bildern (ab 30 x 60 cm) notwendige gestempelte »autorización« für die Ausfuhr besorgen – am Flughafen kostet sie 3 CUC (▶ Karte S. 67).

Havanna | Ave. Desamparados San Pedro | Centro Cultural Antiguos Almacenes de Depósito San José | Haltestelle von Habana BusTour | tgl. 10–20 Uhr

ZIGARREN

Fabrica de Tabacos Francisco Donatién ⚓ C2

Die größte Manufaktur der Tabakmetropole Pinar del Río ist heute in einem ehemaligen Gefängnis untergebracht. Im Rahmen der Besichtigungstermine kann man den Arbeiterinnen und Arbeitern, den »torcaderos«, beim geschickten Rollen der Tabakblätter über die Schulter schauen. Im angeschlossenen Laden werden die besten Marken der Gegend angeboten, darunter die Zigarren von Robaina, dem berühmtesten kubanischen Familienbetrieb.

Pinar del Río | Calle Maceo 157 | Mo–Fr 9–16, Laden auch Sa 8.30–13 Uhr | Führung 5 CUC

Weitere Geschäfte und Märkte finden Sie im Kapitel **KUBA ERKUNDEN**.

Das Rollen der Tabakblätter für die Zigarrenproduktion ist Aufgabe der »torcaderos«. In der Fabrica de Tabacos Francisco Donatién (▶ S. 37) darf man den Arbeitern dabei zusehen.

SPORT UND STRÄNDE

*Genießen Sie Ihren Urlaub aktiv. Welche sportlichen
Möglichkeiten Kuba bietet und was Sie in der
Natur erleben können, erfahren Sie hier.
Im Anschluss finden Sie besondere Empfehlungen.*

Allmählich hat es sich herumgesprochen: Kuba ist ein Paradies für sportliche Entdecker. Es sind die Größe und Weite des Archipels, seine endlos
lange Küste, hinter der immer noch mehr Inseln warten, die weiten Ebenen und die an lieblichen Tälern so reichen Mittelgebirge, die sportliche
Entdeckungen hier so besonders machen – und das unbezahlbare Gefühl,
immer ein wenig in der Vergangenheit unterwegs zu sein.
Vorreiter für den Aktivurlaub Kubas waren ausländische Agenturen. Sie
bieten mehrtägige organisierte Touren für Fahrradfahrer oder Wanderer
an. Aber auch die Kubaner haben das Potenzial längst erkannt. So offerie-
ren heute immer mehr private Vermieter zum Zimmer auch die Möglichkeit, ein Fahrrad zu leihen oder geführte Ausflüge zu unternehmen.
Wassersportler erwartet ohnehin das reine Paradies. Anspruchsvolle Taucher finden Spezialveranstalter, die die schönsten Spots Kubas für den rei-

◄ Katamarane zum Verleih an der Playa
Ancón unweit von Trinidad (▶ S. 133).

nen Tauchurlaub erschließen. Wer eines der traumhaften Riffe mit Schnorchel und Flossen erkunden will, kann die Ausrüstung an den schönsten Plätzen für ein paar CUC pro Stunde mieten.

TRAUMHAFTE BUCHTEN UND NEUE JACHTHÄFEN

Wer mit dem Segelboot unterwegs ist, fühlt sich vielleicht sogar ein bisschen wie Christoph Kolumbus, so unverbaut und ursprünglich sind die Ankerplätze Kubas. Trotz seiner attraktiven Segelreviere um die 55 746 km lange Küstenlinie liegt Kuba weit außerhalb der »Jachttrampelpfade«. Zu den traumhaften Ankerbuchten mit Palmenstränden gesellen sich längst neue moderne Jachthäfen als Anlaufadressen für den erfahrenen Skipper. Der bislang fortschrittlichste entstand in Varadero, und der nächste am alten Hafen in Havanna ist auch schon in der Planung. Wer nur einmal einen Segeltörn unternehmen will, z. B. mit einem Katamaran die Küste entlang, der kann solche Ausflüge oft im Hotel buchen.

Die All-inclusive-Hotels bieten ohnehin meist hervorragende Sportbedingungen. Sie sind am besten auf die Bedürfnisse einer aktiven internationalen Urlauberschar eingestellt und arbeiten eng mit allen Ausflugsagenturen zusammen. Für Individualurlauber ist die Organisation etwas schwieriger, es sei denn, man schließt sich bereitwillig Gruppenausflügen an. Die Kosten für einen eigenen Führer oder Skipper und ein passender Termin müssen ausgehandelt werden, das kostet Zeit und Geld. Oft fehlt auch geeignetes Personal für Einzelreisende. Ebenso kann es passieren, dass Restaurants am Wegesrand nur auf angemeldete Gruppen eingestellt sind.

HURRIKANS – DIE SCHATTENSEITE DES SONNENWETTERS

Sie tragen liebevolle Namen wie Kate, Irene, Joaquín oder Matthew. Doch das ist nur eine Spielerei der Meteorologen, denn in Wahrheit sind die Hurrikans Wüstlinge erster Ordnung. 2010 ruinierten Igor und Ike mit Windgeschwindigkeiten von 200 km/h die kubanischen Küsten, 2012 richtete Sandy an Stränden und Marinas Millionenschäden an. Als Matthew im Jahr 2016 mit 250 km/h über Kuba hinwegfegte, blieb vor allem an den Ufern im Norden und Nordosten wenig wie es vorher war. Noch jetzt sind nicht alle Strand- und Sporteinrichtungen wiederhergestellt. Fast alle zwei Jahre muss man mit ihnen zwischen September und Anfang November rechnen. Wenn sich das Meer und die darüber liegenden Luftmassen auf über 27 °C aufgeheizt haben, können gigantische Gewitterwolken aufsteigen, sich zu Wolkenwirbeln zusammenballen und entladen. Zu den Verwüstungen durch Stürme kommen meist noch jene durch Überschwemmungen und hohe Flutwellen hinzu. Einen gewissen Schutz bietet das gut entwickelte Frühwarnsystem. Insbesondere Wassersportler sollten sich auf diese Verhältnisse einstellen.

GOLF

Das Golfspiel war aus ideologischen Gründen lange als Kapitalistensport verpönt. Nun sind neben den vorhandenen Golfplätzen in Havanna und Varadero neue Anlagen geplant.

Habana Golf Cub   ⚓ E1

Man erreicht den vor über 50 Jahren gegründeten 9-Loch-Golfclub (Par 35), auch »Golfito« oder »Diplo Golf Club« genannt, über die Rancho Boyeros Avenue. Jedes Jahr werden hier internationale Golfturniere veranstaltet: so z. B. im April das Commonwealth Tournament und der Canada Cup.

Havanna | Ctra. de Vento, km 8 | Reparto Capdevila | Ave. Rancho Boyeros | Tel. 07/33 89 18 | Greenfee ab 20 CUC

Varadero Golf Club   ⚓ F1

Der 40 ha große, bislang noch einzige 18-Loch-Golfplatz auf Kuba breitet sich in Varadero zwischen Atlantik und Lagune aus. Zum Komplex gehört das luxuriöse Anwesen Mansion Xanadú, ehemals im Besitz des US-Millionärs Irénée du Pont de Nemours.

Varadero | Ctra. Las Américas | Tel. 0 45/66 84 82 | www.varaderogolfclub. com | Greenfee 70 CUC (18 Loch)

HOCHSEEANGELN

Wer in den Fußstapfen von Ernest Hemingway seine Kräfte an großen Exemplaren messen will, findet in der fischreichen Floridapassage und den Gewässern vor der langen Nordküste Kubas ein ideales Revier. Die Fahrten werden in den internationalen Jachthäfen Kubas angeboten. Mit Segel- oder Motorjachten dauern sie zwischen 3 und 8 Stunden und kosten zwischen 60 und 123 CUC pro Person (Mindestteilnehmerzahl 4 Personen).

RADFAHREN

Kuba eignet sich hervorragend für Touren mit dem Fahrrad, das hier ohnehin noch das verbreitetste Fortbewegungsmittel ist. Für weniger sportliche Radfahrer lassen sich auch bequeme Routen ohne allzu anstrengende Steigungen zusammenstellen. Spezialveranstalter bieten Ausflüge verschiedener Schwierigkeitsgrade an, die Sightseeing mit dem Radsport verbinden.

Interessenten können sich vor Ort an verschiedene Anbieter wenden, etwa an Havanatur (http://ge.havanatur.com/ services/specialties). Die kubanische Agentur organisiert einwöchige Radtouren durch verschiedene Regionen des Landes – komplett mit Unterkunft und Verpflegung. Eine weitere Alternative ist das Büro des kanadischen Radurlaub-Veranstalters WoWCuba in Havanna (Centro de Negocios Kohly, Salón 2, Calle 34 e/ 49 y 49A, Rpto. Kohly, www.wowcuba.com).

Informationen über den nationalen Radsport bietet die Website: www.femotor.com/sección/ciclismo-nacional.

SEGELN

Die beständig wehenden Passatwinde zwischen Dezember und März schaffen ideale Bedingungen für Segler. In den Marinas werden Katamarane und Jachten vermietet, darunter Mooring-Jachten. Skipper müssen vor Eintritt in kubanische Hoheitsgewässer (auf zwölf Seemeilen Entfernung) über HF (SSB) 2790 oder VHF Kanal 16 (beide Netze für Touristen) ihre Ankunft bei den Hafenbehörden avisieren.

Marina Cienfuegos   H 3

Cienfuegos | Calle 35 e/ 6 y 8 (Punta Gorda) | Tel. 0 43/55 16 99, 55 12 41, 55 12 75 | www.nauticamarlin.com

Marina Gaviota Cabo de San Antonio   A 3

Der Jachtclub liegt an der Playa Las Tumbas (Halbinsel Guanahacabibes).
Cabo de San Antonio | Pinar del Río | Tel. 048 /75 01 23, 75 01 24 | www.gaviota-grupo.com

Marina Cayo Las Brujas   K 2

Cayería del Norte | Cayo Las Brujas | Tel. 0 42/35 00 13, 35 01 13, Ext. -12 | www.gaviota-grupo.com

Marina Cayo Guillermo   K 2

Jardines del Rey | Cayo Guillermo | Tel. 0 33/30 13 23, 30 14 11 | www.nauticamarlin.com

Marina Dársena Varadero   F 1

Varadero | Tel. 0 45/66 75 50, 66 70 93, 66 87 29, 66 88 96 | www.nauticamarlin.com

Der Varadero Golf Club (▶ S. 40) erstreckt sich auf einer schmalen Halbinsel, etwa 5 km vom Zentrum Varaderos entfernt – diese präkolumbische Skulptur säumt das 18. Loch.

Marina Hemingway ⚓ E 1

Havanna | Ave. 5ta y 248 | Santa Fé |
Playa | Tel. 07/2 04 50 88 | www.nautica
marlin.com

Marina Gaviota Oriente ⚓ P 4

Bahía de Naranjo | Holguín | Tel.
0 24/43 01 32, 43 04 46 | www.gaviota-
grupo.com

Marina Gaviota Puerto Vita ⚓ P 4

Marina mit Tauchbasis, Ausgangspunkt für Hochseefischen und Boots-
exkursionen.
Rafael Freyre | Bahia de Naranjo | Tel.
0 53/24 43 01 32 | www.gaviota-grupo.com

Marina Santiago de Cuba ⚓ P 6

Bahía de Santiago de Cuba | Ave. 1ra |
Punta Gorda | Tel. 0 22/69 14 46 |
www.nauticamarlin.com

Marina Trinidad ⚓ H 3

Trinidad | Playa Ancón | Ctra. María
Aguiar | Tel. 0 41/99 62 05 | www.
nauticamarlin.com

Marina Gaviota Varadero ⚓ F 1

Der modernste Jachthafen Kubas.
Varadero | Tel. 0 45/66 41 15 |
www.gaviota-grupo.com

TANZEN

Weil sich vor allem die Salsa, aber auch
der Son nicht so einfach auf der Tanz-
fläche erlernen lassen, gibt es in Havanna und Santiago de Cuba Tanzschulen
oder Tanzlehrer für Touristen. Wer einen Kurs belegen will, wendet sich am
besten an einen Spezialveranstalter
(▶ S. 181). In Varadero gibt es für Interessierte außerdem eine Tanzakademie,
in der man auch stundenweise (auch

Einzel-) Unterricht bekommen kann
(abc academia baile en cuba, Ave. 1ra y
Calle 34, Tel. 0 45/61 26 23, tgl. 9, 11.30,
14 und 17.30 Uhr, 2 Std. ab 15 CUC).

TAUCHEN UND SCHNORCHELN

Kuba bezeichnet seine Korallenriffe
gern als die größten der westlichen Hemisphäre und ignoriert damit die Inselwelt des Barrier Reefs vor der Karibikküste Mittelamerikas. Doch wer will
sich hier als Richter aufspielen? Kubas
Vielfalt an vorgelagerten Archipelen
hat schon die Piraten angelockt. Nicht
umsonst verortet man gern die Schatzinsel von Robert Louis Stevenson
(1850–1894) südlich von Kuba auf der
Isla de la Juventud. Eins ist gewiss: Kein
Revier der westlichen Hemisphäre ist
noch so wenig kontaminiert, so reich
an unzerstörten Unterwasserwelten!
Wer in die fantastische Welt der Koral-
lengärten, Unterwasserhöhlen, Grotten
und Krater abtaucht, wird sich an Fischen verschiedenster Arten, Größen,
Formen und Farben, Algenpflanzen,
Schwämmen, Muscheln und schwarzen Korallen kaum sattsehen können.
Der Korallenbewuchs beginnt auf dem
oberen Rand des Festlandsockels und
erstreckt sich hinunter bis in eine Tiefe
von etwa 400 m. Selbst in 50 m Tiefe ist
die Sicht noch recht klar.
Rund um die Insel sind Tauchreviere
markiert. Die schönsten befinden sich
bei der Isla de la Juventud, Cayo Largo,
María La Gorda, Cayo Levisa und den
Jardines del Rey (Cayo Coco, Cayo
Guillermo, Cayo Santa María).
Die Tauchzentren sind internationalen
Tauchorganisationen wie ACUC, SNSI
oder CMAS angeschlossen, die Gruppen werden von fachkundigen Guides

Kuba ist ein Land der Musik und der rhythmischen Bewegung. Wer selbst die richtigen Schritte zu den Klängen von Salsa, Son und Rumba erlernen will, besucht eine Tanzschule (▶ S. 42).

betreut. Tauchschulen gibt es in nahezu allen größeren Hotels an der Küste. Die Tauchgeräte, Ausrüstungen und Bleigewichte sind in den meisten Fällen in ausreichender Zahl vorhanden. Schnorchler können sich auch an den Badeständen, die wie die Playa Pilar (Cayo Guillermo) nicht zu Hotelanlagen gehören, Schnorchel und Flossen besorgen. Für Anfänger in dieser Disziplin gibt es an vielen Stränden organisierte Schnupperkurse. Profis müssen eine Tauglichkeitsbescheinigung vorlegen, die nicht älter als ein Jahr sein darf, ein Logbuch und ein Brevet.

Die kubanischen Korallenbänke stehen unter Naturschutz. Es ist daher streng verboten, mit Harpunen und Wurfspeeren auf Jagd zu gehen. Korallen dürfen nicht abgebrochen, Muscheln nicht aus dem Wasser geholt werden. Die Tauchguides achten penibel auf die Einhaltung dieser Vorschriften, und Übertritte werden mit Tauchverbot geahndet. Im Westen der Isla de la Juventud wurde in den 1950er-Jahren das Taucherparadies Cabo Francés entdeckt. Der kubanische Inselsockel fällt hier auf mehr als 1000 m ab, für Tieftaucher eine echte Herausforderung. Die Was-

Wollen Sie's wagen?

*Kuba von oben per Fallschirm erle-
ben: »Salto Tandem«, so heißt das
Abenteuer aus der Vogelperspektive.
Das Fallschirmspringerzentrum, das
diese luftigen Ausflüge mit Trainer
am Fallschirm anbietet, befindet sich
in Varaderos Westen. Für diesen etwa
zehnminütigen Nervenkitzel sind
150 CUC zu berappen.*
Varadero | Centro Internacional de
Paracaidismo | Vía Blanca, km 1,5 |
Tel. 0 45/6 66 28 28 und 045/611220 |
www.skydivingvaradero.com

sertemperatur bewegt sich zwischen
25 °C im Winter und 29 °C im Sommer.
Aus diesen Gründen und natürlich wegen der schönen Korallenriffe, des Ar-
tenreichtums und Farbprismas wird
der Inselsporn auch bei Tauchern mit
allerhöchsten Ansprüchen als eine
Top-Adresse gehandelt.
Das International Cuba Diving Center
bietet inzwischen 56 ausgewiesene
Tauchzonen. Mitten ins Meer wurde
eine Tauchstation mit Restaurant, Um-
kleidekabinen und Toiletten hineinge-
baut, die durch einen langen Steg mit
dem Ufer verbunden ist. Hier kommen
auch Schnorchler und Strandwanderer
auf ihre Kosten. Weitere Infos erhalten
Sie unter www.cuba-diving.de, www.
cubadiving.org, www.nauticamarlin.com
und www.cubandivingcenters.com.

Centro de Buceo Copacabana ⚓ E1
Havanna | Hotel Copacabana |
Ave. 1ra No. 4404 e/ 44 y 46 | Playa |
Tel. 07/2 04 10 37

Centro de Buceo María La Gorda
La Bajada | Península Guanahacabibes |
Sandino | Tel. 0 48/77 81 31, 77 30 -72 bis -75

Centro Internacional de Buceo
Barracuda Varadero ⚓ F1
Die beste Tauchstation in Varadero.
Tauchgänge ab 50 CUC (mit Ausrüstung), Kurse auch für Fortgeschrittene.
Varadero | Calle 59 y Playa | Tel. 0 45/
6 13 48 1

Centro Internacional de Coco
Diving ⚓ L2
Das vorgelagerte Saumriff von Cayo
Coco erstreckt sich über mehr als 20
Meilen. Getaucht werden kann in Tie-
fen zwischen 2 und 40 m.
Cayo Coco | Hotel Tryp Cayo Coco |
Morón | Tel. 0 33/30 13 23 Ext. -741 |
www.descubrircuba.com

Centro Internacional de Buceo
Colony ⚓ D3
Die Ferienanlage Colony verfügt über
eine große Tauchbasis.
Isla de la Juventud | Hotel El Colony |
Tel. 0 46/39 81 81 | www.hotelelcolony.com

Cayo Largo Diving Center ⚓ F3
In der Marina Cayo Largo del Sur.
Cayo Largo del Sur | Archipiélago de
Los Canarreos | Tel. 0 45/24 82 12, 0 45/
24 82 13 | www.divingincayolargo.com

Scuba Cuba Eagle Ray ⚓ P4
Playa Guardalavaca | Holguín |
Tel. 0 24/3 03 16

SCUBA Cuba Sol Cayo Guillermo
⚓ K2
Morón | Hotel Sol Cayo Guillermo |
Tel. 0 33/30 17 60

Sea Lovers   🐚🐟 P 4

Holguín | Tauchbasis an der Playa
Esmeralda | Tel. 0 24/3 00 30

**Centro Internacional de Buceo
Carisol los Corales**   🐚🐟 P 6

20 Tauchplätze mit zum Teil steilen
Wänden, Tunneln, versunkenen Schif-
fen und großen Fischen erwarten den
Aktivurlauber; auf Wunsch erfolgt eine
Abholung im Hotel.

Santiago de Cuba | Club Amigo
Carisol | Ctra. de Baconao, km 31 |
Playa Cazonal | Tel. 0 22/35 61-13, -14, -15,
35 61-21, -22 | www.hotelescubanacan.
com

WANDERN

Das Angebot an geführten Ausflügen
für passionierte Vogelbeobachter und
Naturliebhaber wächst ständig. Längst
tummeln sich auch selbst ernannte Na-
turkenner im Internet, die Touristen
ihre Dienste für ein paar CUC anbie-
ten. Die sicherste Wahl ist – neben den
heimischen Unternehmen – immer ein
Ausflugsangebot des Ökoveranstalters
Ecotour (▶ S. 30). Auch wenn Sie einen
örtlichen Führer in einem der Informationszentren, z. B. in Topes de Collantes (▶ S. 56, 160), engagieren, können
Sie auf die Qualität und Zuverlässigkeit
Ihres Begleiters vertrauen.

STRÄNDE

An Kubas 5745 km langer Küste gibt es
ungefähr 300 zum Teil höchst unterschiedliche Strände. Den europäischen
Urlaubsträumen vom breiten und weißen Korallensand vor türkisfarbenem
Meer entspricht vor allem der berühmte Strand von Varadero, auch wenn es
hier wenig Kokospalmen gibt.

Von ähnlicher Qualität, wunderbar
fein und weiß, wenn auch nicht so breit
und lang, sind die Strände der vorgelagerten Inseln im Norden (Cayo Coco,
besonders Playa Pilar auf Cayo Guillermo, Cayo Las Brujas, Cayo Ensenachos
und Cayo Santa María, Cayo Levisa
oder Cayo Jutías).

Im Norden sind die Wassereinstiege
flacher, der helle Sand auf dem Grund
schimmert türkis durch. So auch in
den schönen Buchten der Costa Esmeralda im Nordosten, die nicht umsonst
mit ihren luxuriösen All-inclusive-Hotels eine steile Karriere im Tourismus
gemacht haben. Im Süden hingegen,
beispielsweise an der Playa Ancón in
Trinidad, fällt der Boden steiler zu grö-
ßerer Tiefe ab, sodass das Meer dunk-
ler erscheint. An den schönsten Stränden westlich von Santiago de Cuba gibt
es dann wieder leuchtend türkisfarbene
flache Stellen. Als attraktivste Strand-
insel gilt Cayo Largo del Sur, die gern
auch als Honeymoon-Insel bezeichnet
wird, mit ihrem breiten Strand und der
vorgelagerten Sandbank.

Die Wassertemperatur liegt an allen
Küsten ganzjährig bei 25 bis 28 °C. An
den Hotelstränden wachen Rettungs-
schwimmer über die Sicherheit der Urlauber, und auch an Kubas Stränden
wehen die international bekannten Sig-
nalflaggen, die man unbedingt beach-
ten sollte. Bei Rot gilt absolutes Bade-
verbot, bei Orange ist Vorsicht geboten,
und bei Grün ist das Baden gefahrlos.
Gute Sonnen- bzw. Insektenschutzmit-
tel sollte man unbedingt im Gepäck
haben. An manchen Stränden sind Ba-
deschuhe von Vorteil, weil sich im stei-
nigen Wasserrand bisweilen auch See-
igel aufhalten können.

Im Fokus
Santería: Wenn die Trommeln rufen

*Seit den Neunzigern huldigen die Kubaner wieder fröhlich
ihren Göttern – neben den katholischen Heiligen, versteht sich.
Ein kleiner Leitfaden durch das verwirrende Pantheon der
kubanischen Götter, Kulte und Geheimbünde.*

Der »socialismo tropical« ist kein gottloses Regime. So sagt man Fidel
Castro nach, dass er gläubiger gewesen sei, als die atheistischen Lehren
von Marx und Lenin es eigentlich erlauben. Nicht nur, dass er in der
schwersten Krise der Insel die Kirchen wieder öffnete und den Papst ein-
lud, das Land zu besuchen. Er soll auch mehr oder weniger heimlich ein
Anhänger der afrokubanischen Götterwelt gewesen sein. Mit dieser Am-
bivalenz stünde er nicht allein da. 1775 erlaubte der Bischof von Havanna
den Nachfahren verschleppter Afrikaner auf der Insel, sich ihrer heimat-
lichen Glaubensvorstellungen zu erinnern – sofern der Gemeindevor-
stand (»cabildo«) unter dem Schutz eines christlichen Heiligen stand.

HINTER JEDEM HEILIGEN STEHT EINE GOTTHEIT

Damals begann, was während der ersten Revolutionsjahrzehnte bis zur
deklarierten Religionsfreiheit in den 1990er-Jahren nur noch heimlich
praktiziert werden durfte, zuvor allerdings für die Kubaner eine Selbst-

◀ Eine Santería-Priesterin deutet einer
Touristin ihr Schicksal mit Karten.

verständlichkeit war: die gleichzeitige Anbetung christlicher Heiliger und afrikanischer Götter. Der hl. Lazarus verkörpert beispielsweise zugleich Babalú Ayé, den Gott der Krankheiten; Changó, der Gott des Feuers, wurde mit der hl. Barbara gleichgesetzt; der hl. Christoforus entspricht Aggayú, dem Gott der Flüsse und Ebenen, und die Meeresgöttin Yemaya der Jungfrau von Regla.

Kein Kubaner versteckt heute mehr seinen kleinen gemischt christlich-afrokubanischen Hausaltar. Wobei die afrokubanische Götterwelt ihre christlichen Alter Egos immer mehr in den Hintergrund zu drängen scheint. Statistiken sprechen von etwa 30 % römisch-katholischen Kubanern, Tendenz abnehmend. Denn immer mehr von ihnen frönen dem Synkretismus. Man geht davon aus, dass sogar die Mehrheit aller Kubaner den alten afrikanischen Göttern huldigt, entweder als Sympathisant oder regelrechtes Mitglied eines Kults.

DIE AFROKUBANISCHEN KULTE

Diese Kulte sind nach ihren alten afrikanischen Ursprungsregionen gegliedert: Die Santería stammt von Yoruba-Sklaven aus Westafrika (im heutigen Nigeria), die Regla Conga oder Palo Monte aus dem Kongo und anderen untergeordneten Bantu-Monarchien. Ihre Mitglieder werden Hexer (»brujos«) genannt, denn man unterstellt ihnen, mit dunklen Mächten zu paktieren. Wenn im Haus ein Kürbis an der Decke aufgehängt ist, handelt es sich vermutlich um ein Mitglied der Regla Conga. Um die Götter zu besänftigen, wird das Fest Makuta veranstaltet.

Die geheime Bruderschaft der Abakuá schließlich gründeten vor rund 200 Jahren Sklaven aus dem nigerianischen Calabar in Havanna. Sie ist eine reine Männerverbindung, in der männliche Tugenden wie Mut, Entschlossenheit und Stärke gepflegt werden. Man kommuniziert in einer Geheimsprache und nutzt eine okkulte Zeichenschrift. Abakuá entlässt seine Mitglieder niemals aus der Pflicht, anderen Mitgliedern, die sich »ñáñigos« nennen, zu helfen.

IM PANTHEON DER »ORISHAS«

Die meisten Kubaner sind Anhänger der Santería. Wer ein richtiges Mitglied werden will, muss ein Initiationsritual über sich ergehen lassen und danach ein Jahr lang Weiß tragen. Die Zeremonien der Kulte reichen von harmlosen Konsultationen beim Orakelpriester, dem »babalao«, bis zu voodooähnlichen Spektakeln unter dröhnenden Trommelschlägen, bei denen so manches Huhn sein Leben lässt und viel Blut fließt.

Die afrokubanischen Götter (»orishas«) entstammen der Natur. Wie die Götter der Antike verkörpern sie menschliche Stärken und Schwächen, allen werden neben katholischen Heiligen auch Zahlen und Farben zugeordnet. Als Mittler zwischen der irdischen Welt und der Götterwelt gilt beispielsweise Elegguà, mit ihm werden die Farben Rot und Schwarz in Verbindung gebracht, seine Zahlen sind 3 und 21 und sein christliches Pendant der hl. Antonius.

GÖTTLICHE FARBEN

Chango, dem Gott des Feuers, des Blitzes und Donners, der streitbaren Männlichkeit und der Sexualität, wird die Farbe Rot zugeordnet, sein Gewand kann auch rot-weiß sein. Er fungiert zugleich als Gott der Liebe, der Musik und der Männlichkeit. Er präsentiert sich stolz, kraftvoll und verführerisch mit einer Neigung zur Gewalt. Chango wohnt in Königspalmen, als Symbole werden ihm die Doppelaxt, der Mambostab und die Rassel aus Schildkrötenpanzer zugeordnet. Geopfert wird ihm seine Lieblingsspeise »farina de amala«, eine in Bananenblätter gewickelte Masse aus gekochtem und gesüßtem Maismehl.

Die Farbe von Yemayá, der Göttin der Ozeane, der Meere und des Salzwassers sowie der Mutterschaft und der Vernunft, ist Blau. Als wahre Allmutter hat sie 16 andere Götter als Kinder. Dargestellt wird sie oft mit sieben Röcken in Blau und Weiß. Ihre Tugenden sind Intelligenz, Mitgefühl, Versöhnlichkeit, Großzügigkeit und Beschützergeist – ihre Zeichen sind der Halbmond und kleine Muscheln, ein Anker und silbern blitzende Metalle. Sie führt nicht selten ein gefährliches Meerestier mit sich, das Olokun, und gilt zugleich als streng und hochmütig.

Ihre Schwester heißt Ochún-Kole; sie ist auch die Gemahlin von Chango und wird als Göttin des Goldes, der Liebe und der Sexualität, des Süßwassers und der Weiblichkeit verehrt. Mit ihrem christlichen Pendant, der Virgen de la Caridad del Cobre, der Barmherzigen Jungfrau von Cobre, wacht sie als Schutzheilige über Kuba. Sie ist auch die Göttin des Trinkwassers und des goldenen Honigs, als Symbol sind ihr die Glocke und der Kürbis zugeordnet, als Farbe Gelb. Der Pfau und der Geier sind ihre Tiere. Sie erscheint in der Regel als Mulattin, ist sinnlich, verführerisch, eine gute Tänzerin und Seherin. Man opfert ihr »ochinchin«, das ist gekochtes Krebsfleisch mit Mandelmus, Mangold und Kresse.

Ogún wird als Gott der Kraft, des Krieges, der Werkzeuge, des Erzes, der Berge und des Waldes angebetet. Er kann gleichermaßen konstruktive wie destruktive Züge aufweisen. Seine Farben wiederum sind Grün und Schwarz, als seine Symbole gelten Buschmesser, Ketten, Hacken und Schlüssel. Seine Eigenschaften zeigen sich in roher Gewalt, Energie und Verschlagenheit. In der christlichen Religion entsprechen ihm der hl. Johannes sowie der hl. Petrus.

Insgesamt tummeln sich nach einer exakten Hierarchie rund 20 höchst unterschiedliche Charaktere im »orisha«-Universum. Seine Wächter sind zum einen Olofí, der Gott der Gesetze und des Uranfangs (christlich die Heilige Dreifaltigkeit) und Obtalá, der androgyne Gott des Friedens, Schöpfer der Erde und der Menschen (christlich die hl. Jungfrau Mercedes). Seine Farbe ist Weiß, sein Symbol die Kokosnuss, und geopfert wird ihm seine Lieblingsspeise »ecru« – pürierte Carita-Bohnen, die in Kokosmilch gekocht werden.

GÖTTER SPRECHEN AUS DEN TROMMELN

Die Opfergaben werden während der mitunter mehrtägigen Zeremonien an Altären für die »orisha« ausgelegt und nach und nach von den Gästen verspeist. Eine tragende Rolle spielen bei den Zeremonien die Trommeln (»batàs«) der Trommelpriester: Die kleinste heißt »okónkolo«, ist hellgrün und lila in den Farben der Kriegsgötter Ogún und Ochósi geschmückt und klingt hell und hart. Die größte gehört Changó, seine Trommel heißt »iya« und trägt die Farben Rot-Schwarz-Weiß. Und die mittlere Trommel, »itótele« genannt und blau-weiß mit vielen Spiegelchen geschmückt, ist für die weiblichen Gottheiten Yemayá und Ochún-Kole reserviert. Der Höhepunkt einer Zeremonie ist erreicht, wenn Elegguà die Pforte öffnet und ein »orisha« in einen Teilnehmer fährt. Er benimmt sich dann wie besessen und vermittelt den Teilnehmern die Botschaften des »orisha«.

WELCHER »ORISHA« GEHÖRT ZU IHNEN?

Jedem Menschen können bestimmte »orishas« zugeordnet werden. Mit welchen afrokubanischen Gottheiten man wesensverwandt ist, findet der »babalao« heraus. Wer seine göttlichen Über-Ichs gefunden hat, schmückt sich gern mit deren Insignien, und sei es nur eine Perlenkette in den entsprechenden Farben. So signalisiert z. B. eine gelbgrüne Kette Orúla, die Göttin der Weisheit und der Schutzengel (christlich: der hl. Franziskus). Das Tragen dieser Farben kann freilich auch einfach nur bedeuten, dass man sich Orúlas Schutz anvertraut.

FESTE FEIERN

Feierlich, anspruchsvoll oder ausgelassen – Kuba zwischen
Heldenverehrung, Kultur und Rumba. Auch die Besuche zweier
Päpste hinterließen ihre Spuren im Festtagskalender. Eindeutiger
Höhepunkt des Jahres allerdings ist der Karneval.

Die Zeit der Kundgebungen und sozialistischen Gedenktage ist zwar nicht
vorüber, wohl aber die eher vergnügungsfeindliche direkt nach der Revolution. Rund 370 traditionelle Feste zählt das Kulturministerium heute,
»fiestas patronales«, »campesinas«, »carnavales« oder »parrandas« – Patro-
natsfeste, ländliche Feste, Karneval oder Feuerwerksrummel. Viele Events
erlebten mit der Öffnung für den Tourismus und mit der abebbenden Krise einen wunderbaren Aufschwung. Darüber hinaus brachten zwei Papstbesuche bei Fidel Castro nicht nur eine Wiedereröffnung vieler Kirchen
mit sich, auch der Karfreitag wurde wieder als Feiertag eingeführt.
Höhepunkte des Festkalenders ist, wie überall in der Karibik, auch auf
Kuba der Karneval. Der berühmteste findet in Santiago de Cuba statt; es
ist ein entfesseltes Fest mit Maskeraden und heißer Musik. Bei ihm mischen besonders viele afrikanische und haitianische Einflüsse mit, der

◀ Ausgelassen, teils ekstatisch wird der Karneval in Santiago de Cuba gefeiert (▶ S. 52).

Tanz des Karnevals in Santiago de Cuba ist die einst aus dem früheren Saint-Domingue (dem späteren Haiti) eingeführte Tumba Francesa. Zu großartiger Form fand auch das fast 200 Jahre alte »explosive« Weihnachtsfest in Remedios zurück: Las Parrandas de Remedios. Die Bevölkerung verschiedener Viertel tritt am 24. Dezember ab 22 Uhr mit thematisch geschmückten Umzugswagen und viel Feuerwerk zum Wettbewerb gegeneinander an. Besucher sollten lange im Voraus ihre Unterkunft reservieren und bei der zu erwartenden Knallerei auf guten Kopfschutz achten!

KULTUR UND HELDENKULT

Abseits des Festkalenders helfen Straßenfeste den Kubanern in den Städten über so manche Alltagssorgen hinweg. Wahre Meisterleistungen vollbringt Kuba auf kulturellem Terrain, die Festivals sind Magneten für Künstler und Fans aus aller Welt. Staatliche Feiertage hingegen gehören nach wie vor überwiegend den Helden und historischen Siegen der Revolution, so vor allem der 28. Januar, der Geburtstag José Martís; der 24. Februar, der Gedenktag für den Unabhängigkeitskrieg; der 19. April für den Sieg an der Schweinebucht; der Tag der Arbeit am 1. Mai; der 26. Juli für den Tag des Sturms auf die Moncada-Kaserne; der Tag der Märtyrer der Revolution am 30. Juli; die Gefangennahme Che Guevaras am 8. Oktober; der Jahrestag des Beginns des ersten Unabhängigkeitskriegs am 10. Oktober; und der 28. Oktober, der Tag an dem Camilo Cienfuegos verschwand. Infos: www.min.cult.cu, www.cubaescena.cult.cu, www.cubaabsolutely.com.

FESTKALENDER
JANUAR
Premio Literario Casa de Las Américas, Havanna

Diese kurz nach der Revolution von Haydee Santamaría (1923–1980) gegründete Institution dient dem Austausch und der Förderung lateinamerikanischer Künstler. Sie vergibt im Januar ihren renommierten Literaturpreis.

20.–30. Januar
www.casa.co.cu

FEBRUAR
Feria internacional del libro (FIL)

Liebhaber lateinamerikanischer Literatur können auf dieser internationalen Buchmesse jede Menge Neuerscheinungen studieren. Die Messe beginnt Mitte Februar in Havanna und dauert dort zehn Tage. Anschließend wandert sie für gut zwei Wochen in die anderen Provinzen der Insel.

www.cubaliteraria.cu, http://feriadellibro.cubaliteraria.cu

MÄRZ

Festival Internacional de la Trova Pepe Sánchez, Santiago de Cuba

Das wichtigste Festival für traditionelle kubanische Musik findet in Santiago de Cuba statt. Benannt ist es nach José »Pepe« Sánchez (1856–1918), er gilt als Begründer der Trova auf Kuba und des kubanischen Bolero.
Um den 19. März

APRIL

Festival Internacional de Cine Pobre de Humberto Solás

Filmfans ist das Festival längst ein Begriff: Seit 2003 werden in Gibara (Oriente) Low-Budget-Filme gezeigt. Ihre Produktionskosten dürfen nicht mehr als 300 000 Dollar betragen.
www.festivalcinepobre.cult.cu

MAI/JUNI

Torneo Internacional de la Pesca de la Aguja »Ernest Hemingway«

Über 60 Jahre ist es her, dass Ernest Hemingway diesen internationalen Angelwettbewerb initiierte, genau am 26. Mai 1950. In der Marina Hemingway findet er seit 1960 statt.
www.internationalhemingwaytourna
ment.com

JUNI

Festival »Boleros de Oro«

Der sinnliche langsame Tanz, meist voll des Liebesleides in den Texten, bewegt in diesen Tagen zeitgleich Havanna, Camagüey, Santa Clara und Santiago de Cuba im 2/4- oder 2/2-Takt. Neben »Pepe« Sánchez gehörte Miguel Matamoros (1894–1971) zu den wichtigsten Begründern des kubanischen Bolero.
Ende Juni

JULI

Festival del Caribe, Fiesta del Fuego, Santiago de Cuba

Ob Jamaika oder Trinidad – jedes Jahr feiert das Festival einen karibischen Partner. Das »Karibische Fest des Feuers« stimmt auf den Karneval ein.
Anfang Juli
www.casadelcaribe.cult.cu/

Carnaval, Santiago de Cuba

Der berühmte Karneval beginnt in der Calle Santa Rita mit einem ohrenbetäubenden Klangwirbel. Tagelang pulsiert die Stadt bei 35 °C im Schatten, es walzen Menuett-Tänzer und Musikgruppen durch die engen Straßen.
Eine Woche Mitte bis Ende Juli

SEPTEMBER

Fiesta de la Virgen de la Caridad del Cobre

Am Ehrentag der »Barmherzigen Jungfrau von Cobre« strömen Tausende Pilger in die Kirche westlich von Santiago de Cuba. Santería-Anhänger setzen sie mit Ochún, der Göttin der Liebe, Fruchtbarkeit und Flüsse gleich, deren Farbe Gelb ist. Sonnenblumen sind als Gaben für Ochún gedacht.
8. September

Benny Moré Festival, Cienfuegos

Ein unvergessener Star der vorrevolutionären Zeit: Benny Moré (1919–1963) sang sich mit Sons, Mambos, Guarachas und Boleros in die Herzen der Menschen. Zum Festival in Cienfuegos werden Touren in seine Heimatstadt Santa Isabel Las Lajas angeboten; zum Rahmenprogramm gehören außerdem Lesungen und Ausstellungen.
Alle 2 Jahre, 2./3. Septemberwoche

Festival de Teatro de la Habana

Schauspieler aus aller Welt sorgen zehn Tage lang zum alljährlichen Theaterfestival für viel beachtete Aufführungen.
Mitte September

NOVEMBER

Festival Internacional de Jazz, Havanna

Das Jazzfestival kann bereits auf drei Jahrzehnte mit vielen berühmten Teilnehmern zurückblicken.
www.jazzcuba.com

Biennale de la Habana

Ausstellungen und Performances an rund 30 verschiedenen Plätzen Havannas, darunter Galerien, Theater, Kulturhäuser und Kirchen. Das Kunstereignis.
Alle zwei Jahre in Havanna
www.bienalhabana.cult.cu

DEZEMBER

Festival Internacional del Nuevo Cine Latinoamericano, Havanna

Das wichtigste Filmfestival Lateinamerikas zeigt Erstlingswerke und Filme der Genres Fiktion, Dokumentation und Animation und findet jährlich im Hotel Nacional von Havanna, in der Casa del Festival, im Pavillon Cuba und in den Kinos der Metropole statt. Das Ereignis wird begleitet von Seminaren, Konzerten und Ausstellungen.
Eine Woche Mitte Dezember
www.habanafilmfestival.com

Las Parrandas de Remedios

Um 22 Uhr am 24. Dezember läuten die Glocken von Remedios die Feuerwerkswettbewerbe von Remedios ein. Das knallige Spektakel dauert bis zum frühen Morgen.

Zur alljährlichen Parranda (▶ S. 53) erwacht Remedios aus seinem Schlaf. Den Höhepunkt des Festes bildet ein Umzug mit Holzvehikeln, der mit einem Feuerwerk seinen Abschluss findet.

MIT ALLEN SINNEN
Kuba spüren und erleben

Reisen – das bedeutet aufregende Gerüche und neue Geschmacks-erlebnisse, intensive Farben, unbekannte Klänge und unerwartete Einsichten; denn unterwegs ist Ihr Geist auf besondere Art und Weise geschärft. Also, lassen Sie sich mit unseren Empfehlungen auf das Leben vor Ort ein, fordern Sie Ihre Sinne heraus und erleben Sie Inspiration. Es wird Ihnen unter die Haut gehen!

◀ Wie wär's mit einem nostalgischen Havanna-Trip im 1950er-Jahre Schlitten (▶ S. 55)?

BESONDERE EMPFEHLUNGEN
KULTUR UND UNTERHALTUNG
Kreuzfahrt mit dem Oldtimer ♥ E1

Seit das Importverbot für Pkws aufgehoben wurde, werden die Oldtimer auf Havannas Straßen weniger – aber nicht weniger attraktiv, ganz im Gegenteil: In einem 1949er-Dodge oder einem 1956er-Chevrolet durch die Straßen Havannas kreuzen und dabei einen Song von Nat King Cole aus dem Transistorradio mitsingen – da stellt sich das ganz besondere Kuba-Feeling ein, mit einer Prise Nostalgie. Die Oldtimer stehen vor dem Hotel Parque Central oder dem Capitol (1 Std. 30 CUC).

Havanna | Parque Central

Callejón Hamel ♥ E1

Exotische Rhythmen, exzessive Tänze – kaum jemand, der sich den mitreißenden Darbietungen in der Callejón Hamel in Havanna entziehen kann. Für manchen wird es vielleicht eine spirituelle Grenzerfahrung, aufwühlend und beunruhigend. Speziell am Sonntag von 12 bis 17 Uhr, wenn in der kleinen, knapp 200 m langen Sackgasse, die eigentlich eine Verlängerung der Calle Ánimas ist, Gläubige afrokubanischer Religionen zusammenkommen, um die verschiedensten »orishas« zu ehren.

Und jeder kann zuschauen und mitmachen! Den passenden Rahmen bilden die afrokubanischen Wandmalereien von Salvador Gonzales Escolona, an denen, wie er bescheiden betont, das ganze Viertel mitarbeitete. Dadurch entstand eine ganz eigene Welt: ein afrokubanischer Mini-Kosmos mit klei-

nen Werkstätten und Läden, in denen u. a. Heilkräuter verkauft werden. Deshalb lohnt der Besuch der Callejón Hamel auch an anderen Tagen. Benannt ist diese Straße übrigens nach Fer-

nando Belleau Hamel, einem Kubaner deutsch-französischer Abstammung, der Anfang des 20. Jh. Waffen für den Unabhängigkeitskrieg schmuggelte.

Havanna | Callejón Hamel (Centro)

Tropicana ♥ E1

Mitte der 1950er-Jahre flogen US-Amerikaner aus Miami in Havanna ein, nur um diese Show zu sehen – und nach dem Ende der Vorstellung flogen sie wieder zurück! Damals schon war die Tropicana-Tanzrevue eine Legende und für die prüden US-Amerikaner der Inbegriff eines glückseligen Sündenfalls. Tatsächlich existiert die weltberühmte Tanzrevue seit Ende der 1930er-Jahre. Stars wie Nat King Cole, Josphine Baker und Frank Sinatra traten dabei auf.

Und in den zwischen damals und heute liegenden mehr als sieben Jahrzehnten hat das Tropicana keineswegs an Authentizität eingebüßt, sicherlich auch dank seines musikalischen Leiters Chuchito Valdés, Sohn des bekannten Jazzmusikers Chucho Valdés. Immer noch präsentiert das Tropicana die Metropole, wie sie eigentlich ist: berstend vor Temperament, Kraft und Stolz, lustvoll dekadent und hocherotisch.

Natürlich tanzen nur die besten Tänzerinnen und Tänzer Kubas im Tropicana, und man merkt es ihnen an, dass sie

darauf stolz sind, zum Ensemble zu gehören. Schöne Mulattinnen und Mulatten, Grazien und Galane, zaubern fast zwei Stunden lang in überschwänglichen Kostümen eine fulminante Show auf die Bühne, die den wohlerzogenen Mitteleuropäer mit voller Wucht trifft: So orgiastisch und akrobatisch sind die Tänze, die Rumbas, die Salsas, die Boleros oder der Danzón, so blendend präsentieren sich Flitter und Glitter sowie die spektakuläre Beleuchtung. Und die Botschaft kommt immer an: Hier geht es um Kuba, um Lebens- und Liebeslust – einfach herrlich!

Havanna | Calle 72 No. 4505 y Línea del Ferrocarril (Marianao) | Tel. 07/2 67 01 10, 2 67 17 17 (Reservierung) | www.cabaret-tropicana.com | Dinner ab 20, Show ab 22.30 Uhr | Reservierung erforderlich | Eintritt ab 75 CUC, 1/4 Flasche Rum inkl. Taxi 20–30 CUC

AKTIVITÄTEN

Wandern in der Sierra del Escambray ⚑ H 3

Schon die serpentinenreiche Fahrt von Trinidad hinauf ins 700 m höher gelegene Topes de Collantes mit dem gleichnamigen Nationalpark im Escambray-Gebirge lässt die heiße Küstenregion vergessen und versetzt in eine andere Welt: Die Luft riecht erdiger und frisch, voll des Duftes von Kiefern-, Eukalyptus- und Laubbäumen mit dem Dunst der im Dickicht des Waldes versteckten Wasserfälle. Nach der Regenzeit im April kann der Wanderer hier einem seltenen Naturschauspiel beiwohnen: Landkrabben ziehen zu Abermillionen aus dem Gebirge in Richtung Meer, um in der Schweinebucht zu laichen. Die roten Tierchen aus der Familie Gecarcinidae marschieren in Scharen über Hügel und Wege, über Straßen, Mauern und Häuser. Nichts kann die rote Invasion der einstigen Meeresbewohner, die im Lauf der Evolution zu Landgängern wurden, aufhalten. Wenn die Babykrabben geschlüpft sind, kehren sie in die Sierra zurück.

Am Tag nach der Anreise mit Übernachtung in Topes de Collantes geht es früh los auf einer Route mit normalem Schwierigkeitsgrad, die sich durch den Regenwald bis zum Salto del Caburní, einem 65 m hohen Wasserfall, entlangzieht. Und wer seine Glieder im Wasserfall-Pool erfrischt, den lockt später bestimmt kein künstlicher Pool mehr. Schon am nächsten Tag steht wieder ein Bad in klarem Gebirgswasser auf dem Programm, dieses Mal beim Wasserfall Javira, der sich verwunschen in eine Grotte unterhalb des 512 m hohen Loma Pica Pica ergießt. Ein anderes schönes Ziel in der Sierra Escambray ist der malerisch über Kalksteinterrassen plätschernde Wasserfall El Nicho hoch im Norden nahe dem Stausee Habanilla. Ausflüge kann man in Trinidad buchen.

Trinidad | Gustavo Izquierdo 101 e/ Simón Bolivar y Piro Guinart | Tel. 0 41/ 99 82 57-58 | www.infotur.cu (eine Route für motorisierte Erkundungen ▶ S. 160).

WELLNESS
Iberostar Resort & Spa Ensenachos
▶▶ K 2

Ingeborg Bachmann wusste: »Es sind nicht immer die Schiffbrüchigen, die auf Inseln Zuflucht suchen.« Heute sind es zweifellos vornehmlich Zivilisationsflüchtlinge. Und zu den schönsten Zufluchtsorten für sie gehört die 1,7 km^2 große hufeisenförmige Insel Cayo Ensenachos in der Provinz Villa Clara.

Es ist genau das Inselparadies, von dem Betuchte heute träumen: Eine wunderschöne überschaubare kleine Welt, etwa 30 km vom Festland entfernt, Teil eines vorgelagerten Archipels mit rund 500 Inselchen, gerahmt von klarem Meereswasser und den herrlichen Stränden Playa Ensenachos und Playa Megan. Erschlossen wurde es durch ein einziges Hotel: das Fünf-Sterne-Iberostar-Ensenachos. Was dieses Luxushotel so wertvoll für wahrhaft Urlaubsreife macht, ist nicht allein seine abgeschiedene Lage, sondern auch sein erstklassiges Spa. Im orientalischen Stil erbaut, stimmt dort bereits die Umgebung die Sinne auf Entspannung ein. Ein großer Pool mit Ruhezonen, ergänzt von Bäderangeboten, von Jacuzzi und Sauna bis zu Türkischem Bad und Wasserstrahlmassagen; dazu sind alle gängigen kosmetischen Anwendungen im Angebot. 190 Zimmer von insgesamt 506 gehören zum Spa-Bereich und sind nur für Erwachsene reserviert. 46 Villen stehen für Urlauber zur Verfügung, die Wert auf ihr ganz besonderes eigenes Reich legen.

Cayo Ensenachos | Villa Clara | Tel. 0 42/ 35 03 00 | www.iberostar.com | €€€–€€€€

Ein landschaftlicher Höhepunkt der über weite Strecken völlig unberührten Bergkette der Sierra del Escambray (▶ S. 56) zwischen Trinidad und Cienfuegos: der Wasserfall El Nicho.

Im Fokus
Kubanische Musik

Für die Kubaner bedeutet Musik Sehnsucht und Erfüllung.
Kein Wunder, war ihre Insel doch die Schmiede weltberühmter
lateinamerikanischer Rhythmen. Von hier eroberte so mancher
Hit erst die USA und anschließend die Welt.

Klanghölzer klacken, die Maracas-Kugeln rasseln, dunkle Conga-Trom-
meln hämmern, Kontrabass, Trompete und die »tres«, eine Art Gitarre
mit drei Doppelsaiten, elektrifizieren unwiderstehlich. Die kleine Gruppe
von Musikern – eine klassische Combo, in der Instrumente jeweils nur
einmal vertreten sind – hat sich vor den Säulen eines Restaurants in einem altem Kolonialpalast aufgebaut und spielt Kubas beliebteste Melodi-
en. Es sind Klänge, die die Hüften in Bewegung bringen, die sehnsüchtig
stimmen, sehnsüchtig nach Liebe. »De Alto Cedro voy para Marcané …«
haucht der Troubadour die Liebesgeschichte von Chan Chan ins Mikrofon und beugt sich zu einer errötenden Zuhörerin – »aus Liebe zur Dir,
Juanica, gehe ich vom Alto Cedro bis nach Marcané«. Und dann wandert
er mit seiner Combo von Tisch zu Tisch, spielt weitere Klassiker wie »Soy
la Candela« und »Dos Gardenias«, und die Stimmung steigt. Gäste erheben ihre Gläser, prosten sich vergnügt zu, und selbst die laue tropische
Nachtbrise scheint zu vibrieren.

◄ Kubanisches Lebensgefühl: Fröhlichkeit,
Zigarren, Sonne – und natürlich Musik …

Kaum eine Bar, kaum ein Restaurant, keine Casa de la Trova oder touristische Veranstaltung in Kuba ohne Untermalung durch »música tradicional«. Wer kennt sie nicht, die Melodien aus dem Film »Buena Vista Social Club« (1999) von Wim Wenders und Ry Cooder, der Kinogänger in aller Welt in den Bann zog. Für ihn hatten die Filmemacher eigens vergessene Stars zurück ins Rampenlicht geholt: Ibrahim Ferrer (geb. 1927 in San Luis bei Santiago de Cuba), Compay Segungo (geb. 1907 in Siboney), Rubén González (geb. 1919 in Santa Clara) und Omara Portuondo (geboren 1930 in Havanna), drei Männer und eine Frau, die ihren Durchbruch als Musiker vor der Revolution hatten und nach ihr vergessen schienen. Staunend ließen sie sich wieder entdecken, fuhren mit den Produzenten durch Havanna, ließen Einblicke in ihr Leben zu und waren immer wieder im Studio zu sehen, wie sie hingebungsvoll die Hits ihrer Jugend ins Mikrofon sangen. Und obwohl die ältesten Protagonisten von »Buena Vista Social Club« längst das Zeitliche segneten – Compay Segundo und Rubén González im Jahr 2003, Ibrahim Ferrer im Jahr 2005, allerdings nicht ohne vorher noch einen legendären Triumph in der Carnegie Hall von New York zu feiern –, blieben sie doch unsterblich, nicht nur im Internet (http://www.buenavistasocialclub.com). Dank ihnen gehört »música tradicional« heute wieder zum Repertoire aller Musikbands auf Kuba, seien es der Bolero »Dos Gardenias« (»Zwei Gardenien«), geschrieben 1930 von Isolina Carrillo, oder »Quizás, quizás, quizás« (»Vielleicht, vielleicht, vielleicht«), verfasst 1947 von Osvaldo Farrés.

MUSIK IM BLUT

Musik ist der Lebensnerv der Kubaner – wie ein Grundnahrungsmittel. Auf der Mauer von Havannas Uferpromenade Malecón dröhnen die Ghettoblaster, aus den offenen Chevys und Buicks die Autoradios. Egal, ob Cubatón, HipHop, Funk, Reggaeton oder »música tradicional«: Wenn irgendwo ein Transistorradio aufgedreht wird, fangen die Körper an, sich im Takt zu bewegen. Schnell wird nach willigen Händen gegriffen, um ein paar Runden zu tanzen und danach wieder seiner Wege zu gehen. Die Musik ist der Kitt, der die Menschen zusammenhält, auch – oder vor allem – in schwierigen Zeiten, frei nach dem Motto: »Uns geht es gut, es könnte schlechter sein.« Einzigartige Spielarten hat die Musik auf Kuba hervorgebracht: den Son, die Habanera, den Bolero, die Rumba, den

Mambo, die Guaracha und Guajira, den Cha-Cha-Chá und Changüí und viele andere mehr. »Wenn du in den Klängen ein Rufen hörst«, sagt Congero Romero, »sind das die afrikanischen Götter«.

Der afrikanische Einfluss ist leicht herauszuhören. Denn ihm schulden alle Rhythmen, sei es der Son oder die Rumba, den Einsatz verschiedener Trommeln. Ein Feuerwerk an Trommeln treibt vor allem noch die Tumba Francesa an, den alten Sklaventanz, den die Flüchtlinge aus Haiti nach Santiago de Cuba gebracht hatten. Dort wird er bis heute getanzt, gestampft und getrommelt – meist vor Publikum, denn die UNESCO setzte die Tumba Francesa auf ihre Liste des dringend erhaltungsbedürftigen immateriellen Kulturerbes. Grund genug für das in Santiago de Cuba ansässige Ballet Folklorico Cutumba, ihn regelmäßig aufzuführen.

MUSIKALISCHE IMMIGRANTEN

Das französische Saint-Domingue auf der Nachbarinsel Hispaniola war einst die reichste Zuckerkolonie der Welt – bis sich der Ruf der französischen Revolution in Paris nach »Freiheit, Gleichheit und Brüderlichkeit« auf der Insel derart heftig in jahrelangen Sklavenaufständen entlud, dass die französische Kolonialherrschaft zusammenbrach und die ehemaligen Sklaven das Land übernahmen. Doch bevor die schwarzen Rebellen 1804 ihre Republik Haiti gründen konnten, hatten sie die Kolonialherren mit ihren noch treuen Sklaven (und danach sogar die Truppen Napoleons) in die Flucht geschlagen. Die meisten flüchteten damals nach New Orleans (heute USA) und nach Santiago de Cuba. Damals hörte man in der Stadt zum ersten Mal die Musik von Passepieds und Kontertänzen. »Die letzten Perücken des Jahrhunderts, von den Töchtern der Kolonisten getragen, drehten sich zum Klang bewegter Menuette, deren Rhythmus schon den Walzer ankündigte. Ein zügelloser, fantastischer, liederlicher Wind wehte durch die Stadt …«, so erzählt Alejo Carpentier von dieser Zeit in seinem Buch »Das Reich von dieser Welt« (1949).

Mit den Immigranten kam auch der gute alte Danzón nach Santiago. Er klingt europäischer, so sehnsüchtig und zärtlich ist er in seiner Melodie und so gesittet, ja vornehm wird er getanzt. Gespielt wurde er anfangs noch mit klassischen Instrumenten wie Geigen und Flöten und getanzt in Salons – bis sich allmählich immer mehr die Rhythmusinstrumente afrikanischen Ursprungs »einschlichen«: der ausgehöhlte und außen wie ein Waschbrett gerillte Kürbis als Reibe, die mit Pflanzensamen gefüllten »maracas« als Rasseln und die hohen fassähnlichen »congas« als Handtrommeln. Dennoch blieb der Danzón lange der weißen Oberschicht vorbehalten. Erst in den tanz- und musikverrückten 20er-Jahren des vorigen Jahrhunderts nahmen sich schwarze Musiker seiner an und entwickelten ihn weiter, so zum Bolero. Wie dem Danzón liegt ihm als Rhythmus der »cinquillo« zugrunde, eine schnelle Fünfer-Schlagfolge. Er ist typisch karibisch, wie auch der »tresillo« (Dreier-Schlagfolge), und steckt im Merengue der Dominikanischen Republik wie im Son, in der Salsa und im Bolero Kubas.

SON UND SALSA

Als erster Bolero gilt »Tristeza« (»Traurigkeit«) von José »Pepe« Sánchez (1856–1918). Man nennt ihn auch gern den Vater der »Trova«, ein Begriff für die kubanische Musikkultur seit der Wende zum 20. Jh. Der Bolero ist typisch kubanisch, aber der Son übertrifft ihn an Authentizität noch, er ist der Rhythmus der Insel schlechthin. Auch sein Ursprung lässt sich bis in die Mitte des 19. Jh. zurückverfolgen. In ihm stecken Elemente spanischer ländlicher Gitarrenmusik ebenso wie afrokubanische Trommelrhythmen und Elemente französischer Salontänze wie der Contradanza. Havanna erreichte er mit den Trios, die dort mit dem Son herumzogen. Danach spielten ihn Sextetts und Septetts, schließlich ganze Tanzorchester. Das war in den 1940er-Jahren des vorigen Jahrhunderts, eine Zeit, in der sich Havanna und New York so nah wie nie zuvor waren.

VON HAVANNA NACH NEW YORK

Diese Zeit spiegelt der Animationsfilm »Chico & Rita« von Oskar-Gewinner Fernando Trueba und Javier Mariscal aus dem Jahr 2010 wider. Er beginnt in Havanna mit einer Liebesgeschichte zwischen dem jungen Jazzpianisten Chico und der Sängerin Rita, erzählt aber eigentlich die Wanderschaft des lateinamerikanischen Jazz der 1940er- und 1950er-Jahre. Beide trennen sich bald im Streit, und Rita macht Karriere in New York. Untermalt ist der Film u. a. mit Musik des legendären kubanischen Musikers Bebo Valdés (1918–2013). Er spielt für Chico am Klavier, und ein wenig trägt er auch seine Gesichtszüge.

In Havanna entstanden die Trends, in New York gelangten sie auf die internationale Bühne. Und so mancher, der es dorthin schaffte, inspirierte seine Musikerkollegen dort und umgekehrt. So verwundert es kaum noch, dass die Salsa in New York erfunden worden sein soll, der Paartanz, nach dem heute ganz Lateinamerika die Hüften schwingt, jedes Land auf seine Weise: in Kolumbien mit besonders rasanten Beinbewegungen, in Puerto Rico besonders raumgreifend – und in Kuba umfassen sich die Paare gern, um sich immer wieder einzuwickeln und loszulassen …

Die Plaza Mayor mit der Kathedrale der Heiligen Dreifaltigkeit in Trinidad (▶ S. 133).

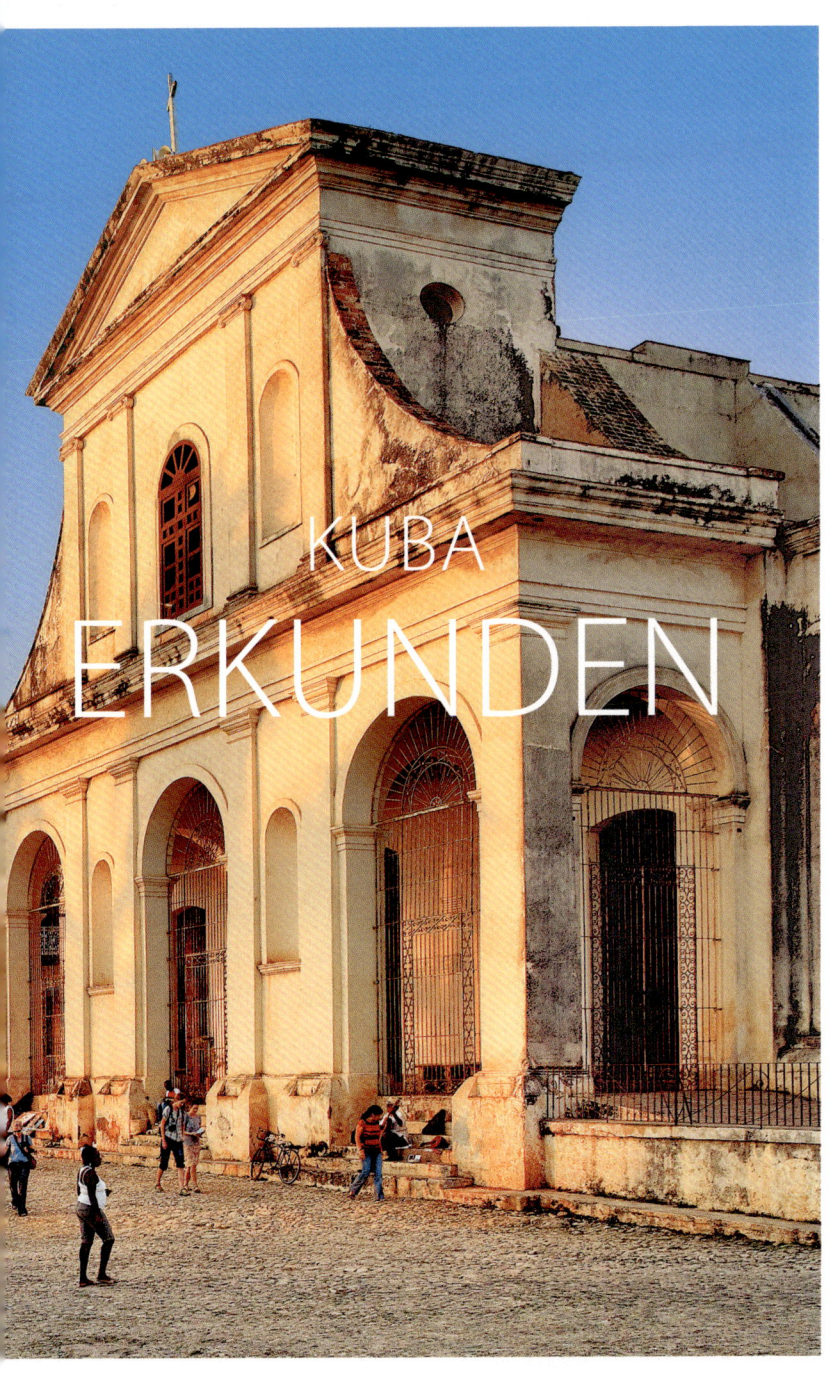

KUBA
ERKUNDEN

HAVANNA ★

*»Ciudad La Habana«, die kubanische Hauptstadt und
Weltkulturerbe, bezaubert mit ihrem morbiden Charme, ihrer
tropischen Sinnlichkeit und einem unnachahmlichen Frohsinn.
Die 500 Jahre alte Altstadt erobert man am besten zu Fuß.*

Meterhoch spritzen die gewaltigen Brecher an der Brüstung am Malecón
und überschwemmen die prachtvolle kilometerlange Promenade. Seit Langem wetzt die salzhaltige Atlantikluft ihre Klingen an den alten Villen und
Wohnhäusern der berühmten Uferstraße. Vor der Revolution drängten
sich hier die Juwelenläden, in denen sich gelangweilte Millionärsgattinnen
die Zeit vor Armbanduhren und Colliers vertrieben. Heute tummeln sich
dort Touristen aus aller Welt, Angler, Musiker, Verliebte und Kubaner, die
der Meeresgöttin Yemayá Opfer bringen. Und zwischen den zum Teil noch
eingerüsteten Häusern und ihren alten Fassaden glitzert hier und da groß-
flächig das Glas neuer Lokale und Hotels – Schaufenster in die Zukunft.
»La Habana«, wie die Kubaner ihre pulsierende Metropole nennen, zeigt
sich heute gereifter und selbstbewusster denn je mit all ihren Vorzügen
und Schwächen. Zwischen kolonialen Prachtvillen in Habana vieja, den

◀ Havannas Capitolio Nacional (▶ S. 66) mit
dem Gran Teatro und dem Hotel Inglaterra.

Wolkenkratzern im amerikanischen Stil in Vedado und sozialistischem Plattenbau am Stadtrand
liegen Verfall und Wiedergeburt
dicht beisammen. Das Nebenein-
ander von Gestern und Heute in
dieser Stadt ist einzigartig und unvergesslich. Kaum jemand, den diese
ungewöhnliche Metropole nicht nachhaltig beeindruckt.

Die Altstadt spiegelt die koloniale Vergangenheit wider. Historische Plätze, Paläste, Kirchen und Villen wurden vom »Historiador« Eusebio Leal
Spengler (*1942) und seinem Team aufwendig restauriert. Die Kultur-
schützer der UNESCO, die 1982 zunächst die 4 km² große Fläche um die
Plaza de la Catedral als Weltkulturerbe unter ihre Obhut stellten, brachten
dafür einige Millionen Dollar auf. Später kamen weitere gelungene Sanie-
rungsprojekte dazu, z. B. das Areal der Plaza vieja. Mit ihren Arkaden und
Kolonnaden, den filigranen Zierbalkonen und Gitterfenstern strahlt die
Altstadt heute ein atemberaubendes Flair aus.

MILLIONÄRE, MAFIOSI, MARXISTEN

Gegründet wurde Havanna im Jahr 1515 von Diego de Velázquez als siebte und letzte seiner Städte im Süden an der Mündung des Flusses Mayabeque. 1519 wurde es dann an ihren heutigen Platz verlegt. Die Gründungsmesse für »La Villa San Cristóbal de La Habana« fand auf der Plaza
de las Armas statt. Mit den Schatzgaleonen, die im Hafen für die Überfahrt nach Europa flottgemacht wurden, wuchs Havanna bald zum größten Hafen der Karibik und zur Hauptstadt Kubas heran. Zuckerboom
und Sklavenhandel machten sie später zur reichsten und prachtvollsten
Metropole in der Karibik. Nach 1898 »eroberten« schließlich US-Amerikaner die Insel. Vor allem Millionäre, Spieler, Mafiosi und Politiker
brachten ihr Geld unter das Volk und genossen, was zu Hause verpönt
war: Alkohol, Drogen, Sex, Glücksspiele.

Nach der Revolution wurden die Bordelle und Kasinos geschlossen, und
die Wirtschaftskrise legte sich wie ein Dornröschenschlaf über Havanna.
Das ist Vergangenheit, seit die Altstadt herausgeputzt wurde. Und schon
erwacht in ihren Mauern auch die Sehnsucht nach dem früheren sündi-
gen Leben. Quo vadis Havanna? Vorwärts in die Vergangenheit?

HAVANNA E 1

2,2 Mio. Einwohner
Stadtplan ▶ S. 67 und Klappe hinten

SEHENSWERTES

❶ La Abadia 🚩

Wie eine gotische Kathedrale sieht der schmale Bau aus, der hier in die Höhe wächst. So viel Extravaganz ist in Kuba selten zu sehen (▶ S. 17).

Habana vieja | Malecón/El Campanário

❷ Capitolio Nacional

Die gelungene Kopie des Weißen Hauses in Washington ist ein Relikt aus der Zeit des Diktators Gerardo Machado und halbkolonialer Abhängigkeit von den Vereinigten Staaten. Knapp drei Jahre arbeiteten bis zu 5000 Leute an dem Bau, der insgesamt rund 17 Mio. Dollar verschlang. 1929 als Sitz von Senat und Repräsentantenhaus eingeweiht, wurde in dem Gebäude 1960 die Akademie der Wissenschaften untergebracht. Ausgehend von dem 24-karätigen Diamanten unter der 90 m hohen Kuppel werden sämtliche Entfernungen ab Havanna berechnet.

Centro Habana | Parque Central | derzeit wegen Renovierung geschl., nur für geführte Gruppen besuchbar

❸ Castillo de la Real Fuerza/ Museo de Navegación 🚶

Die älteste Festung Kubas und eine der ältesten ganz Lateinamerikas. Nachdem französische Korsaren ihre Vorgängerin geschleift hatten, wurde um 1558 ein Bollwerk mit 6 m dicken, 10 m hohen Mauern und breitem Wassergraben gebaut. Drinnen ist ein sehr sehenswertes Schifffahrtsmuseum untergebracht, in dem Havannas Funktion als bedeu-

tendster Sammelhafen der spanischen Schatzgaleonen mit Schiffsmodellen, alten Münzen und Dokumenten gewürdigt wird. Außerdem kann man die berühmte Bronzefigur »La Giradilla« im Original aus der Nähe betrachten, seit eine Kopie das Dach des Castillo ziert. Sie soll Inés de la Bobadilla darstellen, die sehnsüchtig auf die Rückkehr ihres Gatten, des glücklosen Florida-Eroberers Hernando de Soto wartet.

Habana vieja | Plaza de Armas – Museo de Navegación | Di–So 9.30– 17 Uhr | Eintritt 3 CUC

❹ Catedral de San Cristóbal

Stark gealtert, aber sehr erhaben präsentiert sich die Kalkstein-Kathedrale im schlichten Kolonialbarock auf dem gleichnamigen Platz. Im Jahr 1748 legten die Jesuiten den Grundstein für das Gotteshaus. 1788 zog ein Bischof ein, und die einstige Hauptkirche stieg zur Kathedrale auf. Zwei ungleiche, klotzige Türme stützen den Mittelbau. Den speziellen Klang der Glocken schreibt man der Beimengung von Gold und Silber in die Legierung zu. 1795 bis 1898 waren hier die sterblichen Reste von Kolumbus untergebracht.

🕐 Besonders eindrucksvoll ist ein Besuch der Kathedrale während der Sonntagsmesse um 10.30 Uhr.

Habana vieja | Plaza de la Catedral | Mo– Fr 9–16.45, Sa, So 9–12 Uhr | Eintritt frei

Cementerio Cristóbal Colón

▶ Klappe hinten, westl. a 5

Man muss kein Fan von Gottesäckern sein, um den Zentralfriedhof mit seinem Prachtportal, den geschmückten Grabstätten, Marmormausoleen und einigen Michelangelo-Verunglimpfungen schön zu finden. Seit dem Jahr 1872 liegen hier, im Tod vereint, Zuckerbarone wie Revolutionäre unter der Erde. Aber auch Dichter wie Alejo Carpentier und Nicolás Guillén sowie der kubanische Schachweltmeister José Raul Capablanca haben in der Gräberstadt im Westen Havannas ihre letzte Ruhe gefunden. Buena-Vista-Social-Club-Fans pilgern hier zu den Gräbern des Sängers Ibrahim Ferrer (1927–2005) und des Pianisten Rubén Gonzalez (1919–2003).

Vedado | Calle Zapata y 12 | tgl. 8–17 Uhr | Eintritt 5 CUC

SEHENSWERTES
- **3** Castillo de la Real Fuerza
- **4** Catedral de San Cristóbal
- **6** Palacio de los Capitánes Generales
- **8** Plaza vieja

MUSEEN UND GALERIEN
- **10** Centro de Arte Contempóraneo

ÜBERNACHTEN
- **14** Ambos Mundos
- **18** Casa Particular El Telefonico
- **19** Hotel Los Frailes

- **21** Raquel

ESSEN UND TRINKEN
- Café del Oriente Eispalast Coppelia
- **36** La Bodeguita del Medio
- **39** Henky's Bar

EINKAUFEN
- **40** Casa del Café
- **43** Quitrin
- **45** Mercado Artesanal

MOMENTE
- **2** Fortaleza de la Cabaña

5 **Complejo El Morro mit Castillo de los Tres Reyes del Morro und Fortaleza de San Carlos de la Cabaña** 🏃

Zum Schutz der spanischen Schatzflotte wurde 1588 an der engsten Stelle von Havannas Hafeneinfahrt dieses Monstrum von Festung gebaut, das kurz »El Morro« genannt wird. Architekt war der Italiener Juan Bautista Antonelli. Im Castillo de los Santos Reyes Magnos del Morro ist ein **Militärmuseum** untergebracht. Den besten Blick auf die Skyline der kubanischen Metropole hat man vom **Leuchtturm**.

Südlich schließt die jüngere Fortaleza La Cabaña (1763–1774) an den Komplex an. Sie wurde nach dem Abzug der Engländer erbaut, die 1762 Havanna besetzten und ein Jahr später im Tausch gegen Florida wieder abzogen. Rund 700 m misst die gigantische Anlage, die mehr als 5000 Soldaten Platz bot. Zu sehen gibt es hier das **Museo de Fortificaciones y Armas** sowie die **»Comandancia del Che«**, ein Häuschen, in dem Che Guevara nach dem Sieg der Revolution sein Hauptquartier eingerichtet hatte. Wie früher wird noch heute um 21 Uhr die Kanonenschusszeremonie »Cañonazo de las nueve« abgehalten (▶ S. 12).

La Habana del Este | Ostseite der Bahía de la Habana

– Complejo El Morro | tgl. 9–19 Uhr | Eintritt (ohne Museumsbesuche und Cañonazo) 1 CUC
– Castillo de los Tres Santos Reyes del Morro | tgl. 9–19 Uhr | Eintritt 6 CUC
– Leuchtturm | tgl. 8–20 Uhr | Eintritt 2 CUC
– Fortaleza Cabaña | tgl. 10–22 Uhr | Eintritt tagsüber 6 CUC, abends 8 CUC

6 **Palacio de los Capitánes Generales/Museo de la Ciudad**

Mit der meterlangen Säulenarkade und den hübschen Balkonen macht der Palast Eindruck. Er wurde 1776 als Sitz der spanischen Generalgouverneure in Kuba gebaut und ist eines der schönsten Bauwerke aus der Kolonialzeit. Nach der Unabhängigkeit 1898 richteten sich in den prächtigen Sälen erst die amerikanische Besatzungsmacht, dann Präsidenten und Museumsdirektoren ein. Drinnen ist heute das Stadtmuseum untergebracht, wo man viel Wissenswertes über die koloniale Geschichte erfährt.

Habana vieja | Calle Tacón 1 (Plaza de Armas) | Museo de la Ciudad: Di–So 9.30–17 Uhr | Eintritt 3 CUC

7 **Plaza de la Revolución**

Alles ist bombastisch. Der Platz, auf dem bis zu 1,5 Mio. Menschen dem Máximo Líder lauschten. Ebenso das 109 m hohe **Monumento y Museo José Martí** im Zentrum. Gegenüber an der Wand des Innenministeriums findet man Kubas größtes Konterfei von Che Guevara mitsamt dem Leitspruch »Hasta la victoria siempre« und nebenan am Ministerium für Information und Kommunikation seit 2009 auch jenes von Camilo Cienfuegos. Der Platz der Revolution ist Kubas Machtzentrale. Ihn rahmen

Der Malecón – die Erlebnismeile der Hauptstadt

Auf dem 8 km langen Malecón von Havanna läuft sich die halbe Stadt über den Weg, turtelt, musiziert, radelt oder spielt »Du kriegst mich nicht« mit der Gischt (▶ S. 12).

Kaum jemand kann sich dem Charme von Habana Vieja, der Altstadt von Havanna, entziehen:
Die bereits 1559 angelegte Plaza vieja (▶ S. 69) säumen besonders schöne Kolonialbauten.

die wichtigsten Schaltstellen der Politik, der Wirtschaft und des Militärs.

Vedado | Calle Céspedes y Rancho Boyeros | Monumento y Museo José Martí: Mo–Sa 9.30–17.30, So 10–14 Uhr | Eintritt 5 CUC

8 Plaza vieja

Den geräumigen »alten« Platz (1559), der früher der »neue« hieß und bis 1835 als Markt diente, dominieren wunderschön mit Hilfe der UNESCO restaurierte alte Gebäude, darunter 1768 erbaute **Palast des Grafen von Jaruco** mit seinem hohen Arkadengang. Er ist heute der Sitz des Fondo de Bienes Culturales. Zu den jüngeren Gebäuden gehört das 1909 erbaute **Edificio Gomez** an der Ecke Calle Mercaderes und Teniente Rey. Im obersten Stockwerk ermöglicht eine »cámara oscura« vergrößerte Einblicke in die Umgebung. Läden und Ausstellungen, das **Café Escorial** und die Brauerei-Kneipe **Taberna la Muralla** sind angenehme Raststätten für fußmüde Altstadtspazierer.

Jüngster Hingucker auf dem Platzareal ist die Bronzeplastik »**Gallo y mujer**« (Hahn und Frau) von Roberto Fabelo. Unmissverständlich macht sie klar, wer den als Hahn dargestellten kubanischen Mann eigentlich steuert: natürlich die Frau auf seinem Rücken.

🕐 Besuchen Sie die Plaza vieja am besten an einem klaren sonnigen Vormittag. Habana vieja | Calles Teniente Rey | Muralla | Mercaderes y San Ignacio – Cámara oscura | Di–Sa 9–17, So 9–13 Uhr | Eintritt 2 CUC – Café Escorial | viele Kaffeesorten, gute Sandwiches, Mercaderes y Muralla | Tel. 07/8 68 35 45 | tgl. 9–21 Uhr

– Taberna la Muralla | San Ignacio y Muralla | Tel. 07/8 66 44 53 | tgl. 12–24 Uhr | €–€€

9 Prado

Eigentlich heißt der breite Boulevard »Paseo de Martí«, besser bekannt ist er bei den Habaneros aber unter dem Namen »Prado«. Havannas prominenteste Prachtstraße, deren Schwester in Madrid zu Hause ist, führt vom Capitolio Nacional bis zum Malecón an der Hafenbucht. Die an den Straßenübergängen wachenden Löwen sollen aus den von den Engländern bei ihrem Abzug im Jahr 1763 zurückgelassenen Kanonen gegossen worden sein. Auf der beliebten Spaziermeile finden gelegentlich Open-Air-Spiele für Kinder und Jugendliche statt.

Centro Habana | Paseo Prado

MUSEEN UND GALERIEN

10 Centro de Arte Contempóraneo Wifredo Lam

Wifredo Lam (1902–1982) gilt als bedeutendster Maler Kubas. Gemeinsam mit Salvador Dalí besuchte der Surrealist die Kunstakademie in Madrid und war ein Schüler von Pablo Picasso. Eine kleine Sammlung von seiner Gemälde ist im Erdgeschoss zu bewundern.

Habana vieja | Calle San Ignacio 22 | Mo–Sa 10–16 Uhr | Eintritt 3 CUC

11 Museo Nacional de Bellas Artes/ Antiguo Centro Asturiano

Das Kunstmuseum von Havanna ist in zwei Gebäuden untergebracht: die internationale Sammlung im ehemaligen **Centro Asturiano** beim Parque Central, die kubanische Sammlung im modernisierten **Palacio de Bellas Artes** drei

Heldenkult im Museo de la Revolución (▶ S. 71): Revolutionsgemälde mit Fidel Castro und Gewehre der Guerilleros – pikanterweise untergebracht im ehemaligen Palast Batistas.

Blocks weiter nördlich. Insgesamt erwarten den Kunstfreund 4800 m² Ausstellungsfläche mit Werken aus vielen Ländern und allen Epochen – von der Antike bis zur zeitgenössischen Malerei. Vertreten sind alte Meister wie Breughel, Cranach, Goya, Rubens oder Velásquez wie auch moderne Kunst von Luis Camnitzer, Max Ernst oder Robert Rauschenberg. Geordnet ist die internationale Sektion nach Ländern. Die kubanische Abteilung umfasst Werke vom frühen 16. Jh. bis heute, u. a. von Wifredo Lam und Alexis »Kcho« Leyva.
– Antiguo Centro Asturiano | Calle San Rafael e/ Zulueta y Montserrate
– Palacio de Bellas Artes | Calle Trocadero e/ Zulueta y Montserrate
Habana Vieja | www.museonacional. cult.cu | Di–Sa 9–17, So 10–14 Uhr | Eintritt 5 CUC (beide 8 CUC)

12 Museo de la Revolución

Das größte Museum auf Kuba, das sich lückenlos mit Fidel Castros Revolution 1959 beschäftigt. Zu den Exponaten gehören natürlich auch »Revolutions-Reliquien« wie Kalaschnikows, von den Revolutionären höchstselbst benutzte Teller oder Arztinstrumente, mit denen Che Guevara in den Bergen verwundete Gefährten behandelte. Dem Heroenkult um die Kämpfer Che Guevara und Camilo Cienfuegos wird mit lebensgroßen Figuren der beiden Genüge getan – wie sie gerade aus dem Unterholz hervorpirschen. Aufbewahrt sind die Memorabilien der Revolution sinnigerweise im prunkvollen ehemaligen Präsidentenpalast des Diktators Fulgencio Batista. Das neoklassizistische Gebäude wurde 1913 bis 1920 erbaut und von Tiffany's aus New York eingerichtet.

Mit Donnerhall in die Nacht von Havanna

Früher waren die Kanonenschüsse das Signal für die Schließung der Stadttore. Heute läutet der Cañonazo um 21 Uhr lautstark die heißen karibischen Nächte ein (▶ S. 12).

Centro Habana | Calle Refugio e/ Las Misiones y Zulueta | tgl. 9–17 Uhr | Eintritt 8 CUC

13 Museo/Castillo de San Salvador de la Punta

Welche Kostbarkeiten Taucher der Archäologieorganisation Carisub aus den rund um Kuba gesunkenen spanischen Schatzgaleonen ans Tageslicht holten, kann man sich in der **Sala de Tesoro** der kleinen Fortaleza (1589) am oberen Ende des Prado ansehen. Unter den Fundstücken befinden sich neben alten Gebrauchsgegenständen von Bord auch Goldbarren und Silbermünzen.
Habana vieja | Malecón y Prado | Mi–So 10–17.30 Uhr | Eintritt 6 CUC

ÜBERNACHTEN

14 Ambos Mundos ▶ S. 23

15 Casa Amistad

Behaglich – Betty und Ciro sorgen in dieser schönen hellen Altbauwohnung des deutschen Dokumentarfilmers Jochen Beckmann für die Gäste – und überlassen ihnen die Küche auch schon mal zur Selbstversorgung. Der Dachgarten kann ebenfalls genutzt werden.
Habana vieja | Calle Amistad 378 y Barcelona, 3. Stock | Tel. 07/8 60 14 32 | www.casa-amistad.net | 2 Zimmer | €

Wollen Sie's wagen?

Eine warme Brise im Gesicht, dazu der Blick über weite Felder oder in sanfte Mittelgebirgstäler voller Königspalmen: Das Gefühl der Freiheit fährt auch bei Motorradtouren auf Kuba immer mit! Erfahrene Anbieter der Gruppenausflüge (ab acht Personen) sind der Österreicher von »Edelweiß Bike« (www.edelweissbike.com) und der Däne von »Motorcycletours Cuba« (www.motorcycletourscuba.com). Gefahren wird mit Harley-Davidson- und BMW-Maschinen unter Leitung erfahrener Guides – meist von Havanna in den Westen, außerdem in die Schweinebucht, nach Cienfuegos und Trinidad sowie in den Nordosten nach Santa Clara und auf die Cayería del Norte. Es ist ein teures Vergnügen, auch weil die Maschinen alle drei Monate wieder ausgeschifft werden müssen. Im Preis ab 2285 € ohne Flug (»Motorcycletours Cuba«) sind neben der Reiseleitung auch Verpflegung, Unterkunft, die Leihgebühr – und ein »Ich war dabei«-T-Shirt enthalten.

Kubanischer Motorradclub: Latino Americanos Motocyclistas Asociados (L.A.M.A.) | Vedado | La Piragua | Malecón e/ Calle 17 y 19 | Führerschein erforderlich

16 Casa Colonial

Herzlich – Gepflegter Lichtblick in den Häuserschluchten des Centro. Die herzlichen Gastgeber Cary und Nilo bieten gediegene Zimmer mit Klimaanlage und Bad. Frühstück und auf Wunsch auch andere Mahlzeiten.

Centro Habana | Calle Gervasio 216 e/ Concordia y Virtudes | Tel. 07/8 62 71 09 | caridadgf45@yahoo.es | 2 Zimmer | €

17 Casa Miramar

Schöner wohnen – Diese »casa particular« vermittelt einen guten Eindruck von der Wohnkultur alter Tage im Nobelviertel Miramar.

Miramar | Calle 30 No. 3502 e/ 35 y 37 | Tel. 07/2 09 56 79 | 3 Zimmer | €

18 Casa Particular El Telefonico

Super Adresse – Ihre zentrale und doch ruhige Lage im angesagten östlichen Teil der Altstadt macht diese »casa particular« ausgesprochen attraktiv für Stadtbummler. Zur Plaza Vieja sowie zum Hafen oder auch zum Capitol sind es jeweils nur ein paar wenige Schritte.

Habana vieja | Calle Armargura 110 e/ Cuba y San Ignacio | Tel. 07/8 66 27 62 | rodolfoydaysi@yahoo.com | 3 Zimmer | €

19 Hotel Los Frailes ▶ S. 24
20 Hotel Nacional ▶ S. 24

21 Raquel

Stilvolle Unterkunft – Ursprünglich beherbergte das sehr üppig im Art-nouveau-Stil erbaute Haus Büros und Warenlager eines reichen Kaufmanns. Die Lobby atmet heute noch den Hauch eines mächtigen Kontors, dezent erhellt durch ein großflächiges mehrfarbiges Oberlicht. Sehr schön ist die begrünte Dachterrasse.

Habana vieja | Calle Amargura y San Ignacio | Tel. 07/8 60 82 80 | www.hotel raquel-cuba.com | 25 Zimmer | €€€

22 La Riviera ▶ S. 25

Das Anfang des 19. Jh. als Palast errichtete und jüngst komplett modernisierte Hotel Los Frailes
(▶ S. 24) ruft mitten im Trubel der Altstadt Assoziationen an eine mittelalterliche Abtei hervor.

23 Saratoga

Luxuriös – Im Herzen Havannas. Hier wohnt man auf großem Fuß: in Suiten von bis zu 100 m². Im Jahr 1930 im Kolonialstil eröffnet, 2005 aufwendig umgebaut und seither wieder eines der ersten Häuser des Landes.

Habana vieja | Paseo del Prado 603 y Dragónes | Tel. 07/8 68 10 00 | www.hotel-saratoga.com | 96 Zimmer | ♿ | €€€€

24 Terral

Modern – Die edel verglaste Luxusherberge kann man als Fremdkörper inmitten der alten eingerüsteten Malecón-Häuser empfinden – oder eben als gelungenen Stilbruch. Für Anspruchsvolle ist es eine der besten Adressen.

Habana vieja | Malecón y Lealtad | Tel. 07/8 60 21 00 | www.habaguanexhotels.com | 14 Zimmer | €€€€

ESSEN UND TRINKEN

RESTAURANTS

25 Atelier ▶ S. 28

26 Café del Oriente

Nobel speisen – Ein stilvolles Ambiente für Gourmets – fein, teuer und reell.

Habana vieja | Calle Ofícios 112 e/ Amargura y Lamparilla | Tel. 07/8 60 66 86 | €€€–€€€€

27 Castropol

Hippe Location – Bei jungen Kubanern angesagtes Lokal, gelegen in einem senfgelben Gebäude am Malecón. Ob Steak-bruschetta, gegrillte Languste oder einfach »nur« Frühstück – hier stimmt das Preis-Leistungs-Verhältnis.

Centro Habana | Malecón 107 | Tel. 07/8 61 48 64 | tgl. 7–11 Uhr (Frühstück), 12–24 Uhr | €–€€

28 Chanchullero

Szenelokal – »Hier war Hemingway niemals« steht auf einem Schild am Eingang. Und nicht nur dieser witzige Hinweis macht dieses private Bohemien-Lokal so sympathisch. Erstklassig zubereitete Gerichte vom Holzkohlengrill und gute Cocktails locken die junge Szene Havannas in dieses bunt mit Graffiti bekritzelte kleine Lokal.

Habana vieja | Teniente Rey 457 A bajos e/ Bernaza y El Cristo | Tel. 05/2760938 | tgl. 13–24 Uhr | www.el-chanchullero. com | €–€€

29 Habana Chef

Gut etabliert – Professionalität und ein angenehmes Ambiente ließen Joel Begués »paladar« in die Riege der besten Restaurants von Havanna aufsteigen. Die aktuellen spanischen Speisen werden täglich auf einer Tafel notiert.

Vedado | Calle 24 No. 360 e/ 21 y 23 | Tel. 07/8301410 | tgl. 12–24 Uhr | €€–€€€

30 Iván Chefs Justo

Lukullisch – Große Küche in einem stilvoll mit alten Möbeln und Fotos dekorierten privaten Restaurant. Es erstreckt sich über zwei Stockwerke in einem etwa 200 Jahre alten Gebäude mit Blick auf den Prado und den Malecón.

Habana vieja | Calle Aguacate 9 y Cha-

con | Tel. 07/8639697, 05/3438540 | tgl. 12–24 Uhr | €€€

31 PP's Teppanyaki

Insidertreff – Japanische Gerichte von Meeresfrüchten, Schweine- oder Rindfleisch, die auf einer Stahlplatte direkt bei Tisch zubereitet werden, und eine große Auswahl an Sushi werden in diesem versteckt gelegenen privaten japanischen Restaurant angeboten. Man sollte vorher reservieren, auch weil es nur zwei Kochplatten (je 12 Sitze) gibt.

Vedado | Calle 21 No. 104 e/ L y M (neben dem La Roca, 1. Stock) | Tel. 07/836 2530 | tgl. 13–23 Uhr | €€–€€€

32 San Cristóbal ▶ S. 28

33 Tocororo

Exklusiv – Zu den Gästen gehörte auch Castro-Freund Gabriel García Márquez. Exklusiv sind hier vor allem die Preise, die Kochkünste des Küchenchefs orientieren sich eher an lateinamerikanischen Gourmetmaßstäben.

Miramar | Calle 18 y 3ra Ave. | Tel. 07/2042998 | Mo–Fr 12–24, Sa, So ab 19 Uhr | €€€€

CAFÉS

34 Museo del Chocolate

Der Duft des Glücklichmachers Schokolade erfüllt verführerisch diese kleine Oase, die mehr ein Café mit Pralinenverkauf ist als ein Museum. Köstlich sind neben den »bombones« auch die Varianten mit Trinkschokolade aus Baracao. Man kann zusehen, wie die Pralinen hergestellt werden, und dazu alte Kakaotassen bewundern.

Habana vieja | Calle Mercaderes 255 | tgl. 9–21 Uhr

Ein Besuch in Havannas Kultlokal La Guarida

Havannas bekanntestes Privatrestaurant liegt im Oberstübchen eines alten, innen eher verfallenen Stadthauses und war Drehort des Films »Erdbeer und Schokolade« (▶ S. 13).

Bröckelnder Putz außen, innen ausnehmend heimelig – das La Guarida (▶ S. 13), ein Paladar-Restaurant in der dritten Etage eines Stadthauses, genießt inzwischen geradezu Kultstatus.

EIS

35 Eispalast Coppelia

Havannas berühmtester Eispalast: eine Institution, die durch den Film »Erdbeer und Schokolade« des Regisseurs Tomás Gutiérrez Alea aus dem Jahr 1994 auch in Europa bekannt wurde und dort als »berühmtesten Eisdiele zwischen Miami und Feuerland« bezeichnet wurde. Unter dem weißen Runddach im Park werden allerdings die exotischen Sorten bevorzugt, und das Angebot ist manchmal sehr begrenzt. Stundenlanges Anstehen gehört mit zum Vergnügen. Wer Pesos Con-

vertibles zur Verfügung hat, bekommt sein Eis jedoch deutlich schneller.

Vedado | Calle 23 y L | tgl. 10–24 Uhr

BARS

36 La Bodeguita del Medio ▶ S. 29
37 El Floridita ▶ S. 29

38 El Gato Tuerto

Schicke Restaurant-Bar mit Clubatmosphäre und Piano. Häufig finden auch Livekonzerte statt. Ideal zum Anwärmen ist die Budenmeile »La Piragua« (»Paddelboot«) direkt vor der Haustür.

Vedado | Calle O e/ 17 y 19 | tgl. 12–3 Uhr

39 Henky's Bar

Ganz in der Nähe seiner geliebten Calle Aguacate erinnert jetzt ein gemütliches Bistro an den deutschen Schriftsteller Henky Hentschel (*1940 in Ulm, gest. 2012 in Havanna). Gute Cocktails, leckere kleine Speisen (auch deutsche Würstchen!) werden von hübschen Kellnerinnen serviert. Zur besonderen Atmosphäre tragen auch die vielen Havanna-Bilder und -Gemälde an den Wänden bei. Und wen's interessiert: Zum Nachschmökern liegen ein paar Bücher von Hentschel am Bartresen.

Habana vieja | Calle Compostela y Amargura | Tel. 05/3 94 35 16 | tgl. 11–24 Uhr | €–€€

EINKAUFEN

Die Straßen Obispo, San Rafael, La Rampa und Avenida de Italia sind die beliebtesten Einkaufsmeilen mit zahlreichen Cafés, Restaurants und Läden, darunter auch stilgetreu restaurierte Traditionsgeschäfte wie die **Panadería San José** und die Drogerie **Johnson**. Auf der Plaza de Armas halten fliegende Buchhändler werktäglich ihren Markt ab, und in der Avenida del Puerto wurde die große Hafenhalle zum Kunstmarkt **Mercado de Artesania** umgestaltet. Teure Importware gibt es in den »Diplotiendas« des »Diplomercados« in der Ave. 5ta y 42 in Miramar.

KULINARISCHES

40 Casa del Café

Ein sinnliches Vergnügen bietet hier der herb-bittere Duft von Kaffeebohnen aus kubanischem Anbau, der aus alten Schütten und Filtern strömt.

Habana vieja | Calle Baratillo 51 y Obispo

Die stets belebte Calle Obispo (▶ S. 76) ist mit ihrer Fußgängerzone, den vielen Läden, Cafés und Bars mit regelmäßiger Livemusik eine der attraktivsten Einkaufsmeilen in der Altstadt.

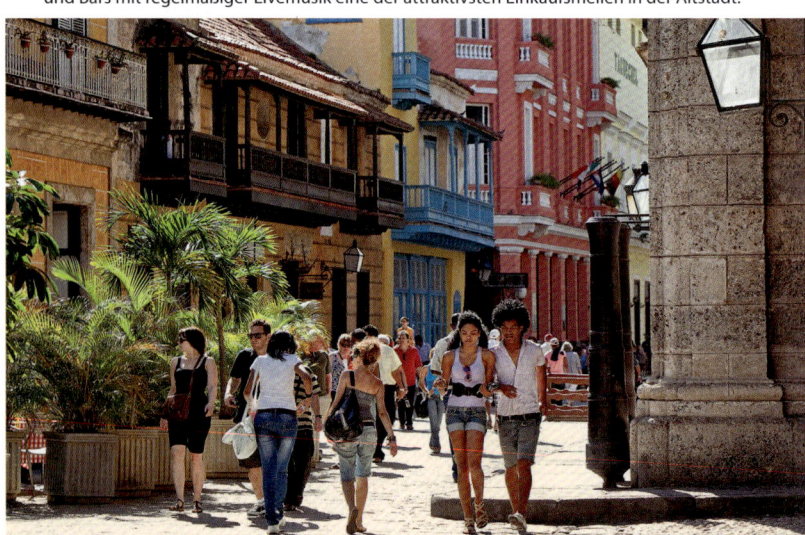

41 Museo del Ron Havana Club

Diese Einrichtung nennt sich zwar Museum, aber sie dient doch mehr dem Verkauf des eigenen Rums: Interessierte können sich hier auf drei Etagen über die Geschichte der Havana-Club-Rumsorte informieren. Highlight ist eine Märklin-Modelleisenbahnanlage einer Zuckerfabrik, die den Herstellungsprozess nachvollziehbar macht. Am Ende steht eine Rum-Kostprobe.

Habana vieja | Ave. de Puerto e/ Luz y Sol | tgl. 9.30–17.30 Uhr | Eintritt 1 CUC

KLEIDUNG

42 JF Jacqueline Fumero

Diese schick verglaste private Café-Boutique der Modedesignerin Jacqueline Fumero hebt Havanna schon fast auf das Niveau von Weltstädten wie Paris, Madrid oder Miami. Drinnen kann man die Modelle probieren, während Freundinnen oder Freunde gleich daneben ihren Kaffee schlürfen.

🕐 Am schönsten ist es nachmittags.

Habana vieja | Compostela 1 y Cuarteles | tgl. 9–22 Uhr

43 Quitrin ▶ S. 36

KUNSTGEWERBE

44 Galería Manos ▶ S. 36
45 Mercado Artesanal ▶ S. 36

MUSIK

46 Casa de la Música

Die CD-Läden des staatlichen Aufnahmestudios EGREM sind Fundgruben für Freunde kubanischer Musik.

http://promociones.egrem.co.cu
– Centro Habana | Calle 20 No. 3308 e/ 33 y 35
– Miramar | Calle Galiano y Neptuno

ZIGARREN

47 La Casa del Habano

Das Paradies für den echten Zigarrenfan und Stammladen zahlreicher gleich lautender Läden in den Metropolen dieser Welt. Zigarrenliebhaber schwärmen von seiner Auswahl, seinem begehbaren Humidor und der Cigar Lounge mit Bar. Gelegentlich trifft man hier auch die Vertreter so legendärer Zigarrenfabrikanten wie der Familie Robaina.

Miramar | Ave. 5ta y 16 | Tel. 07/204 7973

KULTUR UND UNTERHALTUNG

BALLETT

48 Gran Teatro 🚩

Das Gebäude aus dem Jahr 1915 ist der Sitz des Weltklasseballetts Nacional de Cuba. Wegen Renovierung lange geschlossen, wurde das Theater 2016 wiedereröffnet (▶ S. 19).

Havanna vieja | Paseo de Martí 458 y San Rafael | Tel. 07/861 30 96 | www.balletcuba.cult.cu

CLUBS

49 El Cocinero

Die beste Orientierungshilfe für diese private Topadresse in Havanna ist der weithin sichtbare Fabrikschornstein mit dem Namenszug des Nachtclubs. Hier chillt man in modernen Möbeln bei leichter Musik und zwischen Fabrikbacksteinen auf der Dachterrasse einer alten Ölfabrik unter freiem Himmel.

🕐 Kommen Sie etwa gegen Mitternacht.

Vedado | Calle 26 e/ 11 y 13 | Tel. 07/832 23 55 | €€–€€€

50 Malecón 23

Suggestive elektronische Klänge, das morbide Ambiente eines Malecón-Altbaus mit Balkon und tollem Blick auf das Meer, eiskalte Cocktails und feine kleine Speisen üben hier auf Nachtschwärmer eine geradezu magische Anziehungskraft aus – wie auch die äußerst smarte Inhaberin, die Querflötistin Zaira Fernández Esquivel.

Habana vieja | Malecón 23 | Tel. 07/8 62 77 35 | www.malecon23.com | tgl. 15–23 Uhr | €€

LIVEMUSIK

51 Café Cantante

Konzerte mit populären Bands. Saxofon, Trompeten und Congas heizen hier kubanischen und ausländischen Salsa-Fans kräftig ein.

Vedado | Keller des Teatro Nacional | Paseo Prado y 39 (Ecke Plaza de la Revolución)

SHOWS

52 Havana Gourmet mit »Havana Queens«

Mindestens an drei Nächten in der Woche wird hier ein Dinner zum Event, der Höhepunkt des Gourmetmenüs ist dann die fantastische Tanzshow der »Havana Queens«. Die Kompanie akrobatisch geschulter Tänzer begeistert mit einem Feuerwerk an Rhythmen.

Habana vieja | Prado 309 y Virtudes (»Sociedad Cultural Asturiana«) | Reservierung Tel. 07/8 64 14 47, 05/8 17 87 78 | www.havanaqueens.com | ab 20 Uhr, Show Mi–Sa 21.30 Uhr | €€€

TANZEN

53 Copa Room

Im früheren Palacio de la Salsa kann man selbst tanzen oder einfach nur staunend zuschauen, wie unnachahmlich sich die Kubaner im Salsa-Rhyth-

mus bewegen. Zeit zum Mutfassen hat man bis 3 Uhr morgens. Showtime und Cabaret jeweils um 22.30 und 1 Uhr.

Vedado | Hotel Riviera | Paseo Prado e/ Ave. 1ra y Malecón | Mi–Mo 22.30–3 Uhr

SERVICE

AUSKUNFT

Infotur

Calle Obispo 524 e/ Bernaza y Villegas | Tel. 07/8 66 33 33 | www.infotur.cu | www.cubatravel.cu

VERKEHR

Aeropuerto Internacional José Martí (HAV)

Der Flughafen liegt am südlichen Stadtrand. Die Fahrzeit vom Zentrum beträgt ca. 20 Min., die Fahrt mit dem Taxi von der Altstadt aus kostet 25 CUC. Wer seinen Mietwagen in Havanna übernahm und am Flughafen abgeben will, zahlt ebenfalls 25 CUC Überführungsgeführ. Man sollte rechtzeitig losfahren, da die Beschilderung dürftig ist und man sich leicht verfahren kann. Internationale (Charter-) Flüge starten alle (außer USA-Flüge) von Terminal 3, USA-Flüge von Terminal 2, nationale Flüge, beispielsweise mit Cubana de Aviación, von Terminal 1.

Ave. Van Troy y Final | Rancho Boleros | Internationale Flüge Tel. 07/2 66 46 44

Viazul-Busbahnhof

Nuevo Vedado | Ave. 26 y Zoológico | Tel. 07/8 81 14 13 | www.viazul.com

Ziele in der Umgebung

 COJÍMAR E1

Wie kaum ein anderer Ort ist Cojímar, ein kleines Fischerdörfchen östlich von

Havanna, durch Ernest Hemingway berühmt und zu einer Pilgerstätte geworden. Der Schriftsteller und Sportfischer startete von hier zur Hochseejagd nach dem Blauen Marlin.

Sein Bootsmann Gregorio Fuentes, der erst 2002 im Alter von 104 Jahren verstarb, verdiente sich über 40 Jahre lang mit Geschichten über seinen berühmten Kapitän ein paar Dollars – und hielt so das Andenken an Hemingway in Cojímar äußerst lebendig. Es gilt als sicher, dass sich Hemingway hier zu seinem berühmten Roman »Der alte Mann und das Meer«, für den er 1953 den Pulitzer- und 1954 den Nobelpreis für Literatur erhielt, inspirieren ließ.

»Papa Hemingway«, wie ihn die Kubaner liebevoll nennen, wurde im Hafen von Cojímar ein Denkmal errichtet. Lächelnd blickt er da am vorgelagerten kleinen Fort vorbei hinaus aufs offene Meer. In der hübschen kleinen Festung soll ein Museum untergebracht werden.

13 km östl. von Havanna-Stadt

ESSEN UND TRINKEN
RESTAURANTS
Jardin de Cerveza

Entspannend – Die Adresse eignet sich für die ganze Familie und besonders für deutsche Residenten: Während die Eltern auf dem Grillplatz oder einfach beim Bier Neuigkeiten austauschen, können die Kinder im Garten herumturnen oder Kinderkino schauen.

Calle 28 e/ A. Maceo y M. Gomez | Fr–So ab 10h

La Terraza
Für Hemingways Fans – Das Lokal wurde zur Pilgerstätte für Busladungen von Touristen. Man speist gute Fisch-

gerichte zwischen den Fotos von Ernest Hemingway, die die Wände zieren, und mit herrlichem Blick auf die Bucht.

Calle Real 161 e/ Montaña y Candelaria | Tel. 07/93 94 86, 93 92 32 | tgl. 11–23 (Bar), 12–23 Uhr (Restaurant) | €€

GUANABACOA E1

Wenn man durch die unansehnliche Industriezone erst einmal zum alten Ortskern vorgedrungen ist, überrascht dieser mit kolonialem Flair und kleinstädtischem Leben. Jeden Sonntagvormittag ab 11 Uhr versammeln sich außerdem an der hübschen Plaza mit der 1644 erbauten **Iglesia del Potosí** zahlreiche Billighändler.

Der kleine Ort am Rand der Stadt Havanna wurde im 16. Jh. erstmals erwähnt und geht ursprünglich auf eine Indianersiedlung zurück. Während der Kolonialzeit entwickelte er sich zu einem wichtigen Zentrum des Sklavenhandels. Durch die Calle Amargua, die Straße der Bitternis, trieben die Menschenhändler ihre schwarze »Ware«.

6 km östl. von Havanna-Stadt

SEHENSWERTES
Museo Municipal de Guanabacoa
Das Museum ist die Hauptattraktion im Ort. Ochún, Obatalá, Babalú Ayé, Eleggua, Changó und all die anderen Götterkollegen sind in dem ethnologischen Museum als irdische Papp-Repräsentanten der afrokubanischen Religionen Santería, Palo Monte oder dem Geheimbund Abakuá versammelt. Zahlreiche Kultgegenstände und Utensilien für die Zeremonien sind zu sehen.

Calle José Martí 108 e/ San Antonio y Versalles | Mo, Mi–Sa 10–18, So 9–13 Uhr | Eintritt 2 CUC, Führung 1 CUC

◎ PLAYAS DEL ESTE ⚑ E1

Sieben bei Kubanern und Touristen gleichermaßen beliebte Badestrände hat Havannas »Riviera« im Osten der Stadt zu bieten: Bacuranao, El Mégano, Santa María del Mar, Boca Ciega, Guanabo, Jibacoa und Villa Tropico. Man erreicht diese anfangs von sanften bewaldeten Dünen begleitete Strandmeile bequem von der Altstadt Havannas durch einen Autotunnel unter der Hafeneinfahrt beim **Castillo de San Salvador** über die Schnellstraße »Vía Blanca« Richtung Matanzas. Ab Mégano bei km 22,5 kann man die schönsten Strände auch direkt auf einer Küstenstraße bis Guanabo abfahren – mit einer kleinen Ausnahme bei der »Blinden Mündung« **Boca Ciega**, wo die Strecke durch eine abenteuerliche Holzbrücke unterbrochen ist. Als Unterkünfte bieten sich in diesem Abschnitt auch »casas particulares« an.

Die weiter entfernten Strände **Playa Jibacoa** und **Playa Tropico** erreicht man dann wieder nur über die Vía Blanca. Seit 2011 liegen sie in der neu geschaffenen Provinz Mayabeque, die gleich hinter Guanabo beginnt. An der Playa Jibacoa hat sich ein »Breezes« der All-inclusive-Hotelkette Superclubs niedergelassen (Tel. 47/295122, www.superclubscuba.com, €€€).

29 km, bzw. 70 km (Jibacoa in Mayabeque) östl. von Havanna-Stadt

SEHENSWERTES

Museo Municipal del Habana del Este

Das nette kleine Museum in Guanabo präsentiert dem Besucher u. a. Funde indianischer Siedlungsplätze aus der Region. Besonders stolz ist man auf die Knochenreste eines Buckelwals, der vor Jahren an der Küste strandete.

Guanabo | Calle 504 y Ave. 5ta | Tel. 07/7 96 41 84 | Di–So 10–19 Uhr | Eintritt 1 CUC

ÜBERNACHTEN

Hotel Club Atlántico

Praktisch & gut – Die beliebte Ferienanlage bietet ihren Gästen geräumige Zimmer, Restaurant und Poolterrasse.

Playa Santa María | Ave. Las Terrazas e/ 10 y Rotonda | Tel. 07/7 97 10 85 | www.gran-caribe.com | 92 Zimmer | €€

Villa Mégano

Rückzugsoase – Mit Palmen und bunten Blumen aufgehübschtes und innen modernisiertes altes Ferienhotel. Es liegt auf einem Hügel zwischen Straßen, kann aber mit Pool und Strandnähe auftrumpfen. Die Zimmer befinden sich in »cabañas« (Strandhäusern).

El Mégano | Vía Blanca, km 22,5 | Tel. 07/97 16 10 | 61 Zimmer | €€€

ESSEN UND TRINKEN

El Cubano

Unkompliziert – In dieser rustikalen Hütte mit schönem Blick auf die Dünen verstecken sich eine Bar, eine Grillecke und ein Lokal, das seinen Gästen kubanische Hausmannskost serviert.

Guanabo | Ave. 5ta e/ 454 y 456 | Tel. 07/96 40 61 | Restaurant tgl. 12–24, Bar tgl. 0–24 Uhr | €€

SERVICE

AUSKUNFT

Infotur

Santa María del Mar | Ave. Las Terrazas e/ 10 y 11 | Tel. 07/7 97 12 61 | www.infotur.cu, www.cubatravel.cu

1940 erwarb Hemingway mit seiner dritten Frau die Finca La Vigía (▶ MERIAN TopTen, S. 81) und lebte dort über 20 Jahre lang. Sie ist heute eine Pilgerstätte für Fans des Schriftstellers.

◎ SAN FRANCISCO DE PAULA ✈ E1

In den Ort vor den Toren Havannas würde sich kaum jemand verirren, befände sich dort nicht das Hemingway-Museum. Das 1886 vom katalanischen Architekten Miguel Pascula y Baguer erbaute Haus steht auf einem Hügel.

15 km südöstl. von Havanna-Stadt

MUSEEN UND GALERIEN

⭐ Museo Casa Ernest Hemingway/ Finca La Vigía

Hinter dem weißen Tor öffnet sich die Welt, in der Hemingway bis kurz vor seinem Tod 1961 lebte. Seine dritte Frau Martha Gellhorn hatte das Leben im Hotel satt, und so mietete er die Finca 1939, um sie 1940 zu kaufen. Nach seinem Tod übereignete seine vierte Frau Mary Welsh das Anwesen der Castro-Regierung. 1994 wurde das Museum eröffnet.

Poster und Jagdtrophäen an den Wänden zeigen den exzentrischen Hochseeangler, Großwildjäger und Stierkampffan. Rund 9000 Bücher und Zeitungen stapeln sich bis unter das Dach. Seine Werke schrieb Hemingway auf seiner Schreibmaschine im Schlafzimmer – und zwar im Stehen, die Brille liegt noch auf dem Nachttisch. Im Studio nebenan hortete er Andenken aller Art, Abzeichen, Waffen und Fotos von seinen drei Kindern. Alles wirkt, als würde Hemingway jeden Moment zurückkehren. Da die Räume in sehr privatem Zustand belassen wurden, ist das Betrachten von Schlaf- und Arbeitsplatz, Wohnzimmer, Bibliothek und Bad nur von den Türen und Fenstern aus möglich.

San Francisco de Paula | Finca La Vigía | Mo–Sa 10–17, So 10–13 Uhr | Eintritt 5 CUC

Im Fokus
Ernest Hemingway

*Ein Mann wie ein Denkmal für die großen gestrigen
Tugenden der Männlichkeit. Es war erst die Zeit auf Kuba, die den
umtriebigen Schriftsteller zum Literaturnobelpreisträger werden ließ.
Am Ende kapitulierte er vor seinem eigenen Anspruch.*

»Ich wünschte, ich könnte Dir, was ich bis jetzt habe, zeigen, weil ich sehr
stolz darauf bin«, schrieb Ernest Hemingway an seinen Redakteur und
Lektor Maxwell Perkins, »aber das bringt auch Pech. Jedenfalls habe ich
in Kuba einen herrlichen Platz zum Arbeiten, ohne Telefon, kann von
niemandem belästigt werden: Ich fange um 8.30 Uhr an und arbeite un-
unterbrochen bis ungefähr zwei Uhr, jeden Tag.«
Damals wohnte er im Hotel Ambos in Havana vieja. Wenn er nicht schrieb,
traf er sich mit Freunden, Verlegern und Kollegen in seinen Lieblingsloka-
len »La Bodeguita del Medio« und »El Floridita«, die bis heute beide in
Spaziernähe zu seinem damaligen Hotel liegen. Es war die Zeit der Trennung von seiner damaligen zweiten Frau Pauline Pfeiffer, die vor ihrer
Heirat für Modemagazine wie Vogue und Vanity Fair gearbeitet hatte.
Ernest Hemingway war zu diesem Zeitpunkt bereits ein bekannter Autor.
Geboren am 21. Juli 1899 als Sohn einer angesehenen Familie in Oak
Park/Illinois und vorzeitiger Abgänger der High School, hatte er schon

◀ Der Literaturnobelpreisträger mit einer
seiner Katzen in der Finca Vigía (▶ S. 81).

1926 mit seinem ersten größeren Roman »Fiesta« seinen Durchbruch als
Schriftsteller feiern können. Unruhige Jahre lagen da bereits hinter ihm:
eine schwere Verwundung im Ersten Weltkrieg, wo er als Fahrer einer
Sanitätstruppe in Italien eingesetzt worden war, ein Intermezzo als Re-
porter des »Toronto Star« und stilprägende Jahre in Paris, wo er zum il-
lustren Kreis um F. Scott Fitzgerald und Gertrude Stein gehört hatte. Wie
auch in allen seinen folgenden Werken verarbeitete er in »Fiesta« persönliche Erlebnisse und zwar aus seiner Zeit in Paris und im spanischen
Pamplona, wo er an den Stierläufen zur Fiesta teilgenommen hatte. Sein
Credo war: »Schreib nur über das, was Du kennst.«

SEIN LEBEN IN DER FINCA VIGÍA

1936 traf er in einer Bar auf den Key-West-Inseln im Süden von Florida
die 1908 geborene engagierte politische Journalistin Martha Gellhorn
und verliebte sich in sie. Die beiden reisten gemeinsam nach Spanien, wo
sie für das investigative US-Magazin »Collier's Weekly« über den spanischen Bürgerkrieg berichtete. Bevor er 1940 Martha Gellhorn heiratete,
suchten und fanden die beiden eine gemeinsame Bleibe auf Kuba: die
Finca Vigía in San Francisco de Paula. Hemingway widmete Martha Gellhorn 1940 seine erfolgreiche Novelle »Wem die Stunde schlägt«, in der er
zum Teil aus der Sicht des fiktiven US-amerikanischen Guerillakämpfers
Robert Jordan und von Pilar, einer »urwüchsigen« Spanierin, von den
Gräueln des Spanischen Bürgerkriegs erzählt. Den Namen »Pilar« ver-
wendete er später für seinen zehn Meter langen Kabinenkreuzer auf
Kuba. Zwischen 1942 und 1944 soll er ihn in ein provisorisches Kriegsschiff umgewandelt haben, um deutsche U-Boote in die Luft zu sprengen,
ohne am Ende auch nur mit einem in Berührung gekommen zu sein.
Die Ehe mit Martha Gellhorn hielt nur fünf Jahre – auf Kuba in der Finca
Vigía aber verbrachte Ernest Hemingway beinahe den Rest seinen Lebens
– von den letzten Monaten in Idaho in den Vereinigten Staaten einmal
abgesehen. 1946 heiratete er auf Kuba seine vierte Frau Mary Welsh, ebenfalls eine Journalistin. Die beiden blieben bis zur Revolution und verwandelten die Luxusvilla in San Francisco de Paula in einen Treffpunkt von
Filmstars und Boxern, von Stierkämpfern und Generälen. »Menschen, die
die Gefahr nicht scheuen«, urteilte ein Zeitgenosse über die illustre Gäste-
schar der Hemingways.

Er schrieb vorzugsweise morgens und im Stehen, die Füße auf dem Fell einer von ihm erlegten Antilope und in übergroßen Sportschuhen. In seinen Briefen, die 1984 im Rowohlt-Verlag erschienen, erzählt er ausführlich und immer wieder von der Anzahl seiner verfassten Wörter. »Ich mache das seit 1921 so«, schreibt er an seinen Publizisten Charles Scribner, »ich zähle sie immer, wenn ich abbreche und den ersten Whiskey mit Soda trinke. Glaube, das habe ich mir beim Schreiben von Depeschen angewöhnt. Pflegte sie von manchen Orten abzuschicken, wo sie pro Wort eineinviertel Dollar kosten und man sie für diesen Preis ungeheuer interessant machen musste oder gefeuert wurde.« Sein tägliches Durchschnittspensum waren 500 Wörter.

ANGELN WAR SEINE GRÖSSTE LEIDENSCHAFT

Nachmittags fuhr er meist aufs Meer hinaus, um zu angeln. Nicht nur seinem Brieffreund, dem Autoren Harvey Breit, erzählt er ausführlich von seiner Leidenschaft: »Wir haben immer noch eine herrliche Strömung im Golf trotz der Wetterwechsel, und haben inzwischen 29 gute Fische gefangen. Ich denke, es würde Ihnen gefallen: Wenn die riesigen Fische aus dem Wasser hochschnellen und wieder darin eintauchen, bewegt mich das noch genauso wie beim ersten Mal.« Oder: »Wenn Du pro Woche einen (Fisch) an den Haken bekommst, hast Du genug Übung, um in guter Form zu bleiben. Wenn ich gut in Form war, habe ich beim Kampf mit einem Fisch zehn Pfund verloren, bevor ich ihn am Haken hatte. Eine gewaltige Anstrengung – von den Fußsohlen über die Beine, den Bauch, die Brust, bis zu den Armen und Schultern. Bei zwei großen Fischen pro Woche wird dein Bauch flach wie ein Brett. Drei pro Woche, und Du hast die alten Waschbrettrillen drin. Manches Jahr haben wir nachmittags dreimal pro Woche ein paar Große gehabt, dann komme ich prächtig in Form und kann nachts schlafen und wache glücklich auf, wie früher als Kind.«

»ICH BIN EIN BERICHTENDER«

Seinen größten Erfolg schrieb er auf Kuba, wo ihn alle bald liebevoll »Papa« nennen: »Der alte Mann und das Meer«. Es ist die Geschichte des Fischers Santiago, der nach 84 erfolglosen Tagen am 85. Tag endlich draußen auf dem Meer den Fang seines Lebens macht: einen riesigen Marlin, den er schließlich nach langem Kampf harpuniert. Angelockt durch das Blut kommen Haie und zerfetzen den Marlin. Am Ende bleibt Santiago nur noch das Gerippe des Marlins. Viele Hemingway-Biografen glauben, dass als Vorlage für die Figur des Santiago der kubanische Fischer Gregorio Fuentes (geb. 1897 auf Lanzarote, gest. 2002 in Cojímar) diente, der vor allem unter seinem Spitznamen Goyo bekannt geworden ist. Er war über 30 Jahre lang Kapitän der »Pilar« gewesen.

ER STARB WIE SEIN VATER

Ernest Hemingway erhielt 1953 für diese Novelle den renommierten Pulitzer-Preis, 1954 den Literaturnobelpreis. Es war der Höhepunkt seines schriftstellerischen Schaffens, das bis dahin durchaus nicht unumstritten war. Albert Schweitzer beklagte aufs Heftigste die Verherrlichung des spanischen Stierkampfes und der Hetzjagd in seinen Texten. Schriftstellerkollegen warfen ihm »prahlerisches Poltern« und »Faustkampf-Allüren« vor. Dennoch gilt der »Macho-Dichter« bis heute u. a. beim »Spiegel« als »unumstrittener Meister der Kurzgeschichte.« Und der deutsche Schriftsteller Siegfried Lenz erklärt sogar das Phänomen Hemingway: »Als Ernie drei Jahre alt ist, bettelt er sich von seinem Alten, dem großen bärtigen Doktor Hemingway, eine Angelrute, und als er zehn ist, eine Flinte, und er geht raus in die Wälder und lernt verflucht gut zielen, weil der Alte ihm nur so wenig Patronen mitgibt.«

Über seine Themen schrieb Hemingway selbst: »eines der einfachsten und wesentlichsten Dinge ist der gewaltsame Tod«. Als sich Hemingway nicht mehr in der Lage sah, seinen eigenen Ansprüchen von Männlichkeit, Stärke und Ritterlichkeit zu genügen, entschloss er sich am Ende dazu, selbst sein Leben zu beenden. Er starb am 2. Juli 1961 in seiner Villa in Idaho. Der Spiegel berichtete in seiner 29. Ausgabe des Jahres 1961 unter der Überschrift »Wem die Stunde schlägt«: »Der Schuss fiel morgens früh um halb acht. Ehefrau Mary, die vierte, fand ihren Mann in der Diele, er trug seinen bunten Pyjama und einen Hausmantel. Die doppelläufige Schrotflinte lag neben ihm; der Schuss hatte den Kopf getroffen. Mary Hemingway telefonierte mit dem Arzt, und der Arzt bestätigte, was sie wusste: Ernest Hemingway hatte sich erschossen … Sein Leben hatte ein Ende gefunden, wie ein Roman von Hemingway hätte enden können.«

Natürlich gab es Anzeichen. Einige Monate zuvor hatte Hemingway wegen der Folgen einer Leberentzündung eine Mayo-Klinik aufgesucht, kurz vor seinem Tod ein weiteres Mal. Nach seiner Entlassung informierte er noch die Öffentlichkeit über die Krankheitsursache und gab Hypertonie (erhöhter Blutdruck) an. Offenbar eine Lüge, an die er selbst nicht glaubte. Nicht zufällig wählte er eine Todesart, die er von seinem Vater kannte. Dieser war, wie man damals offiziell bekannt gab, beim Reinigen seines Gewehres ums Leben gekommen – als unheilbar kranker Mann.

DER WESTEN

Die Provinz Pinar del Río ist die Heimat der kubanischen Zigarre. Die Landschaft mit den sanften Hügelketten und mattgrünen Tabakfeldern wirkt betörend – auch auf Nichtraucher. Es ist zugleich die geologisch älteste Region der Karibik.

Ein liebliches Mittelgebirge, die Sierra del Rosario, bildet den Auftakt einer Reise in den Westen Kubas. Sie ist Teil der dicht bewaldeten »Cordillera de Guaniguanico«, die sich weit bis in den Westen zieht. Mit ihren sanften Hügeln begleitet die Sierra del Rosario den Autofahrer ein gutes Stück auf der Autobahn (Carretera Central) nach Pinar del Río, die diese Region für Besucher erschließt. Immer wieder laden kleine Stichstraßen zu Abstechern zu den sonnigen Hängen ein, auf denen sich ab 1793 viele Flüchtlinge vor den Sklavenaufständen im benachbarten französischen Saint-Domingue (dem späteren Haiti) niederließen und eine neue Heimat fanden. Ihre verlassenen Kaffee-Fincas sind heute zum Teil restauriert und Ausflugsziele von Kubas »grünster« Gemeinde: Las Terrazas. Wegen ihrer reichen Tier- und Pflanzenwelt wurde die Region vor rund 30 Jahren zum Biosphärenreservat erklärt, dem damals ersten auf Kuba.

◄ Ein Maniokbauer pflügt sein Feld – Kubas
Westen ist von der Landwirtschaft geprägt.

Biologen zählten hier rund 800 Pflanzenarten, von denen ungefähr 30 endemisch sind. Die Umgebung ist für Naturliebhaber und Vogelbeobachter heute durchzogen mit einem Netz von Wanderwegen.

Las Terrazas und Soroa gehören seit 2011 zur neu gegründeten Provinz Artemisa, während sich das nur etwas westlich gelegene Thermalbad San Diego de los Baños, ebenfalls ein Ziel für Naturfreunde, bereits in der riesigen Provinz Pinar del Río befindet. Sie reicht vom Los-Colorados-Archipel im hohen Norden bis zur Halbinsel Guanahacabibes im tiefen Süden.

FRUCHTBARER ROTER BODEN

Hauptstadt dieser großen Provinz und zugleich Endstation der Carretera Central von Havanna ist Pinar del Río, das Zentrum der bedeutendsten Tabakregion Kubas. Südlich im »Vuelto Abajo« zwischen San Luis und San Juan y Martínez wird der weltbeste und auch teuerste Tabak geerntet. Aber auch Viñales im Norden wird vom Tabakanbau dominiert. Die Tabakpflanze liebt das feuchtheiße Klima und den fruchtbaren roten bis rotschwarzen Boden dieser Gegenden. Manchmal blitzen weiße Gazetücher auf, die das Nachtschattengewächs vor extremer Sonne schützen. Überall sieht man Schuppen, in denen die Tabakblätter getrocknet werden, und »bohíos«, Bauernhäuser mit Palmwedeldächern, wie sie schon die Ureinwohner kannten.

DIE »SCHWANGERE PALME«

Zusammen mit seiner urtümlichen Landschaft der »mogotes«, die heute ein Nationalpark ist und seit dem Jahr 1999 auf der Liste des UNESCO-Weltkulturerbes steht, hat sich Viñales zum großen touristischen Magneten des Westens entwickelt. Die »mogotes« gehören zur Sierra de los Órganos, dem westlichen Teil der Cordillera de Guaniguanico. Nach den jüngsten Erkenntnissen handelt es sich hier um die älteste Region der Karibik. Und es gibt Pflanzen, die nur hier wachsen, beispielsweise die Barrigona-Palme, die wegen ihrer bauchigen Ausformung am Stamm auch »schwangere Palme« genannt wird, sowie die seltene Korkpalme. Beide stehen unter Naturschutz.

PINAR DEL RÍO 🔖 C2

152 000 Einwohner

Pinar del Río ist die größte Stadt im Westen und liegt etwa 150 km von der Hauptstadt Havanna entfernt. Sie ist ein geschäftiges Zentrum mit allen wichtigen Banken und Büros, beispielsweise von Etecsa (für Telefonkarten) und Cubacel (für Prepaid-Handychips). Ihren Wohlstand verdankt sie ihrer zentralen Lage in den wichtigsten Tabakanbaugebieten der Region. Etwa 80 % der Gesamtproduktion des Landes stammen aus der Gegend. An die alten Zeiten der Tabakbarone erinnern die stattlichen Säulenvillen an der Calle Martí und der Plaza de Independencia. Gegründet wurde die Hauptstadt der gleichnamigen Provinz im Jahr 1571 unter dem Namen »Nueva Filipa«, erhielt aber bald den Namen Pinar del Río – nach dem nahe gelegenen Fluss Río Guamá und den vielen Kiefern (»pinos«) der Umgebung. Sie mussten Tabakfeldern weichen, als sich hier im 18. Jh. auf der Flucht vor dem Zugriff des königlichen Tabakmonopols viele Pflanzer niederließen.

SEHENSWERTES

Casa Garay

1892 erwarb Lucio Garay die Rechte am 200 Jahre alten Rezept für »guayabíta«. Seither wird aus dem Saft der einer Hagebutte ähnelnden Guavenart und Rum dieses Getränk hergestellt. Man kann die Fabrik besichtigen, »guayabíta« verkosten und erwerben: Es werden dabei zwei Varianten angeboten: »seco« (trocken) und »dulce« (süß).

Calle Isabel Rubio Sur 189 e/ Cerefino Fernández y Frank País | tgl. 9–17 Uhr | Eintritt frei

Fábrica de Tabacos Francisco Donatién

In Pinar del Ríos ältester Tabakfabrik aus dem Jahr 1760 schaut man, umwölkt vom süßlich-herben Duft des »nicotina tabacum«, den »tabaqueros« bei der Arbeit zu. Im trüben Fabriklicht sitzen sie an langen Holztischen aufgereiht wie in Klassenzimmern. Die Qualitätsprüferinnen, »escogedoras« genannt, sortieren die Blätter nach Aroma, Farbe und Brennbarkeit. Die »rezagas« trennen die Zentralrippen heraus. Die Hauptarbeit erledigt der »torcedor«, der Zigarrendreher.

Schließlich kommen die edlen Stücke in mit Seidenpapier ausgeschlagene Zedernholzkästchen. Zu sehen ist ein kleines Tabakmuseum, das Besuchern einen Überblick über die Kultur und Geschichte des Tabakanbaus gibt. Außerdem gibt es einen guten Tabakladen (▶ S. 37), der auch samstags von 8.30–13 Uhr geöffnet hat. Er führt Zigarren des berühmten Familienbetriebs Robaina (▶ S. 91) aus dem Vuelto Abajo.

Calle Antonio Maceo 157 | Fabrikbesichtigung Mo–Fr 9–15 Uhr | Eintritt 5 CUC

Teatro Milanés

Das neoklassizistische Theater aus dem Jahr 1845 wurde nach langer Renovierungszeit 2006 wieder eröffnet. Benannt ist es nach dem Poeten José Jacinto Milanés, der 1863 nur 30-jährig in geistiger Umnachtung starb. Mit seinen über 500 Plätzen war das Theater einst ein Prestigeobjekt der hiesigen Tabakaristokratie, so sparte man bei der Errichtung weder an Säulen noch an kostbaren Edelhölzern.

Calle Martí y Colón | Tel. 0 48/75 38 71

Prächtige Fassaden zeugen in der Calle Martí in Pinar del Río (▶ S. 88) von altem kolonialen Reichtum. Hier residierten einst die Tabakbarone und exportierten ihre Ware in alle Welt.

MUSEEN UND GALERIEN

Museo de Ciencias Naturales/ Palacio Guasch

Das Haus beeindruckt durch seinen architektonischen Stilmix, womit der Bauherr, ein spanischer Arzt, angeblich Erinnerungen an seine Reisen festhalten wollte. Dieses Naturkundemuseum lohnt einen Besuch wegen seiner fantastischen Sammlung verschiedenster Muscheln, Schnecken, Schmetterlinge, Motten und Versteienerungen, seiner Tierpräparate und den Beispielen aus der heimischen Pflanzenwelt. Nicht nur für Kinder eine große Attraktion ist die fast lebensgroße Skulptur eines Tyrannosaurus Rex. Außerdem wird über die Entstehungsgeschichte der »mogotes« von Viñales informiert.
Calle Martí 202 | Di–Sa 9–13 Uhr | Eintritt 1 CUC

ÜBERNACHTEN

Rancho La Guabina

Landgenuss – Die etwas außerhalb gelegene Ranch eignet sich bestens für einen ländlichen Kurzurlaub mit Aktivitäten wie Reiten und Bootfahren, dazu Grillfeste und kleine Rodeoshows.
Ctra. de Luis Lazo, km 9,5 | Tel. 0 48/ 75 76 16 | 8 Zimmer | €€
– Rodeo-Shows Mo, Mi, Fr 10–12 Uhr

Vuelta Abajo

Atmosphärisch – Das Beste und Modernste, das die Stadt staatlicherseits zu bieten hat. Das Hotel liegt in einem restaurierten Kolonialpalast und verfügt über ein gepflegtes Restaurant. In der Lobby befindet sich auch das Infotur-Büro für die Provinz Pinar del Río.
Calle Martí 103 | Tel. 0 48/75 93 81-84 | www.islazul.cu | 39 Zimmer | €€

Arbeiter auf der Alejandro Robaina Tobacco Plantation (▶ S. 91): In der Provinz Pinar del Río wird der wohl weltbeste Tabak kultiviert, der handverlesen weiterverarbeitet wird.

ESSEN UND TRINKEN
RESTAURANTS
El Mesón

Bewährter Klassiker – Dieser längst zu einem richtigen Restaurant herangewachsene Paladar von 1995 bietet seinen Gästen eine kubanische Hausmannskost, wie man sie in einer »casa particular« kaum besser bekommen würde. Die Portionen, die auf den Tisch kommen, sind üppig bemessen, der Service ist freundlich, zuvorkommend und aufmerksam.

Calle Martí 205 e/ Pinares y Pacheco | Tel. 0 48/75 28 67 | Mo–Sa 12–22 Uhr | €

Rumayor

Rustikales Flair – Die Spezialität des Restaurants, »pollo ahumado« (geräuchertes Brathähnchen), kombiniert mit dem abendlichen Cabaret-Programm, lockt hier nicht nur Gruppen an. Kostenpflichtiger Parkplatz.

Ctra. Viñales, km 1 | Tel. 0 48/76 30 07 | tgl. 10–22 Uhr (Cabaret Di–So 21–1.30 Uhr) | €€

EINKAUFEN
Fábrica de Tabacos Francisco Donatién ▶ S. 36

SERVICE
AUSKUNFT
Infotur

Infotur besitzt im Hotel Vuelto Abajo einen Info-Desk; auf Nachfrage erhält man Kartenmaterial (auch für Viñales) und Tipps für eine Fahrt in den Süden zur Halbinsel Guanahacabibes.

VERKEHR
Viazul-Busbahnhof

Calle Colón Ecke Calle 14 | www.viazul.com

Ziele in der Umgebung

◎ ALEJANDRO ROBAINA TOBACCO PLANTATION ⚑ C 2

Die berühmteste Tabakplantage Kubas breitet sich südwestlich von Pinar del Río im **Vuelto Abajo** aus. Benannt nach dem 2010 verstorbenen Inhaber Alejandro Robaina, dessen immer freundlich lächelndes, von tiefen Falten zerfurchtes wettergegerbtes Gesicht fast jede Reportage über den besten Tabak Kubas zierte, gehörte zu den wenigen Tabakpflanzern, die nach der Revolution als Familienunternehmen weiter arbeiten durften. Gegründet 1845, erhielt er 1997 die Erlaubnis, seine Zigarren wieder mit dem Namen des Familienunternehmens als Marke auf den Markt zu bringen. Robaina-Zigarren bestehen zu 90 % aus selbst angebauten Tabakblättern, und nicht – wie sonst auf Kuba üblich – aus Blättern verschiedener kubanischer Plantagen.

🕑 Beste Jahreszeit für einen Besuch sind die Monate Oktober bis Februar (Wachstumsphase des Tabaks). Anfahrt über die Ctra. Central Richtung Süden, nach 12 km links nach San Luis abbiegen und nach ca. 3 km wieder links (Schild, schlechte Straße); nach weiteren 1,5 km ist das Haus erreicht | Tel. 0 48/ 79 74 70 | tgl. 9–17 Uhr | Eintritt 2 CUC

◎ GUANAHACABIBES-HALBINSEL ⚑ A/B 3

Die schon unter Batista angelegte (leider selten reparierte) Carretera Central führt über San Juan de Martinez, Sábalo und Sandino, Isabel del Rubio und La Fé, einer ehemaligen US-Basis für Wasserflugzeuge (1935–1940), in den tiefen Süden zur Halbinsel Guanahacabibes. Wegen der teilweise schlechten Straßenverhältnisse kann die Fahrt 3 Stunden dauern. Wer spät dran ist und unterwegs eine Unterkunft sucht, wird in **Sandino** fündig (Casa Edilio y Tony, Zona M 41, Tel. 0 48/42 38 43, €). Über Manuel Lazo und die winzigen Orte La Jarreta, Las Cajas und Villa San Juan geht es, vorbei an alten Köhlersiedlungen, quer über die Halbinsel nach **La Bajada** an der Bahía de Corrientes, wo sich das Wasser der Yucután-Straße mit jenem der Karibik vereint. In La Bajada gabelt sich der Weg: Südöstlich führt die Straße zum 8 km langen Badestrand des kleinen Taucher- und Badeorts **Maria la Gorda**, südwestlich geht es zum **Cabo de San Antonio** und dem Leuchtturm Roncali. María La Gorda und das Cabo de San Antonio sind Traumziele für Individualisten und Naturliebhaber, María la Gorda ganz besonders auch für Taucher. Das Meer bietet dort über 20 attraktive Tauchplätze, darunter Schiffswracks mit verrosteten Kanonen. Die Küste wechselt zwischen schroffem Karst und schneeweißem Sand mit gebleichten großen Korallenbrocken ab. Mückenschutz nicht vergessen!

137 km südl. von Pinar del Río

SEHENSWERTES

Parque Nacional Guanahacabibes

Kubas größter Nationalpark erstreckt sich fast über die ganze flache Halbinsel Guanahacabibes, insgesamt über eine Fläche von rund 50 000 ha, und wurde 1987 von der UNESCO zum Biosphärenreservat erklärt. Das Gebiet ist reich an Mangroven und urwüchsiger Busch- und Baumvegetation. Allein Vogelbeobachter können sich auf 172 Arten aus 42 unterschiedlichen Familien freuen; elf von ihnen sind nur hier beheimatet.

ÜBERNACHTEN

Villa Cabo San Antonio

Naturverbunden – Das einsam gelegene Hotel eignet sich gut für Ausflüge in den Nationalpark. Vor der Haustür: die Marina Gaviota (4 km) sowie der Leuchtturm Roncali (3 km). Das Restaurant ist einfach, es gibt einen Fahrradverleih und Satelliten-TV.

Playa Las Tumbas | Tel. 0 48/75 76 76 | www.gaviota-grupo.com | 16 Zimmer | €€

Villa María La Gorda

Einfach Abtauchen – Das lange einzige Hotel weit und breit wird derzeit nach und nach renoviert. Man sollte nach einem ruhig gelegenen neuen Zimmer fragen. Für die Verpflegung – auch der Tagesgäste – sorgen zwei Lokale. Die Tauchbasis liegt direkt vor dem Hotel am schönen Strand von María la Gorda.

Playa María La Gorda | Tel. 0 48/77 81 31 | www.hotelmarialagorda-cuba.com | 55 Zimmer | €€

LAS TERRAZAS 🏳 D 1

1000 Einwohner

Die Geburtsstunde der »Comunidad Las Terrazas« schlug 1968. Damals wurden im Rahmen eines Wiederaufforstungsprogramms die ersten Häuser errichtet. Heute zählt die hübsch am **Lago San Juan** gelegene Dorf-Kooperative über 200 Häuser und Wohnungen. Die Bevölkerung – Bauern, Arbeiter, Künstler, Fremdenführer und Gastronomen – verschrieb sich dem nachhaltigen Tourismus. Für die Bewohner gibt es eine Grundschule, eine weiterführende Schule, einen Kindergarten, Ärzte und Läden. Für die Besucher entstand 1994 das Ökohotel **Moka** (▶ S. 31), das sich bald zum touristischen Mittelpunkt des Ortes entwickelte. In Werkstätten wird Papier recycelt, und in Studios arbeiten Künstler wie Ariel Gato, Jorge Duporté, Henry Fernández und Léster Campa.

Die Hauptattraktion aber ist die Umgebung: Das 5000 ha große Gebiet der **Sierra del Rosario**, in der sich viele verlassene Kaffee-Fincas aus dem 18. Jh. befinden und das seit 1984 von der UNESCO als Biosphärenreservat unter Schutz gestellt wurde. Für Hobby-Ornithologen gibt es auf der dem Ort gegenüberliegenden Seite einen **Vogelbeobachtungsweg** (bei der Rancho Curujey). Oft kann man dort dem Gesang des Tocororo (Kubatrogon bzw. Priotelus temnurus), des kubanischen Nationalvogels, lauschen, oder man bekommt das farbenprächtige, fast 30 cm große Tier mit dem weiß-blau-roten Gefieder sogar zu sehen. Zum Schwimmen laden tief im Süden unterhalb des 450 m hohen Loma del Taburete am Río Juan die **Baños de San Juan** ein und westlich vom Ort im Kaffeetal San Pedro die **Baños del Bayate**.

Wer individuell reist, sollte Zeit für die Organisation seines Urlaubs in Las Terrazas mitbringen, der Ort ist primär auf angemeldete Gruppen eingestellt.

Ctra. Central Havanna–Pinar del Río, km 52,5 | Municipio Candelaría | www.lasterrazas.cu

SEHENSWERTES

Peña de Polo Montañez

Kleines Museum im Haus des 2002 verstorbenen Sängers Polo Montañez. Er war 1971 mit seiner Familie nach Las Terrazas gezogen, um dort als Holzfäller und Traktorfahrer zu arbeiten. Nachts trat er mit seinen Geschwistern in Bars

Karibische Urlaubsidylle: Umsäumt von himmelragenden Palmen erstreckt sich der schnee-weiße Strand von María La Gorda (▶ S. 91) in Kubas äußerstem Westen.

auf. Seinen Durchbruch als Sänger feierte er 1999 mit den Titeln »Guajiro Natural« und »Un montón de Estrellas«, rhythmisch eine Mischung aus kubanischem Son, Guaracha, Bolero und dominikanischer Bachata. Zu sehen sind u. a. seine goldenen Schallplatten.
Lago San Juan | Di–So 10–13, 15–17 Uhr | Eintritt frei

Puerta Las Delicias

Das Informationszentrum liegt an der Zufahrtsstraße, die direkt von der Autobahn Havanna–Pinar del Río bei km 51 nach Las Terrazas führt (kleines hölzer-nes Hinweisschild). Es ist zugleich die Pforte zum Wandergebiet des Komplexes von Las Terrazas; Karten geben im Informationszentrum einen guten Überblick über Wanderwege und Ausflugsmöglichkeiten. An der Kasse hilft man auch gern bei der Suche nach einem Führer weiter, bzw. verweist auf die in der Nähe liegenden Reservierungsbüros. Wer motorisiert ist, kann gleich nach dem Passieren der Schranke auf eigene Faust rechts hinauf zum Restaurant der teilweise restaurierten, ehemals französischen Kaffee-Finca Buenavista fahren. Sollte die Küche nur für

Gruppen geöffnet sein, lohnen die schöne Aussicht dort oben und das alte Gerät im Garten den Besuch allemal.

Puerta Las Delicias | Ctra. a Las Terrazas | Tel. 0 47/5/ 87 00, 57 85 55 | Eintritt 3 CUC

ESSEN UND TRINKEN

Hacienda Unión/Casa del Campesino

Idyllisch – Restaurant im Herrenhaus einer stillgelegten Kaffeeplantage von 1802 auf 240 m Höhe mit herrlichem Blick auf die mit 31 km engste Stelle der Insel. Kreolische Küche der Spitzenklasse mit »música campesina«.

Complejo Turístico Las Terrazas | tgl. 12.30–21 Uhr | €€

SPORT UND FREIZEIT

Canopy Tour

Drahtseil und Apparaturen scheinen nicht die neuesten zu sein, aber das mindert den Spaß nicht, im Gegenteil: Die Rutsch- und Hängepartie beginnt beim Hotel Moka und endet erst hinter dem Restaurant am See – das sind immerhin 800 oft steile Meter. Sie wurde nun auf sechs Stationen verlängert, weshalb auch der Preis gestiegen ist.

Las Terrazas | 35 CUC (25 CUC für Gäste des Hotels Moka ▶ S. 31)

Ziele in der Umgebung

◎ SAN DIEGO DE LOS BAÑOS ∫ C2

Der blühende kleine Ort mit seiner hübschen alten Kirche, seinem renovierten Thermalbad und dem bei Hobby-Ornithologen hoch geschätzten Nationalpark **La Güira** gehört zu den schönsten unter den weniger bekannten Ferienorten Kubas. Seine schwefelhaltigen Quellen wurden schon 1891 für Heilbäder genutzt. Anfang des 20. Jh.

Eingang zur Cueva de los Portales (▶ S. 95) in der Sierra de los Órganos. Die Karsthöhle in landschaftlich reizvoller Lage war bereits im 19. Jh. ein beliebtes Ausflugsziel.

lockten sie die ersten Auslandstouristen an – vor allem aus den USA. Ein staatliches Mittelklassehotel bietet neben Zimmern und Pool auch eine Ausflugsagentur. Sie steuert u. a. die Cueva de los Portales an, in der Che Guevara während der Kubakrise seine »Comandancia occidental« einrichtete.

Ctra. Central Havanna–Pinar del Río, km 86

SEHENSWERTES

Cueva de los Portales

Das vom Río Caiguanabo ausgewaschene riesige Höhlensystem wurde um 1800 nach seinem Entdecker benannt. 160 Jahre später baute Che Guevara in ihr seine »Comandancia occidental« auf, mit Büro, Esszimmer, Schlafplatz und Schießübungsplatz. Die Höhle liegt 15 km nordwestlich von San Diego de los Baños, man kann sie auch direkt von der Carretera Central ansteuern.

Ctra. Central Havanna–Pinar del Río, km 115

Parque Nacional La Güira

Das Gebiet des Nationalparks (rund 20 000 km^2) verhalf seinem früheren Besitzer Manuel Cortina mit Edelhölzern zu Reichtum. Nach der Revolution wurde er enteignet. Vom einstigen Raubbau hat sich der Park längst erholt, er ist ein Paradies für Vogelbeobachter.

Parkeingang 4 km westl. von San Diego de los Baños

ÜBERNACHTEN

Mirador de San Diego

Sympathisches Haus – Nettes Islazul-Hotel mit schöner Sicht auf die Dächer des kleinen Orts. Nebenan befindet sich das renovierte, aber einfache Thermalbad. Die im Hotel ansässige Agen-

tur bietet Führungen in den Nationalpark und zur Cueva de los Portales.

Calle 23 Final | Tel. 0 48/77 83 38 | www.islazul.cu | 30 Zimmer | €€

◎ SOROA   💥 D 1
1200 Einwohner

Das lebhafte lange Straßendorf zieht sich über einen steilen Südhang westlich von Las Terrazas und gehört ebenfalls noch zum Biosphärengebiet der **Sierra del Rosario**. Es entstand aus der riesigen Kaffeeplantage der Brüder Lorenzo und Antonio Soroa Muñagorri, die sich 1856 hier niederließen. Nach und nach kauften sie fast alle benachbarten Güter auf, sodass ihr Name bald zum Synonym für das Gebiet wurde. Attraktionen sind hier ein Orchideengarten, ein Wasserfall mit Badepool und ein schöner Aussichtspunkt – alles bequem von der Hauptstraße aus zu erreichen, ebenso wie die meisten »casas particulares« und »paladares«. Am Ende mündet die Hauptstraße in die Autopista nach Pinar del Río.

Municipio Candelaría
21 km westl. von Las Terrazas

SEHENSWERTES

Orquídeario

Inmitten der Sierra del Rosario legte der spanische Großgrundbesitzer Tomás Felipe Camacho einen Botanischen Garten an, der sich seit 1943 seines Pflanzenreichtums und seiner Orchideensammlung rühmt. Heute ist das staatliche Anwesen 3,5 ha groß und immer noch von 700 Orchideenarten bewachsen, von denen 200 aus Kuba stammen. Blütezeit ist von November bis April.

Ctra. Soroa, km 7 | tgl. 8.30–16.30 Uhr | Eintritt 3 CUC

El Salto/El Mirador

Zum Badepool des 22 m hohen Wasserfalls Cascada de Soroa führen vom Parkplatz (gebührenpflichtig) an der Hauptstraße steile Stufen hinunter. Ein weiterer Weg schlängelt sich hinauf zu einem Aussichtspunkt, dem Mirador de Venus, von wo aus man einen herrlichen Panoramablick genießt.

Ctra. Soroa, km 7 | tgl. 9–17 Uhr | Eintritt (Badepool) 3 CUC

ÜBERNACHTEN

Villa Soroa

Gediegen – Das Hotel stammt aus den 1960er-Jahren, wurde aber in jüngerer Zeit komplett modernisiert. Die Zimmer liegen in drei verschiedenen Häusern und sind wohnlich eingerichtet. Sie bieten Bad, Klimaanlage, Satelliten-TV, Telefon und Safe. Weitere Annehmlichkeiten des Hotels sind Parkplätze, zwei Restaurants, eine Snackbar, Swimmingpool, Souvenirläden, Massagemöglichkeiten, ein Arztservice und eine Ausflugsagentur. Für Urlauber mit Behinderung gibt es ein speziell für ihre Bedürfnisse eingerichtetes Zimmer.

Ctra. Soroa, km. 8 | Tel. 0 47/52 35 34 | www.hotelescubanacan.cu | 74 Zimmer | ♿ | €€

ESSEN UND TRINKEN

El Avioncito

Ländlich – Die ideale kleine Raststätte: In diesem privaten kleinen Lokal sitzt man überdacht ganz in der Nähe des Badepools. Einfache kubanische Kost wie »fricassee de chiva« (Ziegenragout), »potaje« (schwarze Bohnensuppe) und natürlich »pollo« (Huhn) mit Reis.

Ctra. Soroa, km 7,5 | kein Tel. | tgl. 11–21 Uhr | €

 VIÑALES ☀ C2

28 000 Einwohner

Wie »Elefantenbuckel«, so sagen die Einheimischen, steigen die grün bewachsenen Berge der **Sierra de los Órganos** aus der roten Erde des weiten Viñales-Tals um den Ort Viñales. Die Kalksteinfelsen, »mogotes« genannt, erreichen Höhen von 300 bis 400 m und haben ein Alter von ca. 160 Mio. Jahren. Unter dem Regen von Jahrmillionen wurden die Kanten des weichen Kalksteins allmählich abgeschliffen, sodass in der Folge diese bizarren, die Fantasie anregenden Hügelformen entstanden. Vor allem, wenn wie so häufig der Nebel, aufzieht geht von dem Tal eine fast übersinnliche Anziehungskraft aus.

Viñales ist Nationalpark und Heimat seltener Pflanzen wie dem Zwergpalmfarn. Die Region entwickelte sich zum Pilgerziel Nummer eins für Naturliebhaber aus aller Welt. Die Kleinstadt Viñales öffnete sich für den Tourismus, ohne seinen Charakter zu verlieren. Seit 1999 ist das Tal als Kulturlandschaft Teil des UNESCO-Welterbes.

29 km nördl. von Pinar del Río

SEHENSWERTES

Cueva del Indio

Die bekannteste der zahlreichen Höhlen in der Region ist insgesamt 4 km lang und wird vom Fluss San Vicente durchzogen. Wie die meisten Höhlen war auch diese bis zur spanischen Eroberung der Insel ein Kultplatz der Ureinwohner. Wiederentdeckt wurde sie erst im Jahr 1920. Zur Besichtigung freigegeben ist nur ein Teil. Erst geht es 200 m zu Fuß und dann 300 m mit dem Boot durch die bis zu 135 m hohen Grotten voller Stalaktiten und Stalag-

Das Viñales-Tal (▶ MERIAN TopTen, S. 96) mit seinen als »mogotes« bekannten mächtigen Felsblöcken aus Kalkstein gehört zu den beeindruckendsten Gegenden des Landes.

miten. Ein Restaurant und Souvenirläden finden sich im Eingangsbereich.
Ctra. 241 | tgl. 9–17.30 Uhr | Eintritt 5 CUC

Cueva Santo Tómas

Experten vermuten: Es gibt noch größere Höhlen auf Kuba. Aber solange diese nicht vermessen wurden, gilt die Cueva Santo Tómas 17 km westlich von Viñales als größte: etwa 46 km lang und mit ihren sieben Etagen mindestens 65 m hoch; der unterste Bereich liegt 125 m über dem Meeresspiegel, die höchsten Gänge verlaufen auf 190 m. Zahlreiche Spuren belegen, dass die Höhle früh von Menschen genutzt wurde. In der Cueva Iconguita fand man ein 3500 Jahre altes menschliches Skelett, in der Cueva de Mesa indianische Ritzzeichnungen und Spuren von entlaufenen Sklaven (»cimarrones«), die sich hier versteckten.

Ctra. a Pons | El Moncada | Eintritt 10 CUC, mit Transport von Viñales 18 CUC pro Person (Transtur)

Mural de la Prehistoria 🏃‍♂️

In verwaschenen Farben erzählt die Malerei von Leovigildo González Morillo, einem Schüler des mexikanischen Muralisten Diego Rivera, auf dem Mogote »Dos Hermanas« die Geschichte der Evolution – von der Amöbe über die Dinosaurier bis zum Homo sapiens. Das Bild prangt von einer mächtigen Felswand, 120 m hoch und 180 m breit, gerahmt von einem rustikalen Restaurant, einer Bar und einem Laden. Fossilien, die Einblicke in die marine Entstehung der Region gewähren, präsentiert das **Museo Arqueológico** (Eintritt 1 CUC) gegenüber im »Campismo Dos Hermanas«.

Viñales – die Wucht der Natur im Morgenlicht

Wenn Morgennebel die uralten »mogotes« umwabern, verharren selbst kühle Denker in stummer Andacht. Am besten, Sie quartieren sich im Los Jazmines ein (▶ S. 13).

Ctra. a Moncada, km 1 | Tel. 0 48/7 96 2070 | tgl. 9–19 Uhr | Eintritt 3 CUC, Parken 1 CUC

ÜBERNACHTEN

La Ermita

Tolles Panorama – Der grandiose Blick auf die bizarre Berglandschaft ist der reinste Luxus. Ansonsten präsentieren sich Hotel und Küche eher schlicht. Mit Swimmingpool und Bar, der Ort Viñales ist zu Fuß erreichbar.
Crta. La Ermita Viñales, km 2 | Tel. 0 48/79 02 50 | www.hotel-la-ermita-cuba.com | 64 Zimmer | ♿ | €€–€€€

Hostal de Gloria/Hostal El Bemba y Yulia

Typisch kubanisch – Das familiäre Hostal de Gloria befindet sich in einer ruhigen Seitengasse, nur ein paar Minuten zu Fuß von der Ortshauptstraße entfernt. Auf der Veranda und der Dachterrasse kann man die Sonne und die wunderbare Aussicht genießen. Wirtin Gloria kümmert sich um ihre internationalen Gäste mit liebenswürdiger Gelassenheit. Sind alle Zimmer belegt, kann man in das Hostal ihres Sohnes Bemba und seiner Frau Yulia ausweichen. Das junge Paar bietet auch Grillabende, verschiedene Ausflüge und verleiht Fahrräder.

– Hostal de Gloria | Orlando Nodarse 15 | Tel. 0 48/79 60 17 | €
– Hostal El Bemba y Yulia | Ctra. a Pinar del Río, km 25, No. 7-B (hinter der Schule) | Tel. 05/2 83 47 84 | €

ESSEN UND TRINKEN

RESTAURANTS

Finca Agroecologica El Paraiso

Perfektes Dinner – Auf den offenen Holzterrassen, die sich um die Küche anordnen, sitzt man eng beisammen. Was in den Topf kommt, wird frisch aus dem Garten geholt (▶ S. 18).
Ctra. Al Cementerio, km 1,5 | Tel. 0 48/69 51 87 | nur abends | €€–€€€

Finca La Ermita

Engagiert – Die einfache Zitronenlimonade wird hier mit zerstoßenem Eis serviert, die Spaghetti sind »al dente« und köstlich gewürzt. Auf halbem Weg zum Hotel Ermita gelegen, überrascht diese rustikale private Gaststätte mit anspruchsvoller Küche.
Ctra. a la Ermita, km 1, 5 | Tel. 0 48/69 65 94 | tgl. 12–22 Uhr | €–€€

El Olivo

Iberische Rezepte – Leichte mediterrane Speisen locken in das schmale kleine Lokal des aus Madrid stammenden Spaniers Osnel Corrales Valdes jede Menge Gäste.
Calle Principal 89 | Tel. 0 48/69 66 54 | Tel. 05/2 83 80 45 | tgl. 12–22 Uhr | €€

El Palenque de Cimarrones

Höhlenversteck – Im kühlen Schutz eines Höhleneingangs kann man sich hier an einer Snackbar erfrischen oder in einem ehemaligen Versteck entlaufener Sklaven (»cimarrones«) sein Mittagessen einnehmen. Man erreicht das in den Santería-Farben dekorierte Restaurant von der Snackbar durch einen kleinen Höhlengang.

Ctra. a Puerto Esperanza, km 36 – Restaurant tgl. 12–14 Uhr | Tel. 0 48/79 62 90 | €–€€ – Snackbar tgl. 9–20, Sa Livekonzerte und Disco bis 5 Uhr

Ranchón San Vicente

Spezialität: Spanferkel – Rustikales »bohío« mit kreolischer Küche. Sehr köstlich ist der »cerdo asado y ahumado«, das Spanferkel aus dem Ofen.

Ctra. a Puerto Esperanza, km 38 | Valle de las Dos Hermanas | Tel. 0 48/79 61 10 | tgl. 12–17, Bar 9–17 Uhr | €€

KULTUR UND UNTERHALTUNG

Centro Cultural Polo Montañez

Das nach dem populären, früh verstorbenen Sänger aus Las Terrazas (▶ S. 92) benannte »Kulturzentrum« bereichert die Plaza an der Kirche mit Restaurant, einer Bar und oft auch Livemusik.

Plaza | Mo–Fr, So 14–19, 20–1, Sa 14–19, 20–2 Uhr | Eintritt 1 CUC

SERVICE

AUSKUNFT

Centro de Información/Infotur

Auch Infos und Tipps für Ausflüge.

Calle Salvador Cisneros 63 B | Tel. 0 48/79 62 63 | www.infotur.cu | tgl. 8–20 Uhr

VERKEHR

Busse

Viazul-Busse verkehren einmal täglich via Pinar del Río, Havanna und Cienfuegos nach Trinidad.

Calle Salvador Cisneros 63 | Tel. 0 48/79 31 95 | www.viazul.com

Ziele in der Umgebung

◎ CAYO JUTÍAS B 2

Diese schöne kleine Insel gehört zum Los-Colorados-Archipel, liegt aber im äußersten Westen, ca. 60 km von Viñales entfernt (ausgeschilderte Route via Pons und Santa Lucia). Mit dem Festland ist sie durch einen Damm verbunden. Sonnenhütten, Verleih von Schnorchelausrüstung und das Restaurant lassen sich besonders gut wochentags genießen, denn Cayo Jutías ist ein beliebtes Wochenendziel der Kubaner.

Cayo Jutías | Municipio Minas de Matahambre | Tageskarte Dammüberfahrt 5 CUC | Restaurant tgl. 9–19 Uhr | €–€€

◎ CAYO LEVISA C 1

Die Insel ist ebenfalls Teil des Los-Colorados-Archipels und liegt rund 50 km nordöstlich von Viñales. Mit ihrer intakten Natur, dem herrlichen, 3,5 km langen Strand, dem klaren, kristallintürkisfarbenem Wasser, ihrem unversehrten Mangrovendschungel und dem vorgelagerten Korallenriff ist sie ein beliebtes Ausflugs- und Tauchziel. Wer länger bleiben will, kann sich in das einzige Hotel einbuchen, das **Villa Levisa**. Die Bungalows bieten Klimaanlage, Bad und Satelliten-TV. Zur Anlage gehören auch ein Restaurant, eine Bar, ein Laden und eine gute Tauchbasis. Tagesgäste sollten beim Ticketkauf fragen, ob eine Mahlzeit im Restaurant inbegriffen ist. Erreichbar ist Cayo Levisa nur mit der Fähre (Hinfahrt 10 und 18, Rückfahrt 17 Uhr, Ticket 25 CUC). Beim Ticketkauf muss der Pass vorgelegt werden. Die Überfahrt dauert 30 Minuten.

Palma Rubia (La Palma) | Hotel Villa Levisa | Tel. 0 48/75 65 01, 07/6 90 10 05 | www.cubanacan.cu | 40 Zimmer | €€€

DER NORDOSTEN

*In Kubas Nordosten locken weiße Strände, türkisblaues
Meer und verträumte Kolonialstädte, zahllose Inseln und ein
UNESCO-Biosphärenreservat. Hier erfüllen sich die Träume
von perfekten Ferienwelten an tropischen Gefilden.*

Eine gigantische, lang gestreckte Kette zahlloser Inseln ist Kuba im Norden vorgelagert: der 475 km lange Archipel Sabana-Camagüey. Er erstreckt
sich von Varadero, dem bekannten Seebad in der Provinz Matanzas, über
die Provinzen Villa Clara, Ciego de Ávila bis weit nach Osten in die Provinz Camagüey hinein. Hunderte »cayos«, Inseln aus Korallenstein, die
meisten unerforscht und menschenleer, schimmern hier wie Perlen im
türkis schimmernden Meer, mit einsamen Stränden und wild wuchern-
den Mangrovenküsten. Es ist ein Paradies für Mensch und Natur. Delfine
springen über die Wasseroberfläche, Pelikane fischen in Lagunen, Flamingos zupfen an ihren Federn. Seit dem Jahr 2000 sind weite Teile im
Namen der UNESCO als Buenavista-Biosphärenreservat geschützt.
Das Urlaubsleben konzentriert sich auf Varadero, auf die für den Tourismus erschlossenen Inseln der Cayería Norte, den Cayos Las Brujas, Ense-

◄ Fischer werfen im flachen Wasser bei Varadero (▶ MERIAN TopTen, S. 111) ihre Netze aus.

nachos und Santa María, sowie die beiden Schwesterinseln Cayo Coco und Cayo Guillermo, die zu Kubas größtem Inselparadies, den Jardines del Rey gehören. Während Varadero bei der Wiederbelebung des Tourismus Anfang der 1990er-Jahre auf eine alte Tradition als Seebad anknüpfen konnte und die dort ansässigen Kubaner bleiben durften, wurden die Cayos in reine Urlaubswelten verwandelt, und die Menschen wurden zu Opfern von Umsiedlungsaktionen. Da das All-inclusive-Konzept ohne Infrastruktur auskommt, entstanden dort – wie auch im Nordostteil Varaderos – mit dem Know-how und Geld ausländischer Hotelkonzerne riesige luxuriöse Resorts. Auch nach den Liberalisierungen unter Raúl Castro trifft man auf diesen Inseln immer noch wenige Kubaner. Für einen Besuch müssen sie an der Maut-Schranke vor der Überfahrt zu den Eilanden eine Sondergenehmigung oder eine Buchungsbestätigung für eines der Hotels auf den Inseln vorzeigen können. Und da sich nach wie vor nur wenige Kubaner eine Übernachtung in den luxuriösen All-inclusive-Anlagen leisten können, trifft man bislang kaum Einheimische – außer mit Schürze oder Servierblech in den Resorts, als Animateure oder Reiseleiter im Dienste der Touristen.

ATTRAKTIVES HINTERLAND

Wer auf den Cayos nicht all inclusive wohnen will, findet günstige Quartiere in den inselnahen Städten auf dem kubanischen Festland, beispielsweise in Morón, der den Jardines del Rey am nächsten gelegenen Stadt, die sich zu einer quirligen Metropole des Individualtourismus entwickelt hat. Oder im wunderschönen alten Remedios, das auf dem Weg zur Cayería Norte liegt. Der Ort gehört zu den ältesten Kubas. Architektonisch eine Perle der Kolonialzeit, pflegt er ein reges kulturelles Leben und bietet nette kleine Restaurants, Hotels und Privatquartiere. Lang ist es her, dass ein Teil seiner Bewohner auszog, um Santa Clara zu gründen. Heute Provinzhauptstadt, lockt sie mit ihrem Che-Guevara-Mausoleum vor allem Che-Guevara-Verehrer aus aller Welt. Ob in Morón, Remedios, Santa Clara oder jenseits der Traumstrände von Varadero: Hier zeigt sich Kuba von seiner authentischen Seite.

CAYERÍA NORTE 🐚 J/K 2

Der Name Cayería Norte wird für den Teil des Archipels Sabana-Camagüey verwendet, der in der Provinz Villa Clara liegt und die **Cayos de la Herradura** einschließt. Für den Tourismus erschlossen wurden die **Cayos Las Brujas**, **Ensenachos** und **Santa María**. Hinüber kommt man auf einem 45 km langen »pedraplén« (Damm vom Festland) mit 50 Brücken. Sie sorgen für einen ungehinderten Wasseraustausch von der einen zur anderen Seite. Kurzbesucher finden auf der Cayo Las Brujas ein rustikales Hotel mit Restaurant, das auch auf Tagesgäste eingestellt ist. Mit rund einem Dutzend All-inclusive-Resorts ist die Cayo Santa María touristisch am besten ausgestattet.

www.cayosantamaria.info | bei der Ein- und Ausfahrt werden 2 CUC fällig | Pass(kopie) nicht vergessen!

SEHENSWERTES

Pueblo La Estrella/Pueblo Las Dunas

Die Bummelmeile Pueblo La Estrella liegt zwischen den Hotels Husa Cayo Santa María und Memories Cayo Santa María. Sie lädt ebenso zum Shoppen, Einkehren und Ausgehen ein wie das jüngere Pueblo Las Dunas (2011 eröffnet) zwischen den Resorts Meliá Las Dunas und Meliá Cayo Santa María. Beide Dörfer bieten Boulevardlokale, Restaurants und Cafés, Marktstände, Souvenirläden und jeweils eine Bowlingbahn und eine Disco (ab 23 Uhr, Eintrittskarten im Hotel). Das Pueblo Las Dunas ziert außerdem ein netter kleiner Aussichtsturm. Beide Anlagen werden von dem regelmäßig zwischen den Hotels verkehrenden Panoramabus (eine Fahrt 1 CUC) angesteuert.

Cayo Santa María | tgl. ab ca. 9 Uhr | www.gaviota-grupo.com

Refugio de Flora y Fauna

Die Biologen, die das eingezäunte Pflanzen- und Tierschutzgebiet betreuen, erzählen gern, welche seltenen Spezies sich hier tummeln. So sichteten sie hier schon so manche ausgewachsene Boa und auch die sehr selten gewordenen Jutías (Baumratten). Es werden darüber hinaus »Birdwatching-Touren« angeboten, die man in den Hotels buchen kann. Sie starten vor der offiziellen Öffnungszeit um 6.30 Uhr.

Cayo Santa María | Playa Las Gaviotas | tgl. 10–17 Uhr | Eintritt 4 CUC

ÜBERNACHTEN

Meliá Buenavista, Meliá Cayo Santa María & Spa, Meliá Las Dunas, Sol Cayo Santa María

Spanische Resorts – Mit den drei Fünf-Sterne-all-inclusive-Häusern Meliá Buenavista, Las Dunas und Cayo Santa María sowie dem Vier-Sterne-Resort Sol Cayo Santa Maria ist der spanische Hotelkonzern Meliá auf Cayo Santa María stark vertreten. Das exklusivste Haus ist das Meliá Buenavista im Westen der Insel mit luxuriösen Suiten, Restaurants und Bars, Yhi-Spa, Fitnesscenter, Beautysalon und freiem Zugang zu allen Meliá-Resorts auf Cayo Santa María.

www.melia.com
– Meliá Buenavista | Tel. 42/35 07 00 | 105 Zimmer (nur Erwachsene) | €€€–€€€€
– Meliá Cayo Santa María & SPA | Tel. 0 42/35 02 00 | 356 Zimmer | €€€–€€€€
– Meliá Las Dunas | Tel. 0 42/35 01 00 | 925 Zimmer | €€€–€€€€
– Sol Cayo Santa María | Tel. 0 42/35 02 00 | 300 Zimmer | €€€

Remedios (▶ S. 103), ein koloniales Kleinod und eine der ältesten Städte Kubas, verlor im späten 17. Jh. gegenüber Santa Clara an Bedeutung. Seither hat sich hier kaum etwas verändert.

Royalton Cayo Santa María

High-End made in Kanada – Das feine All-inclusive-Resort nur für Erwachsene glänzt mit großen Zimmern, zwei Pools, vier Restaurants und viel Ruhe.
Cayo Santa María | Tel. 042/350600 | www.royaltonresorts.com | 122 Zimmer | €€€–€€€€

Ziele in der Umgebung

◎ REMEDIOS   ⚑ J2
18000 Einwohner

Remedios mag nicht allzu bekannt sein, doch seine Geschichte ist lang und bewegt. Denn Remedios ist eine der sieben ältesten Städte Kubas. Gegründet wurde sie 1515 von dem Spanier Vasco Porcallo de Figuera und 1544 und 1578 zum Schutz vor Piratenüberfällen landeinwärts verlegt. Doch säten zwielichtige Gestalten wie Schmuggler, Bukanier und Freibeuter aus Saint-Domingue (Haiti), die ihre heidnischen Kulte pflegten, unter den Bürgern Zwietracht und Angst. Viele zogen 1682 fort und gründeten neun Jahre später Santa Clara, heute die Hauptstadt der Provinz. An der Wende zum 18. Jh. fasste die Zuckerindustrie in der Gegend Fuß.

Nach einem langen Dornröschenschlaf herrscht in Remedios eine liebenswürdige, freudige Aufbruchstimmung. Immer mehr Urlauber machen hier Station, und zum 500-jährigen Jubiläum der Stadt 2015 ist der große Platz rund um den Parque Martí restauriert worden.
68 km südwestl. der Cayería Norte

SEHENSWERTES

Iglesia San Juan Bautista

Eine der bedeutendsten Kolonialkirchen in Lateinamerika, erbaut 1692. Sie erhebt sich an der Südseite der Plaza José Martí. 1939 wurde das Gotteshaus durch ein Erdbeben schwer beschädigt. Besondere Schmuckstücke sind der fein geschnitzte Blattgoldaltar, die Zedernholzdecke im Mudejar-Stil und die schwangere Marienfigur.

Parque Martí y Camilo Cienfuegos 20 | Mo–Do 9–12, 14–17 Uhr | Eintritt 2 CUC

MUSEEN UND GALERIEN

Museo de las Parrandas

Dieses Museum ist Remedios' berühmter Fiesta Parranda (▶ S. 53) gewidmet, einem Fest mit Feuerwerk und großer Kostümparade. Es wird seit dem Jahr 1822 jeweils am 16. und 24. Dezember gefeiert. Die schönsten Kostüme sind im Obergeschoss zu sehen.

Calle Máximo Gómez 71 | Di–Sa 9–18, So 9–13 Uhr | Eintritt 1 CUC

ÜBERNACHTEN

Mascotte

Ein Schmuckstück – Hohe Räumlichkeiten und große Türen, toller Blick auf den zentralen Park: In diesem restaurierten kleinen Hotel wohnt man prominent wie ein Staatsgast.

Calle Maximo Gómez 114 y Parque Martí | Tel. 0 42/39 51 44 | www.cubanacan.cu | 10 Zimmer | €€

⭐ JARDINES DEL REY 🌿 K/L 2

»Gärten des Königs« wurde diese Inselkette 1513/1514 zu Ehren des damaligen spanischen Königs Ferdinand II. getauft. Eine Krone an der Schranke zum »pedraplén«, dem 17 km langen Damm nach **Cayo Coco**, weist den Besucher unübersehbar daraufhin, dass er auf dem Weg zu den Jardines del Rey ist, dem östlichen Teil des Archipels

Cayo Coco (▶ S. 104) ist ein herrliches naturbelassenes Paradies mit einer sehr üppigen Flora und Fauna. Etwa 200 Vogelarten, im Bild der Goldkehl-Waldsänger, bevölkern die Insel.

Sabana-Camagüey. Die Fahrt hinüber ist wie eine Reise in eine andere Welt (▶ S. 14). Die Flamingos, die in den Randbezirken der Insel leben, tupfen das Meer pinkfarben oder fliegen in Schwärmen über den azurblauen Himmel. Auch in den ausgedehnten Busch- und Mangrovengebieten beider Inseln, die sich im Rücken der All-inclusive-Hotels dort ausbreiten, können Naturfreunde viele Vögel beobachten. Insgesamt zählten die Biologen, die auf Cayo Coco eine Forschungsstation betreiben, rund 200 gefiederte Arten.

Inselfans werden sich auf der kleinen **Cayo Guillermo**, die mit Cayo Coco durch eine Brücke verbunden ist, besonders wohlfühlen. In der Marina und an der schönen **Playa Pilar** pflegt man den familiären Ton einer eingeschworenen Gemeinde.

Ernest Hemingway erwähnte Cayo Guillermo in seinem Buch »Inseln im Strom«. Was die Tourismusmanager dazu nutzten, den Kult um den Schriftsteller auf diese Insel auszuweiten, indem sie namentlich so oft wie möglich an den prominenten Besucher erinnern: Sei es mit der Playa Pilar (»Pilar« hieß seine Jacht) oder dem Club Cojímar – nach dem gleichnamigen Ort im Osten von Havanna, in dem er sich zu seinem Roman »Der alte Mann und das Meer« inspirieren ließ.

Ein- und Ausfahrt jeweils 2 CUC

SEHENSWERTES

Parque Nacional El Bagá

Eine Mischung aus Natur- und Freizeitpark mit vielen Naturpfaden, der seit einiger Zeit brach liegt, aber renoviert und wieder eröffnet werden soll.

Ctra. a Cayo Guillermo, derzeit geschl.

Cayo Coco – die Fahrt zur Insel ist das Ziel

Sie führt über ein Dutzend Brücken, weit fort vom kubanischen Alltag und so wunderbar mitten durchs Meer, dass man am liebsten nie ankommen möchte (▶ S. 14).

Playa Pilar

Die Playa Pilar gehört zu den schönsten Stränden Kubas und ist öffentlich zugänglich. Wenn der kleine Touristenzug von den Hotels mit Ausflüglern angerattert kommt, kann es am Strand aber schon mal eng werden.

Cayo Guillermo | Strandlokal tgl. 8–17 Uhr | Parkplatz 1 CUC, Sonnenliege 1 CUC, Katamarantrip zur vorgelagerten Cayo Media Luna 11 CUC

ÜBERNACHTEN

Villa Cojímar

Jung & dynamisch – »Fun and Sun«, so lautet die zu diesem Clubhotel passende Devise. Die Anlage ist angenehm weitläufig, sodass man sich zurückziehen kann, wenn man Ruhe haben will.

Cayo Guillermo | Tel. 0 33/30 17 12 | 212 Zimmer | €€–€€€

Colonial Cayo Coco

Der Pionier – Zur Einweihung dieses ersten Hotels auf Cayo Coco im Jahr 1993, das mit seinen dreistöckigen Häusern wie ein koloniales Dorf angelegt ist, kam Fidel Castro persönlich. 2005 wurde es komplett renoviert und jüngst unter kubanisches Management gestellt.

Ctra. a Cayo Guillermo | Cayo Coco | Tel. 0 33/30 13 11 | www.cubanacan.cu | 458 Zimmer | ♿ | €€–€€€

Iberostar Cayo Coco

Luxuriös – Die 2011 vollkommen renovierte Anlage ist das eleganteste der drei Iberostar-All-inclusive-Resorts in den »Jardines del Rey« und liegt direkt am Strand. Es gibt zehn Restaurants, ein Spa und einen Babysitterservice.

Ctra. a Cayo Guillermo | Cayo Coco | Tel. 0 33/30 10 70 | www.iberostar.com | 76 Zimmer und 262 Juniorsuiten | €€€

Meliá Cayo Coco

Nur für Erwachsene – Das Fünf-Sterne-All-inclusive-Resort (ab 18 Jahre) breitet sich mit seinen Wohnbungalows zwischen Strand und einer natürlichen Lagune aus, einige erheben sich aus ihr auf Stelzen. Großes Sport- und Ausflugsangebot, sehr gute Restaurants, Fitnessraum, zwei große Pools.

Playa Las Coloradas | Cayo Coco | Tel. 0 33/30 11 80 | www.melia.com | 250 Zimmer | €€€€

Meliá Cayo Guillermo

Body & Beauty – Fünf-Sterne-Resort direkt am Strand mit All-inclusive-Service. Zum Swimmingpool gesellen sich Spezialitätenrestaurants, ein Beautysalon sowie zahlreiche Sportmöglichkeiten und Abendprogramme.

Cayo Guillermo | Tel. 0 33/30 16 80 | www.melia.com | 301 Zimmer | €€€–€€€€

ESSEN UND TRINKEN

Sitio La Güira

Ländliche Kulisse – Hühner laufen herum, in kleinen Gärten sprießt Gemüse – die Anlage soll Besuchern zeigen, wie Landarbeiter oder Köhler hier in früherer Zeit lebten. In den Restaurants **Rancho La Aguada de Pedro** und Ran-

cho **Los Marquez** stehen typisch kubanische Speisen auf der Karte. Winzige Hütten mit Klimaanlage und Bad werden an anspruchslose Urlauber für 25 CUC pro Nacht vermietet.

Ctra. a Cayo Guillermo, km 10 | Tel. 0 33/30 12 08 | tgl. 9–23 Uhr | €

KULTUR UND UNTERHALTUNG

Acuavida Spa Talaso

Gepflegtes Wellnesszentrum, in dem man u. a. Anwendungen gegen Stress buchen, sich pflegen und verschönern lassen kann, auf Wunsch gibt's Massagen, Mona-Lisa-Bäder (Milch), Gesichts- und Schlammbäder. Reservierung und Transport in den Hotels.

Ave. de los Hoteles (westl. des Hotels Villa Cayo Coco) | Tel. 0 33/30 21 57 | Mo–Sa 9–17 Uhr | Do oft Sonderpreise

SERVICE

AUSKUNFT

Infotur

Ein Infotur-Schalter befindet sich am Aeropuerto Internacional Jardines del Rey | Cayo Coco | Tel. 0 33/30 91 09 | www.infotur.cu

VERKEHR

Aeropuerto Internacional Jardines

Cayo Coco | Tel. 0 33/30 91 65

Ziele in der Umgebung

◎ **CIEGO DE ÁVILA** 🔹 K3

125 000 Einwohner

Autofahrern auf der Carretera Central ist die Provinzhauptstadt meistens nur wegen des staatlichen Hotels Ciego de Ávila ein Begriff, das direkt an der Hauptverkehrsader Kubas liegt. Kaum jemand bog hier bisher auf seinem Weg nach Morón und zu den Cayos oder in den Osten nach Camagüey ab, um die Stadt kennenzulernen. Das hat sich geändert, seit sich auch Ciego de Ávila herausputzte und u. a. einen Freizeitpark zwischen dem Hotel und der City anlegte, sein Zentrum rund um den Parque Martí restaurierte und eine Fußgängerzone besitzt.

108 km südwestl. von Cayo Coco

MUSEEN UND GALERIEN

Museo Provincial Simón Reyes

Das Museum der Provinz ist in einem schmucken Gebäude von 1930 untergebracht und präsentiert neben Dokumenten zur Stadtgeschichte auch eine interessante Sammlung mit afrokubanischen Kultgegenständen.

Calle Honorato del Castillo y Máximo Gómez | Mo–Fr 8–22, Sa, So 8–14.30 Uhr | Eintritt 1 CUC

ÜBERNACHTEN

Hotel Ciego de Ávila

Funktionell – Das alte Staatshotel erinnert an vergangene Funktionärszeiten, als es nur wenige Devisenhotels gab. Die Zimmer bieten Bad und Satelliten-TV. Pool, Parkplatz, Mietwagenverleih.

Ctra. de Ceballo, km 2,5 | Tel. 0 33/22 80 13, 22 83 40 | www.islazul.cu | 70 Zimmer | €€

◎ MORÓN ◢ K 3

62 000 Einwohner

Umgeben von fischreichen Gewässern wie der **Laguna de la Leche** und dem **Lago La Redonda** sowie von Zuckerrohrfeldern liegt Morón nahe der Nordküste. Besucher der Inseln Cayo Coco und Cayo Guillermo können sich hier preisgünstig in einer der vielen »casas particulares« einmieten.

Der ewige Held der Revolution: Eine lebensgroße Che-Guevara-Statue des Bildhauers Casto Solano ziert den Eingang zum Sede del Comité Provincial von Santa Clara (▶ S. 108).

Gegründet wurde Morón im 18. Jh. von andalusischen Siedlern. Die automatisch um 6 Uhr und um 18 Uhr krähende Hahnenskulptur (1950, 1981 erneuert) am Ortseingang erinnert an ihre Heimat. Mittelpunkt der lang gestreckten Stadt ist die Parkanlage am alten Bahnhof von 1923. Im Norden auf dem Weg zu den Cayos passiert man die holländisch anmutende Comunidad Celia Sánchez. Sie wurde in den 1960er-Jahren nach der Enteignung eines US-Viehzüchters für die Arbeiter der umliegenden Viehfarmen erbaut.

Casas particulares: www.cubacasas.net/cities/moron

55 km südwestl. von Cayo Coco

ÜBERNACHTEN

Casa Carmen

Beliebte Adresse – Gut eingeführte und seriöse »casa particular«, günstig zum Zentrum gelegen. Parkmöglichkeiten vorhanden. Rechtzeitig reservieren!

Calle General Peraza 38 e/ Felipe Poey y Carlos Manuel de Céspedes | Tel. 033/505453, 504572 | http://casacarmen.cubarentaroom.com | 2 Zimmer | €

SANTA CLARA   H2

210 000 Einwohner

Stadtplan ▶ S. 109

Die Hauptstadt der Provinz Villa Clara, geschäftiges Landwirtschaftszentrum und Verkehrsknotenpunkt, liegt am westlichen Fuß des Escambray-Gebirges. Sie ist Pilgerziel von Che-Fans aus aller Welt, seit die sterblichen Überreste des Revolutionärs hier in das Museo Memorial del Ernesto Guevara gebettet wurden. Aus gutem Grund, denn in Santa Clara feierte Ernesto »Che« Guevara seinen größten militärischen Triumph als Revolutionär: Am 31. Dezember 1958 besiegte er hier mit seinen Leuten die Truppen des Diktators Batista, womit der Weg in die Hauptstadt Havanna frei war. »Hasta siempre Comandante« heißt es im »Che-Lied« von Trova-Altstar Carlos Puebla, in dem Santa Claras Ruhm verewigt ist.

SEHENSWERTES

⑥ Monumento Memorial Che Guevara

Das monumentale Ehrendenkmal, auf dem ein in Bronze gegossener Che Guevara wie beim Sieg in Santa Clara mit gebrochenem Arm und in Kampfanzug und mit Knarre prangt, wurde 1988 zum 30. Jahrestag des Siegs von Santa Clara errichtet. Entwurf und Ausführung stammen von dem Architekten Jorge Cao Campos und dem Bildhauer José Delarra. Seit 1997 ruhen im Memorial die Gebeine von Che Guevara zusammen mit jenen von 17 Mitkämpfern in Bolivien. An sie und alle anderen Mitkämpfer erinnern Grabnischen, allein die von Che wird täglich mit einer frischen roten Nelke geschmückt, der Blume der Arbeiterbewegung. Das angeschlossene Museum zeigt persönliche Dinge von Che Guevara, darunter die Kopie seiner ärztlichen Approbation.

Ave. de los Defiles y Circunvalación | Di–So 9.30–17 Uhr | Eintritt frei

① Parque Tren Blindado

Vier restaurierte Waggons des Panzerzugs, den Che Guevara am 28./29. Dezember 1958 durch das Entfernen der Gleise zum Stehen gebracht hatte, und eine Skulptur von José Delarra erinnern hier an die Kapitulation der Batista-Soldaten. Ein paar Meter weiter steht

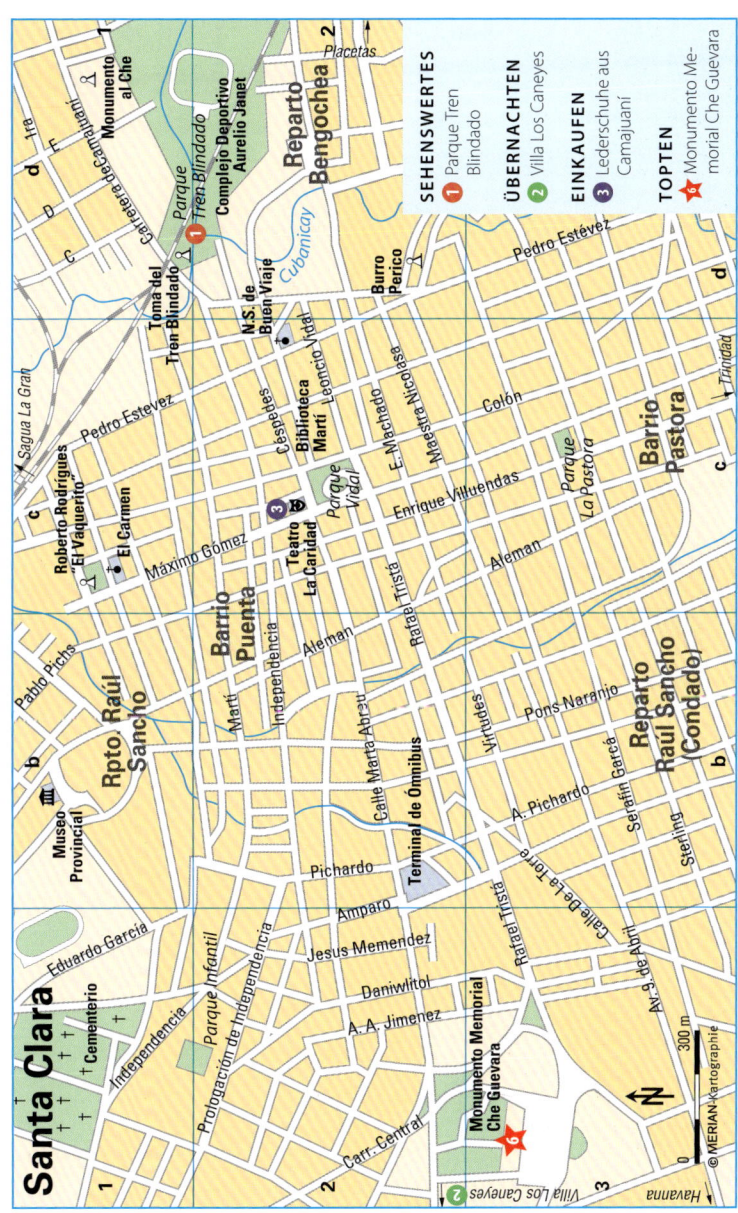

SEHENSWERTES
1 Parque Tren Blindado

ÜBERNACHTEN
2 Villa Los Caneyes

EINKAUFEN
3 Lederschuhe aus Camajuaní

TOPTEN
6 Monumento Memorial Che Guevara

Santa Clara

Placetas

Reparto Bengochéa

Monumento al Che

Complejo Deportivo Aurelio Janet

Parque Tren-Blindado

1

Toma del Tren Blindado

N.S. de Buen Viaje

Pedro Estévez

Burro Perico

Cubanicay

Sagua La Gran

Pedro Estevez

Céspedes

Biblioteca Martí

Leoncio Vidal

Colón

E. Machado

Maestra Nicolasa

Roberto Rodrigues "El Vaquerito"

El Carmen

Máximo Gómez

Teatro La Caridad

3

Parque Vidal

Enrique Villuendas

Aleman

Barrio Pastora

Parque La Pastora

Trinidad

Barrio Puenta

Pablo Pichs

Rpto. Raúl Sancho

Martí

Independencia

Aleman

Rafael Tristá

Pons Naranjo

Reparto Raúl Sancho (Condado)

Museo Provincial

Calle Marta Abreu

Virtudes

A. Pichardo

Serafín García

Sterling

Terminal de Ómnibus

Pichardo

Eduardo García

Cementerio

Parque Infantil

Amparo

Jesus Menendez

Daniwlitol

A. A. Jimenez

Protogación de Independencia

Independencia

Calle De La Torre

Rafael Tristá

Av. 9 de Abril

Monumento Memorial Che Guevara

6

Carr. Central

Villa Los Caneyes 2

Havanna

300 m

© MERIAN-kartographie

Santa Clara (▶ S. 108), Provinzhauptstadt, Wirtschafts- und Agrarzentrum, lebt vom Ruhm vergangener Tage. Hier besiegte Che Guevara die Truppen von Diktator Batista.

die berühmte, von Casto Solano gestaltete Che-Guevara-Statue mit dem »neuen Menschen« im Arm vor der ehemaligen 2. Kommandantur Ches (heute Sede del Comité Provincial).
Ave. Liberación | Mo–Sa 9–17.30 Uhr | Eintritt 1 CUC

ÜBERNACHTEN

2 Villa Los Caneyes

Etwas außerhalb – Die adretten Zimmer bieten Bad, Satelliten-TV und Kühlschrank. Pool, gutes Restaurant, Mietwagenverleih. Aufgrund der Tagesgäste am Pool jedoch nicht mehr ruhig.

Ave. de los Eucaliptos y Circunvalación | Tel. 042/21 81 40 | www.cubanacan.cu | 96 Zimmer | €€

EINKAUFEN

KLEIDUNG

3 Lederschuhe aus Camajuaní
▶ S. 36

SERVICE

AUSKUNFT

Infotur

Calle Cuba 66 e/ Calendaria y San Cristóbal | Tel. 042/20 13 52, 22 75 57 | www.infotur.cu

VERKEHR
Viazul-Busterminal
Ctra. Central, km 383 y Oquendo | Tel.
0 42/22 25 22, 22 21 14 | www.viazul.com

 **VARADERO** F1

17 000 Einwohner

Wer an dem 20 km langen Strand aus feinem weißen Korallensand entlangspaziert, den verwundert der frühe Aufstieg Varaderos zum berühmtesten Seebad der Insel nicht. In Mode kam die schon vor 3000 Jahren von Taíno-Indianern besiedelte und nach der Konquista lange nur von Fischern bewohnte Halbinsel Ende des 19. Jh. Damals bauten sich reiche Familien aus Cárdenas hier hübsche hölzerne Ferienhäuser wie die Villa Abreu, die heute das Museo Municipal beherbergt.

Ihnen folgten reiche US-Amerikaner. 1915 wurde das erste Hotel eröffnet, und 1926 kaufte Thomas Coleman du Pont, ein US-Industrieller, beinahe den gesamten östlichen Inselzipfel und legte einen Golfplatz an. Varadero wurde in den USA schick. Wer dort auf sich hielt, besaß in Varadero eine Villa – so auch der Gangsterboss Al Capone.

In den Krisenzeiten Kubas ließ Castro den Tourismus auf der Halbinsel wieder erblühen. Wirkte Varadero damals noch wie ein Fremdkörper im Land, ist es heute einer der entspanntesten Orte. Inzwischen gibt es auch Privatquartiere neben den zahlreichen Hotels. Die teuersten Häuser breiten sich am Ende der Halbinsel aus – dort, wo mit der Marina Gaviota Kubas elegantester Jachthafen entstand. Durch den Hotelbau der letzten Jahre wurden viele Bewohner verdrängt. Mit ihnen ist auch das Lokalkolorit weitgehend verschwunden.

SEHENSWERTES
Cayo Blanco
Der östliche Ableger des Sabana-Camagüey-Archipels ist der Spitze der Halbinsel **Hicacos** vorgelagert und erfreut Besucher mit herrlichen Korallenbänken zum Schnorcheln. Cayo Blanco wird regelmäßig im Rahmen eines »Seafari«-Tagesausflugs mit dem Katamaran angesteuert.
Buchung im Hotel oder direkt bei:
Aquaworld | Marina Chapelin | Autopista Sur, km 12 | Tel. 0 45/66 75 50 | www.nauticamarlin.com

Parque Retiro Josone
Der Name der grünen Oase im ältesten Ortsteil setzt sich zusammen aus den Vornamen seiner ersten Besitzer José Fermín Iturróz und seiner Frau Onelia. Ein mit Wasservögeln belebter See, hübsche Brücken, schattige Wanderwege unter uralten Bäumen und das **Dante**, eins der besten Restaurants von Varadero, versprechen Entspannung vom hiesigen touristischen Trubel.
1a Ave. e/ 56 y 59 | Eintritt frei

Reserva Ecológical Varahicacos/
Cueva de Ambrosio
Das etwa 450 ha große Naturschutzgebiet zwängt sich im Osten der Halbinsel Hicacos zwischen die Hotelparks und die Küste. Am Naturpfad El Patriarca ragen zwei, etwa 500 Jahre alte Riesenkakteen in den Himmel. An die indianischen Ureinwohner erinnert der Sendero Cueva de Ambrosio, ein 300 m langer Pfad, der zu 47 geometrischen Piktografien in der Höhle Ambrosio führt. Ethnologen schreiben einige der Höhlenzeichnungen jedoch entflohenen Sklaven zu, denen die Grotte als

Versteck diente. Im Centro Visitantes sind alle Wanderwege verzeichnet.

Varadero | Autopista Sur | Eingang bei der Ambrosio-Höhle | tgl. 9–16.30 Uhr | Eintritt 3 CUC

MUSEEN UND GALERIEN

Museo Municipal

Das Obergeschoss dieser hübschen karibischen **Villa Abreu** aus dem Jahr 1921 ist zurzeit wegen Einbruchsgefahr geschlossen. Unten aber sind u. a. Fotos vom jungen Fidel Castro als Baseballstar zu sehen sowie eine Büste des Rumbarons José Fermín Iturróz aus Cárdenas, dem Gründer des Josone-Parks. Im Garten kann man der Namensgeber der Halbinsel bewundern: einen Hicaco-Baum.

Calle 57 y Playa | tgl. 10–19 Uhr | Eintritt 1 CUC

ÜBERNACHTEN

Blau All-inclusive-Hotels

Besondere Standorte – Die exklusivsten Häuser dieses mallorquinischen Hotelkonzerns in Varadero sind zwei Fünf-Sterne-All-inclusive-Hotels: das **Blau Marina Varadero** am neuen Jachthafen und das auf einer Cayo gelegene **Blau Privilege Cayo Libertad**, das allerdings nur Erwachsene zulässt.

www.blau-hotels-cuba.com
– Blau Marina Varadero | Autopista Sur final Punta Hicacos | Tel. 045/66 99 66 | 548 Zimmer | ♿ | €€€–€€€€
– Blau Privilege Cayo Libertad | Cayo Libertad | Tel. 045/66 99 66 | 80 Zimmer, 5 Suiten | €€€–€€€€

Iberostar-All-inclusive-Resorts

Vier Hotels – Der bei Familien beliebte spanische Hotelkonzern ist mit vier All-inclusive-Resorts vertreten. Für Anspruchsvolle bietet sich das Fünf-Sterne-Resort Iberostar Varadero an.

– Iberostar Varadero | Morlas, km 17 | Punta Francés | Tel. 045/66 99 99 | www.iberostar.com | 386 Zimmer | €€€–€€€€

Mansión Xanadú/Las Américas/ Bar Mirador

Metapher für Prunk – Wohnen wie die Du-Pont-Familie (bis 1959): »Xanadú« nannte die heute in ein Hotel umgewandelte Luxusvilla schon ihr Erbauer. Für das vierstöckige Haus, das der Industrielle nur wenige Wochen im Jahr besuchte, soll er 1929 rund 1,3 Mio. US-Dollar bezahlt haben. Zur edlen Ausstattung gehören massive Edelholztreppen und -kassettendecken sowie aufwendige Marmorbäder.

Das Restaurant Las Américas im Erdgeschoss diente in früherer Zeit als Wohnraum, die Bar Mirador im Obergeschoss einst als Ballsaal. Von dort bietet sich ein großartiger Blick über den dazugehörigen Golfplatz (www.varaderogolfclub.com).

Ave. Las Américas km 8,5
– Hotel: Tel. 045/66 73 88 | 6 Zimmer | €€€
– Restaurant: Tel. 045/66 77 50 | tgl. 12–16, 19–21.30 Uhr | €€€€

Meliá-Resorts

Acht Hotels – Mit acht All-inclusive-Ferienresorts ist die spanische Hotelgruppe Meliá in Varadero vertreten. Genießer buchen sich in die besten ein: das Ultra-All-inclusive-Resort Paradisus Princesa del Mar (ab 18 Jahre), das Paradisus Varadero Resort & Spa oder das Meliá Las Américas (ab 18 Jahre).

www.melia.com
– Meliá Las Américas | Crta. de las Morlas |
Tel. 0 45/6676 00 | 332 Zimmer | €€€€
– Paradisus Princesa del Mar | Autopista
Sur | Ctra. Las Morlas, km 19 1/2 | Tel.
0 45/6672 00 | 630 Zimmer | €€€€
– Paradisus Varadero Resort & Spa |
Rincón Francés | Tel. 0 45/66 87 00 |
510 Zimmer | €€€€

Mercure Cuatro Palmas ▶ S. 24

SuperClubs Breezes
Kaum Nebenkosten – »Super-All-in-
clusive«, das bedeutet in diesem Res-
sort des jamaikanischen Hotelkonzerns
SuperClubs: alle Mahlzeiten, Wein, na-
tionale und internationale Getränke,
Wassersport mit Unterweisung und
Ausrüstung, Animation und weitere
Aktivitäten sind im Preis enthalten.

Für Paare, Singles und Familien mit
Kindern über 14 Jahren.
Ctra. Las Américas, km 3,5 | Tel. 0 45/
6670 30 | www.superclubscuba.com |
270 Zimmer | €€€

ESSEN UND TRINKEN
RESTAURANTS
La Casa del Al
Kuriose Karte – »Sopa Mafiosi« und
»Langosta Al Capone« erinnern hier an
den früheren Besitzer der Strandvilla.
Reparto Kawama | Tel. 0 45/66 80 18 |
tgl. 10–22 Uhr | €€

Esquina Cuba
Kubanische Ecke – Wahrzeichen des
beliebten Ecklokals ist der rot-weiße
Chevrolet. Große Bar, günstige Preise.
Calle 36 y 1ra Ave. | Tel. 0 45/61 40 19 |
tgl. 12–24 Uhr | €€

Extravagant im Stil der europäischen Bourgeoisie: Im einstigen Sommersitz der Industriellen-
familie du Pont, der Mansión Xanadú (▶ S. 112), kann man fürstlich essen und wohnen.

Kike-Kcho

Traumhafte Lage – Ein Platz für besondere Anlässe: Strahlend weiß erhebt sich das elegante Lokal aus dem Wasser mit Extrapool für lebende Langusten.

Autopista Sur y Final | Punta Hicacos | tgl. 12–23 Uhr | Tel. 0 45/66 41 15 | €€–€€€

Salsa Suarez

Inspiriert – Kochkunst kommt hier von Können: Das private Restaurant stellt so manches staatliche mit seinen Kreationen in den Schatten.

Calle 31 e/ Ave. 1ra y Ave. 3ra | Tel. 05/2 82 10 33 | tgl. 12–24 Uhr | €€

EINKAUFEN

Plaza América

Billige Importware dominiert in den Läden dieses Shoppingcenters. Aber es gibt auch einen guten Supermarkt, ein Wellnesscenter, Restaurants, und gelegentlich finden Konzerte statt.

Autopista Sur, km 11 | tgl. 10–23 Uhr

Souvenirmärkte

Der größte Souvenirmarkt breitet sich vor dem Eispalast Coppelía zwischen den Calles 44 und 46 aus.

KULTUR UND UNTERHALTUNG

Calle 62

Die Treffpunkt-Kneipe: Es locken Livemusik, Cocktails, leichte Speisen und häufig auch nur die reine Schaulust.

Ave. 1ra y Calle 62 | Tel. 0 45/66 81 67 | tgl. 8–2 Uhr | €

Mambo Club

Topadresse für Salsa-Tänzer. Hier treten regelmäßig die besten Gruppen auf.

Ctra. Las Morlas | Tel. 0 45/66 85 65 | tgl. ab 23 Uhr | Eintritt 10 CUC

SERVICE

AUSKUNFT

Centro de Información Turística/Infotur

Hotel Acuazul | Ave. 1ra y Calle 13 | Tel. 0 45/66 29 66 | www.infotur.cu | tgl. 8–20 Uhr

VERKEHR

Viazul-Busbahnhof

Autopista Sur Ecke Calle 36 | Tel. 0 45/ 61 26 26 | www.viazul.com

Ziele in der Umgebung

◎ CÁRDENAS F/G 1

70 000 Einwohner

Kontrast vor der Haustür von Varadero: Cárdenas liegt in der Entwicklung Jahrzehnte hinter Varadero zurück. Umgeben von Raffinerien und Zuckerplantagen, erkämpft es sich seit den Liberalisierungen einen bescheidenen Wohlstand, saniert Straßen, repariert Häuser. Ein Ausflug nach Cárdenas führt auch in die Wirklichkeit Kubas.

20 km südöstl. von Varadero

MUSEEN UND GALERIEN

Museo Oscar María de Roja

In 13 Sälen präsentiert dieses schon im Jahr 1900 gegründete Museum eine sehenswerte Ausstellung zu den Themen Archäologie, Natur, Ethnologie, Politik und Geschichte weit über die Stadthistorie und Kuba hinaus.

Plaza San José Echeverría | Di–Sa 10–18, So 9–12 Uhr | Eintritt 5 CUC

◎ MATANZAS F 1

134 000 Einwohner

Die Hauptstadt der gleichnamigen Provinz schmiegt sich in eine weite geschwungene Bucht. An ihren stattlichen Häusern im Zentrum lässt sich ihr ehemaliger Reichtum als Zentrum eines fruchtbaren Hinterlandes zwischen den Flüssen Río Yurumí und Río San Juan ablesen. Vor allem Tabak, Kaffee und später Zucker gediehen prächtig, dazu der Handel mit Arbeitssklaven für die Plantagen. Im 18. Jh. gab es in Matanzas einen der größten Sklavenmärkte der Karibik.

Geld und Glanz der Stadt zogen Wissenschaftler, Dichter und Intellektuelle aus aller Welt an, was ihr bald den Beinamen »Athen von Kuba« eintrug. Sinnbild für die einstige kulturelle Bedeutung Matanzas' ist das prächtige **Theater Sautro** aus dem Jahr 1862.

www.matanzascuba.org
35 km westl. von Varadero

SEHENSWERTES

Cuevas Bellamar ☂👫

Bereits 1861 entdeckt, begannen Wissenschaftler die Höhle 1948 und 1961 zu erforschen. Bis heute kennt man ihre genauen Maße nicht, schätzt das komplette Ganglabyrinth aber auf eine Gesamtlänge von 100 km. Gelder für die weitere Erforschung kommen zum Teil durch die Eintrittsgelder der Besucher zusammen. In der Schauhöhle sind ungewöhnliche Kristallbildungen zu sehen, z. B. der »Kolumbusmantel«, ein über 12 m hohes Gebilde, das wie ein Vorhang in Falten gelegt ist. Eine faszinierende 3D-Show, die in einem Extraraum vorgeführt wird, ist ein weiterer Besuchermagnet. Von außen ist die Höhle nur an der weitflächigen Wölbung des Erdbodens und am Eingangsgebäude zu erkennen.

Ctra. a las Cuevas | tgl. 9–17 Uhr | Eintritt 8 CUC

Parque Turístico Río Canimao

Am östlichen Ortsausgang von Matanzas führt eine Brücke über den Río Canimao. Die Zufahrt zum Flussufer zweigt unmittelbar nach der Brücke rechter Hand ab. Unten starten die Bootsausflüge in die überraschend urwüchsige Ufervegetation im Hinterland und zu urigen Restaurants mit der Möglichkeit zu reiten. Buchbar als Ausflug in den Hotels.

Ctra. a Varadero, km 5 | Tel. 0 45/26 15 16 | Abfahrt meist um 12.30 Uhr

MUSEEN UND GALERIEN

Museo Farmacéutico

In den meterhohen Zedernholzregalen und den Vitrinen dieser schönen alten Apotheke sind heute unzählige Flakons und Porzellandosen zu sehen. Betrieben wurde sie ursprünglich im 19. Jh. von Medicus Dr. Triolet.

Calle 83 No. 4951 | Mo–Sa 10–18, So 8–14 Uhr | Eintritt 3 CUC

Museo Histórico Provincial

Die umfangreiche Sammlung zur Geschichte der Stadt zieht sich über mehrere Etagen des früheren **Palacio del Junco** (1835–1838).

Calle 83 y Calle 272 | Di–Sa 10–17, So 9–12 Uhr | Eintritt 2 CUC

ÜBERNACHTEN

Velasco

Lichtblick – Das kleine gepflegte Hotel wurde im schönsten Haus (erbaut 1902) am Parque Libertad untergebracht. Wunderbare Mahagonibar und hoteleigener Parkplatz.

Calle Contreras zwischen Santa Teresa und Ayuntamiento | Tel. 0 45/25 38 80 | www.cubanacan.cu | 17 Zimmer | €€

Im Fokus
Mythos Ernesto »Che« Guevara

Seinen größten Siegeszug trat der charismatische Revolutionär erst nach seinem Tod an. Er war nicht allein die Kultfigur der 68er-Generation – auch Jüngere haben ihn für sich entdeckt: als unbestechlichen Hüter großer Ideale und Träumer vom neuen Menschen.

Über 50 Jahre nach seinem Ableben in Bolivien scheint Che Guevara so lebendig wie eh und je. Davon kann man sich im Museum des Monumento Memorial del Che (▶ S. 108) in Santa Clara überzeugen, wo stets Besucher anzutreffen sind – aus Japan oder China, Brasilien oder den Vereinigten Staaten, aus Spanien oder Deutschland. Es sind Menschen jeden Alters. Die einen studieren ehrfürchtig die ausgestellten Kleidungsstücke, Schuhe, Waffen, handgeschriebenen Briefe und sein bolivianisches Tagebuch. Andere schauen stumm und seufzen gelegentlich, als überkämen sie beim Betrachten der Che-Reliquien schmerzhafte Erinnerungen.

Die Verehrung von Che geht längst über den Kult hinaus, wie ihn die 68er-Generation um ihn als ihre Identifikationsfigur schuf. Jüngere huldigen ihm ebenso, z. B. Diego Maradona, der ehemalige argentinische Ex-Fußballstar: Er war sechs Jahre alt, als Che Guevara in Bolivien starb, und dennoch trägt Maradona ein Che-Tattoo auf der Schulter. Oder der ehemalige Schwergewichtsboxer Mike Tyson: Zum Zeitpunkt von Ches

◄ Ernesto »Che« Guevara, umringt von Fidel
Castro, Antonio Nunez und Omar Fernandez.

Ableben lernte er vermutlich gerade erst das Laufen; auch er ließ sich
»Che« in seine Haut stechen. Das Internet spuckt über sechs Millionen
Einträge zum Stichwort »Che Guevara« aus. Und nach wie vor werden
über den Volkshelden Bücher geschrieben und Filme gedreht, so Steven
Soderberghs zweiteilige Filmbiografie mit Benicio del Toro (Jahrgang 67)
als »Che«, die 2008 in Cannes eine Goldene Palme gewann.
Es ist, als ob Ernesto »Che« Guevara etwas verkörpert, was es vor ihm so
nicht gab und wohl auch noch nicht wieder nach ihm. Einen Mann mit
diesen Träumen: von einer gerechteren Welt, von der Befreiung des Ar-
beiters aus Fremdbestimmung und Ausbeutung, vom »neuen« Menschen, »dessen Arbeitsanreiz und Lebensziel nicht mehr die egoistische
Akkumulation materieller Güter ist, sondern die selbstlose moralische
Verpflichtung gegenüber der Gesellschaft, die umgekehrt für ihn und seine Familie sorgt« (Volker Skierka, Autor von »Fidel Castro«). Che Guevara war ein Mann, der gegen alle äußeren Widerstände für seine Träume
zu kämpfen bereit war und dafür die wunderbaren Worte fand: »Seamos
realistas y hagamos lo imposible« (»seien wir Realisten und machen wir
das Unmögliche«). »Wollte ich ein Synonym finden für Sparsamkeit, In-
tegrität, Opferbereitschaft und Ethik«, soll Fidel Castro während einer
Rede gesagt haben, »so lautet dieses Wort Che.«

DAS BERÜHMTE FOTO

Che Guevara glaubte an die großen Utopien des Sozialismus. »Podrán
morir las personas, pero jamás sus ideas« – »Personen können sterben,
aber niemals ihre Ideen«, war seine Losung. Marx, Engels und Lenin hat
Che Guevara indessen längst überlebt. Geboren wurde der Mythos »Che«,
als Che starb. Diesen bitteren Tod nach Verrat und Gefangennahme am
8. Oktober, diese brutale Hinrichtung durch Erschießung am 9. Oktober
1967 in Bolivien. Ein Märtyrertod – der medial schnell mit dem Foto von
Alberto Díaz (1928–2001) alias »Korda« abgedeckt wurde. Der italienische Verleger Giangiacomo Feltrinelli hatte es nach Che Guevaras Tod in
millionenfacher Auflage drucken und in aller Welt verbreiten lassen. Bis
heute dient es als Vorlage für Tattoos oder für Gemälde, wie sie auf Kuba
en masse als Souvenirs verkauft werden. Auch das stilisierte Che-Gueva-
ra-Porträt an der Fassade des kubanischen Innenministeriums an der
Plaza de la Revolucion ist diesem Motiv nachempfunden.

Die Geschichte dieses Bildes ist weltbekannt, auch weil der Fotograf Korda keinen Cent für die enorme Vervielfältigung seines Werkes erhielt, was in den Medien oft als tragisches Kuriosum thematisiert wurde. Aufgenommen hatte Korda es am 5. März 1960 während einer Gedenkfeier in Havanna. Es zeigt Che Guevara mit ernster Miene, die Augen visionär in die Ferne gerichtet. Korda schenkte das Negativ dem italienischen Verleger Giangiacomo Feltrinelli. Als die Nachricht von Ches Tod in Bolivien eintraf, erinnerte sich Giangiacomo Feltrinelli an das Korda-Foto. Er holte es hervor, schnitt die Palme rechts und das Profil eines anderen Mannes links aus dem Bild heraus – und eine Ikone war geboren.

HERKUNFT UND PRÄGUNG

Che Guevaras Mutter Celia de la Serna y Llosa (1906–1965), eine Urenkelin des letzten spanischen Vizekönigs von Südperu, gehörte zur Oberschicht Argentiniens, war aber von rebellischem Charakter. Gegen den Widerstand ihrer Familie heiratete sie den irischstämmigen Ernesto Rafael Guevara Lynch (1901–1987), als Che schon unterwegs war. Der Junge kam am 14. Juni 1928 als Ernesto Rafael Guevara de la Serna in Rosario, Argentiniens drittgrößter Stadt, zur Welt (nach neueren Quellen soll es bereits der 14. Mai gewesen sein). Den Einfluss der Eltern auf ihren Erstgeborenen beurteilte der »Stern« so: »Ches Mutter legte den Grundstock für seinen Hang zum Kommunismus, während in dem Vater der Abenteurer steckte.« Mit seiner Mutter, die später noch vier Geschwistern das Leben schenkte, war er besonders innig verbunden. Durch seine Asthma-Anfälle, die ihn erstmals im Alter von zwei Jahren plagten, konnte er nicht regelmäßig zur Schule gehen, weshalb ihn seine Mutter einige Zeit zu Hause unterrichtete. Früh war ihm die Mutter Vertraute bei gesellschaftskritischen Denkansätzen, ihr schrieb er auch von seiner Motorradreise von Buenos Aires nach Venezuela – verfilmt 2004 unter dem Titel »Diarios de motocicleta« (»Die Reise des jungen Che«) vom Brasilianer Walter Sallas.

Die Reise unternahm der damals 23-jährige Ernesto, der sich damals schon gern »Che« nannte, was soviel wie »Kumpel« heißt, mit seinem sechs Jahre älteren Freund Alberto Granado, einem Biochemiker. Als Albertos schrottreifes Motorrad in Chile zusammenbrach, reisten die beiden zu Fuß und per Anhalter weiter. Nach rund 7000 km und zum Teil erschütternden Begegnungen mit einer ausgebeuteten Landbevölkerung trafen sie 1952 in Caracas ein und kehrten danach zurück nach Argentinien. Che beendete sein Arztstudium, arbeitete danach zunächst in Bolivien auf einer Leprastation, um schließlich 1954 in das damals sozialistische Guatemala zu reisen, wo er die linke Regierung von J. Arbenz Guzman unterstützen wollte. Unauffällig lebte er dort bei Hilda Gardea, einer Marxistin indianischer Herkunft, und wurde Zeuge, wie die CIA den Sturz von J. Arbenz Guzman herbeiführte. Frustriert verließen beide Guatemala und reisten nach Mexiko City, wo Che Guevara Exilkubaner kennenlernte – und schließlich Fidel Castro. Che hatte seinen Meister gefunden: »Ich habe jemanden gebraucht, der mich mitreißt.« Bald wurde er der beste Schüler im Guerilla-Ausbildungslager der Exilkubaner. Er überlebte die waghalsige Invasion der Rebellen auf Kuba, wurde Fidel Castros Vertrauter und sorgte am Ende gar entscheidend für den Sieg der Revolution (▶ S. 174).

CHE NACH SEINER ZEIT AUF KUBA

Sechs Jahre hielt Che Guevara auf Kuba aus. Im März 1965 schrieb er Abschiedsbriefe an seine Eltern (die Mutter starb wenig später) und auch an Fidel Castro. »Ich fühle«, heißt es da, »dass ich den Teil meiner Pflicht erfüllt habe, der mich an die kubanische Revolution auf ihrem Gebiet band, und ich verabschiede mich von Dir, von den Genossen und von deinem Volk ... Ich verzichte formell auf meine Ämter in der Parteiführung, auf meinen Ministerposten, auf meinen Rang als Commandante, auf meine kubanische Staatsangehörigkeit ... Andere Gegenden der Welt verlangen die Unterstützung meiner bescheidenen Kräfte. Ich kann tun, was Dir wegen Deiner Verantwortung gegenüber Kuba versagt ist, und die Stunde unserer Trennung ist gekommen ... Ich danke Dir für deine Lehren und Dein Beispiel, dem ich versuchen werde treu zu sein bis zu den letzten Konsequenzen meiner Handlungen ... Wo immer ich auch bin, werde ich die Verantwortung fühlen, ein kubanischer Revolutionär zu sein ...«

TOD IN BOLIVIEN

Che Guevara reiste erst in den Kongo, ein Jahr später dann nach Bolivien, um dort eine revolutionäre Bewegung aufzubauen. Aber es mangelte an Rückhalt in der Bevölkerung, »campesinos« verrieten ihn. Am 8. Oktober 1967 geriet er in einen Hinterhalt, wurde verwundet, im Beisein eines CIA-Agenten festgenommen und in der Schule von La Higuera inhaftiert. Am nächsten Tag schon exekutierte ihn ein betrunkener Unteroffizier. Che soll ihn mit den Worten verhöhnt haben: »Schieß, Feigling! Du erschießt einen Mann aus reiner Ehrfurcht vor dem Staat.« Seinen Leichnam fand man erst 1997 unter der Landebahn von Vallegrande in Bolivien. Noch im gleichen Jahr holte Fidel Castro die sterblichen Überreste nach Kuba, um sie in Santa Clara zur letzten Ruhe zu betten.

DER SÜDEN

Kubas Süden prägen spannende Kontraste: das größte Sumpfgebiet der Karibik ebenso wie die kolonialen Perlen Trinidad und Cienfuegos, die Sierra Escambray mit ihren Wasserfällen ebenso wie alte Piraten- und Schatzinseln.

Extreme Armut und extremer Reichtum teilten sich einst den Süden. Davon erzählt die Region bis heute, obwohl die Revolution die soziale Schere weitgehend geschlossen hat. Vor allem den Menschen in der Ciénaga de Zapata, dem größten Sumpfgebiet der Karibik, brachte sie eine Verbesserung der Lebensumstände. Bis zur Revolution fristeten sie dort, von der Außenwelt praktisch abgeschlossen, als einfache Köhler ein karges Leben mit Kindern ohne Zukunftschancen. Beim Angriff der Söldnertruppen in der Schweinebucht, der Bahía de Cochines, konnte Fidel Castro hier denn auch auf die treuesten Gefolgsleute zählen. Heute ist die Region die am dünnsten besiedelte des Landes und lebt weitgehend vom Tourismus. Naturfreunde lockt die Artenvielfalt des Sumpfgebiets, das von der UNESCO zum Biosphärenreservat erklärte wurde. Tauchurlauber zieht es zu den attraktiven Tauchspots längs der Schweinebucht, und Badegäste

◀ Als wäre die Zeit stehengeblieben: das
Städtchen Trinidad (▶ MERIAN TopTen, S. 133).

treffen sich am Strand von Playa
Girón – wenngleich dieser sich
kaum mit den Traumstränden der
tief in der vorgelagerten Inselwelt
gelegenen Ferienperle Cayo Largo
vergleichen lässt. Sie gehört zum
Archipiélago de los Canarreos, wo sich früher Piraten und entlaufene
Sklaven versteckten. Umgeben von vielen weiteren Inselchen und herrlichen intakten Riffen bietet es Naturgenuss und Robinson-Romantik. Kubaner arbeiten dort 20 Tage im Dienst des Tourismus, bevor sie wieder
ihren Monatsurlaub in der benachbarten Isla de la Juventud antreten. Auf
dieser größten aller vorgelagerten Inseln lebt man noch ein wenig mehr
in der Vergangenheit als im übrigen Kuba. Die einen lockt gerade dieser
Umstand, andere das wohl beste Tauchgebiet im Süden.

KONTRASTE AN DER KÜSTE

Zurück aufs Festland: Von Playa Girón an der Küste der Ciénaga de Zapata kann man, vorbei an weiten volkseigenen Plantagen für Reis und Zuckerrohr, ostwärts in die Küstenprovinzen Cienfuegos und Sancti Spíritus
fahren. Dabei passiert man ärmliche Landarbeitersiedlungen, Dörfer mit
Hütten aus Palmenholz oder einfache Betonquader, um dann eine knap-
pe Autostunde später in Cienfuegos oder eine Stunde weiter in Trinidad
die prunkvollen Wohnsitze der kolonialen Sklavenhalter zu bestaunen.
Cienfuegos und Trinidad waren die Boomtowns des 18. und 19. Jh. Die
palastähnlichen Häuser der Zuckerbarone bezeugen den Reichtum, der
seinerzeit angehäuft wurde. Sie sind bis auf wenige Ausnahmen lückenlos
erhalten und teilweise aufwendig restauriert worden. Vor allem Trinidad,
Kubas berühmtester kolonialer Ort, erhielt dadurch beinahe das Ausse-
hen einer Museumsstadt – würde sich da nicht diese neue spannende private Restaurantszene entwickeln, das Fenster zu Kubas Zukunft. Zusammen mit dem Valle de los Ingenios am Stadtrand, dem historischen
Zuckermühlental auf dem Weg zur lebhaften Provinzmetropole Sancti
Spíritus, ist Trinidad als UNESCO-Weltkulturerbe gelistet. Zum Baden
laden in der Nachbarschaft von Cienfuegos und Trinidad schöne Strände
ein, und zu Wanderungen in kühler Waldluft die liebliche Sierra del
Escambray im Rücken der beiden Städte.

CAYO LARGO DEL SUR

F3

Die Honeymoon-Insel – mitten in der Karibik, gesäumt von einem über 20 km langen weißen Korallenstrand und umgeben von Lagunen, Sandbänken und anderen kleinen Inseln, auf denen Leguane oder seltene Wasservögel leben. Viele halten Cayo Largo für Kubas schönste Urlaubsperle. Jungvermählte verbringen hier gern ihre Flitterwochen, bevor sie dann noch eine Rundreise auf dem Festland unternehmen. Andere buchen ihre ganzen Ferien auf Cayo Largo, landen direkt auf dem Flughafen der Insel und düsen danach wieder in die Heimat.

Durch ihre relativ isolierte Lage – bis zur nächsten großen Insel, der Isla de la Juventud, sind es immerhin mehr als 100 km – kann man sich auf der nur drei Kilometer breiten und 25 km langen Insel ein wenig wie in einem Piratennest fühlen. Tatsächlich fand man Spuren aus der Freibeuterzeit, auch von entlaufenen Sklaven. Offiziell bewohnt aber war sie nie, und ist sie bis heute nicht. Die Angestellten in den Hotels bleiben 20 Tage und kehren dann in ihr Zuhause zurück, das in den meisten Fällen auf der Isla de la Juventud liegt.

Um auf Cayo Largo sein Glück zu finden, benötigt man ein wenig Robinson-Qualitäten, Liebe zur Natur oder reichlich Lesestoff, die Ausdauer eines Sonnenanbeters oder genügend Sportsgeist zum Schnorcheln durch die bunte Unterwasserwelt, zum Surfen, Tiefseetauchen, Hochseefischen, Parasailen und Segeln. Nach Einbruch der Dunkelheit sollte man sich zurückziehen – oder gut gegen die dann anrückenden Moskitoschwärme wappnen.

SEHENSWERTES

Granja de las Tortugas

Auf der kleinen Schildkrötenfarm werden Babys der Caguama-Schildkröte, der Grünen und der Karettschildkröte in verschiedenen Wasserbecken nach Alter sortiert aufgepäppelt. Dazu gibt es Informationen über die Tiere.
Bei der Marina | tgl. 7–12, 13–18 Uhr | Eintritt 1 CUC

Playa Paraiso/Playa Sirena

Natur pur! Türkisfarbenes Wasser mit Badewannentemperatur, man kann schnorcheln oder Pelikanen beim Fischen zuschauen. Wer die 15 Minuten nicht laufen will: Die beiden schönsten Strände der Insel erreicht man auch bequem mit einem Touristenbähnchen ab dem Hotel Sol Cayo Largo.

ÜBERNACHTEN

Playa Blanca

Temperamentvoll – Schon die bunten Farben, in denen das Hotel gestrichen ist, machen gute Laune. Das All-inclusive-Resort ist bei lateinamerikanischen Urlaubern sehr beliebt. Der Pool bietet einen Extrabereich für Kinder.
Playa Cayo Largo | Tel. 0 45/24 80 80 | www.gran-caribe.com | 306 Zimmer | €€€€

Cayo Largo und Pelicano

Das Dorf der Resorts – Die beiden All-inclusive-Anlagen der spanischen Meliá-Hotelgruppe sind im Stil von Dörfern mit hübschen zweistöckigen und mit hölzernen Veranden geschmückten Wohnhäusern gehalten. Es gibt ein großes Sportangebot, darunter auch Bogenschießen. Außerdem schönes Spa mit Sauna, Dampfbad und Massagen.

Robinson-Feeling mit Strandhütte an der schneeweißen Playa Sirena (▶ S. 122) auf der Insel Cayo Largo del Sur. Tatsächlich diente sie früher Piraten als Versteck und Stützpunkt.

Playa Cayo Largo | Tel. 045/248260, 248333-336 | www.gran-caribe.com | 296 und 307 Zimmer | €€€€

Villa Lindamar

Traumhafte Lage – Die Zimmer in den Spitzdachhütten am Strand sind für Romantiker und Individualisten wie gemacht. Auch weil sie abseits der großen Anlagen und des Ferientrubels an einem ruhigen Strandabschnitt liegen.
Playa Lindamar | Tel. 045/248111 | 53 Zimmer | €€€

CIÉNAGA DE ZAPATA   ⚐ E/F 2/3

9200 Einwohner
Die riesige Halbinsel ragt in der Form eines Schuhs (span. »zapata«) in die Karibik, im Süden von den **Cayos Blancos del Sur** und der **Cayería de Diego Pérez** eingerahmt, im Osten begrenzt von der **Bahía de Cochinos**, der Schweinebucht, sowie im Westen von der Mündung des Río Hatiguanico.

Mit ihren 4520 km² gilt die Halbinsel als das größte Sumpfgebiet der Karibik. Es breitet sich auf einem durchlöcherten Kalkschild mit Höhlen und Lagunen aus, durchzogen von unzähligen Flüssen und überwuchert von einer dichten Vegetation. Vorherrschend in den flachen Sumpfzonen sind Mangroven – bevorzugter Lebensraum der Seekuh (»manatí«) und Brutstätte für Insekten, Amphibien und Fische. Zugleich ist das Nass ein gedeckter Tisch für Wasservögel und Krokodile, von denen zwei Arten vorkommen: das Spitzkrokodil und das einheimische Kuba- oder Rauten-Krokodil. Die Vogelbeobachter (gegen Moskitos schüt-

Die Villa Guamá (▶ S. 125) liegt sehr idyllisch auf der Zapata-Halbinsel an den Ufern der Laguna de Tesoro, die man zum Erreichen des Hotels erst mit dem Boot überqueren muss.

zen!) können sich auf 212 verschiedene Arten freuen, darunter zwei Drittel aller in Kuba heimischen. Mit Glück kann man auf einem Wanderweg (»sendero«) den mit nur 63 mm kleinsten Vogel der Welt beobachten, die auf Kuba heimische Kolibriart »Zunzuncito«.

Die Ciénaga de Zapata ist als Nationalpark ausgewiesen, ein durch die Ramsar-Konvention geschütztes Feuchtgebiet und UNESCO-Biosphärenreservat. Der Tourismus konzentriert sich auf wenige Plätze. Im **Complejo Turístico La Boca** scharen sich Restaurants und Souvenirläden um eine Krokodilzuchtstation und den Anleger für die Boote zum Museo Guamá sowie dem gleichnamigen Hotel. Wer jetzt Richtung Küste fährt, den begleiten am Straßenrand Gedenksteine für gefallene Kubaner. Sie stimmen auf die historische

Bedeutung der Schweinebucht ein, die bei **Playa Larga** beginnt und bei **Playa Girón** endet. Dort kann man sich in einem Museum ausführlich über die Invasion in der Schweinebucht informieren, außerdem locken ein langer Strand und viele Privatquartiere.

SEHENSWERTES

Criadero de Cocodrilos

Schöner Park um ein großes Gehege mit Krokodilen. Weitere Tiere der Krokodilzuchtstation tummeln sich in einem nicht zugänglichen Gelände außerhalb des touristischen Komplexes. Man erfährt, wie die Tiere aufwachsen, und kann ihr Fleisch probieren, die Portion für 10 CUC. Zu sehen sind außerdem noch andere einheimische Arten wie Wasserschildkröten, Manjuari-Urzeitfische, Leguane und das Jutía.

La Boca | Laguna del Tesoro |
tgl. 9.30–17 Uhr | Eintritt 5 CUC

MUSEEN UND GALERIEN

Museo Guamá

Kitsch oder Kunst? Mit ihren 32 lebensgroßen Indianerskulpturen vermittelt die Kubanerin Rita Longa einen guten Eindruck von der Lebensweise der Taíno. Postiert sind sie auf einer kleinen Insel in der Laguna del Tesoro.

La Boca | Laguna del Tesoro | Abfahrten der Schnellboote tgl. 9–16 Uhr | Dauer 1 Std. | Ticket 12 CUC

Museo de la Intervención

Alte Flugzeuge und Panzer, Fotos, Zeitungsartikel und Waffen dokumentieren die Invasion in der Schweinebucht von 1961. Rund 1400 von Exilkubanern angeheuerte Söldner landeten damals mit Unterstützung des US-Geheimdienstes CIA in der Bucht, um Fidel Castro und seine Regierung zu stürzen. Die CIA-gestützte Invasion begann am 17. April und war nach 72 Stunden beendet. 20 000 schlecht ausgerüstete kubanische Soldaten und Bauern schlugen die Invasoren in die Flucht.

Playa Girón | tgl. 10–17 Uhr | Eintritt 2 CUC

ÜBERNACHTEN

Villa Guamá 🏊

Abenteuerlich – Wohnen in urigen Pfahlbauten, unter denen das Wasser der Laguna del Tesoro gluckert. Auf Komfort muss man nicht verzichten. Die modernisierten Pfahlhäuser bieten Klimaanlage, Satelliten-TV, Moskitogitter an den Fenstern – und oft einen eigenen Bootsanleger. Ein Netz von Brücken verbindet die Häuser mit dem Pool und dem Lokal, wo man ebenfalls

über der Lagune sitzt und fangfrische gegrillte Langusten genießen kann.

La Boca | Laguna del Tesoro | Tel. 0 45/915 55 1 | www.hotelescubanacan.com | 44 Zimmer | €€

ESSEN UND TRINKEN

Punta Caleta

Guter Mittagstisch – Ein einfaches kubanisches Büfett erwartet in diesem natürlichen Freibad und Tauchspot denjenigen, der sich rechtzeitig bis 12.30 Uhr einfindet. Das Essen ist im Eintrittspreis enthalten, ebenso ein Liegeplatz unter dem Palmendach.

8 km östl. von Playa Girón | tgl. 10–17 Uhr | Eintritt 15 CUC, Schnorchelausrüstung 3 CUC/Std., 5 CUC/Tag

CIENFUEGOS ✈ H 3
172 000 Einwohner

Cienfuegos blickt auf eine zuckersüße Vergangenheit zurück. In der malerischen **Jagua-Bucht** entstand bereits im Jahr 1751 die erste Zuckermühle. Doch obwohl die weite Savanne geradezu optimale Bedingungen für die Zuckerrohrpflanzungen bot, begann die Erfolgsstory der Hafenstadt erst gegen Anfang des 19. Jh. Weitgehend unberührt von Piratenüberfällen, stieg der Reichtum von Plantagenbesitzern und Sklavenhändlern ins Unermessliche. Immer mehr Zuckerrohrpflanzen bedeckten das Land. Die Sklaven waren den weißen Herren zahlenmäßig bald überlegen. Aus Angst vor Aufständen förderte der Gouverneur gezielt die Einwanderung französischer Siedler aus Bordeaux, New Orleans und Florida – Land und Überfahrt wurden ihnen seinerzeit gratis gewährt. Französisches Flair spürt man bis heute in

Cienfuegos, der Hauptstadt der gleichnamigen Provinz. Geografisch günstig gelegen, ist die Stadt das Zentrum einer geschäftigen Region, in der neben Rum, Tabak, Früchten und Zement immer noch der Zucker eine Hauptrolle spielt. Von den Industrieanlagen merkt man in der Altstadt wenig. 2005 wurde sie von der UNESCO zum Welterbe ernannt. Prachtvoll restauriert ist seither die zentrale Plaza Martí. Neben der Provinzregierung an der Plaza Martí beginnt der Boulevard San Fernando (Avenida 54) mit seinen Geschäften und Banken. Er führt direkt auf den vierspurigen Paseo del Prado (Calle 37), die Hauptstraße von Cienfuegos, die den Besucher nach einem schönen Bummel über den Malecón auch zum Villenviertel **Punta Gorda** mit seinen vielen »casas particulares« bringt. Östlich der Zufahrt zur Bucht von Cienfuegos breitet sich ein schöner Strand mit zwei Ferienhotels aus.

SEHENSWERTES

Castillo de Nuestra Señora de los Ángeles de Jagua

Das Fort mit den herrlichen Rundkuppeltürmen sichert den Eingang der engen Flaschenhals-Bucht bei dem Fischerdorf Perché. Im Jahr 1745 als Wachposten zum Schutz vor Piraten gebaut, wurde es 2010 restauriert und birgt heute ein kleines Museum und ein Restaurant. Zwischen dem Fort und dem staatlichen Hotel Pasacabello am anderen Ufer verkehrt mehrmals täglich eine Fähre (Ticket 0,5 CUC), eine andere zweimal täglich zwischen dem Fort und Cienfuegos.

An der westlichen Seite der Bucht | tgl. 8–18 Uhr | Eintritt 3 CUC

Jardín Botánico

Der schönste botanische Garten Kubas, 1901 vom US-Millionär Atkins als Zuckerrohr-Versuchsfeld begonnen; bald reicherte er ihn mit tropischen Pflanzen aus aller Welt an. 1919 übernahm den Garten die Harvard-Universität und 1961 das Instituto de Ecología y Sistemática der kubanischen Akademie der Wissenschaften. Inzwischen gedeihen auf 94 ha mehr als 2000 Arten, darunter 280 Palmen- und 23 Bambusspezies – manchmal auch wunderbar verwildert. Die Exoten sind der Brotfrucht-, der Leberwurst- und der Kaugummibaum, dessen Holz schwerer ist als Wasser, sowie der Strichninbaum.

Ctra. a Trinidad | Pepito Tey (am östl. Stadtausgang) | tgl. 8–16.30 Uhr | Eintritt 2,50 CUC

Palacio Valle

Die palastartige Villa spiegelt die 1,5-Mio.-Dollar-Investition ihres spanischen Bauherrn Ciscle del Valle y Blanco wider. Ein Abklatsch mudéjarer Maurengotik – dennoch eindrucksvoll. Das Restaurant im Erdgeschoss gehört zum benachbarten Hotel Jagua. Schöner Blick von der Dachterrasse.

Calle 37 e/ 0 y 2 | tgl. 10–17 Uhr | Hausbesichtigung 2 CUC (inkl. Cocktail)

Parque José Martí

Der hübsch herausgeputzte Platz ist die gute Stube von Cienfuegos: mit Musikpavillon, dem Sitz der Provinzregierung, der **Catedral de la Purísima Concepción** und dem **Tomás-Terry-Theater**. Obwohl der nach dem berühmten Nationalhelden benannte einstige Exerzierplatz den Schlusspunkt der hektischen Geschäftsstraße Bulevár oder Avenida

54 bildet, kann man auf einer der Bänke oder in einem der hübschen Cafés gut zur Ruhe kommen. Der Triumphbogen erinnert an die Gründung der Republik im Jahr 1902. Der schöne blaue Palacio Ferrer wurde 1917/1918 für den Zuckerbaron José Ferrer erbaut. Im reich geschmückten Haus gelangt man über ein paar Stufen zum Aussichtsturm, der den wohl schönsten Blick auf die Stadt bietet. Auch Startenor Enrico Caruso soll die Aussicht bei seinem Gastspiel in Cienfuegos genossen haben.

Teatro Tomás Terry

Namensgeber ist der Venezolaner Tomás Terry, der »Krösus Kubas«, der im Zuckergeschäft groß wurde und diesen neoklassizistischen Musentempel mit mehr als 900 Plätzen finanzierte. Mit Verdis Oper »Aida« wurde das Theater 1895 eingeweiht. Auch Startenor Enrico Caruso stand hier auf der Bühne.

Plaza Martí | tgl. 10–18 Uhr | Tour 2 CUC

ÜBERNACHTEN

Club Amigo Faro Luna

Gepflegt & ruhig – Die Rezeption liegt zwar im nahen All-inclusive-Strandresort Club Amigo Rancho Luna, aber sonst ist hier alles anders: kleiner und feiner, a-la-carte anstelle von all inclusive, Pool anstelle der direkten Strandlage, Ruhe anstelle von Remmidemmi. Schöne große, aber schlichte Zimmer.

Ctra. Pasacabello, km 18 | Tel. 043/ 548026 | www.gran-caribe.com | 46 Zimmer | €€

Palacio Azul

Schöne Aussicht – Hohe Räume mit Stuckverzierungen, ein intimes Restau-

Die Karibikschönheit Cienfuegos (▶ S. 125), Hauptstadt der gleichnamigen Provinz, wird aufgrund seiner Lage und architektonischen Attraktivität auch »Perle des Südens« genannt.

Seit 1920 residiert der Yacht Club in einer herrschaftlichen Villa an der Marina von Cienfuegos. Er beherbergt auch das Nobelrestaurant Club Cienfuegos (▶ S. 128).

rant und Zimmer mit Kabel-TV, Minibar und Klimaanlage. Hier wohnt man fürstlich und doch günstig.

Calle 37 (Pta. Gorda) e/ 12 y 16 | Tel. 0 43/ 55 58 28/29 | www.gran-caribe.com | 7 Zimmer | €€

La Unión

Stilvoll & zentral – Schön restauriertes Stadthotel mit Pool im Innenhof und Bar auf der Dachterrasse. Plaza Martí und Boulevard – alles gleich ums Eck.

Calle 31 y Ave. 54 | Tel. 0 43/55 10 20 | www.hotellaunion-cuba.com | 49 Zimmer | €€€

ESSEN UND TRINKEN

RESTAURANTS

Club Cienfuegos

Maritimes Flair – Die leuchtend weiße Villa könnte auch in Nizza stehen. Im Jachtclub (mit Charterboot-Basis) speist man mit bestem Blick auf die Bucht, oder genießt Gegrilltes am Pool (tgl. 11–20 Uhr, 10 CUC), während sich die Kinder in Sichtweite im Parque Recreativo vergnügen (Di–So 10–21.30 Uhr).

Calle 37 (Pta. Gorda) e/ 10 y 12 | Tel. 0 43/ 51 28 91 | Restaurant Marinero tgl. 12– 22.30, Sa bis 2 Uhr | €€€

Finca del Mar

Anspruchsvoll – Dieses private Restaurant setzte neue Maßstäbe in puncto Service und kreativer Küche in Cienfuegos. Inhaber und Küchenchef Omar scheut keine Mühe, seine Vorstellungen zu verwirklichen. Er schulte selbst das Personal, wählte Spitzenweine als seine Hausmarke und fährt mindestens einmal in der Woche nach Havanna zum Einkaufen in den Diplomatenläden.

Calle 35 e/ 18 y 20 | Punta Gorda | Tel.
043/526598 | tgl. 12–24 Uhr | €€–€€€

KULTUR UND UNTERHALTUNG

Club El Benny

Beliebtes Café mit Cabaret-Theater, in
dem im Anschluss an die Show zu an-
gesagter Discomusik getanzt wird.
Ave. 54 No. 2907 e/ 29 y 31 | Tel. 043/
551105 | Do–So 22–1 Uhr | Eintritt
5 CUC

SERVICE

AUSKUNFT

Infotur

Calle 37 y Calle 18 | Tel. 043/514653 |
www.infotur.cu

VERKEHR

Fähre

Muelle Real | Ave. 46 y Calle 25 |
Fahrten zum Castillo 8 und 13,
zurück 10 und 15 Uhr

Viazul-Busbahnhof

Calle 49 e/ 58 y 60 | Tel. 043/515720 |
www.viazul.com

ISLA DE LA JUVENTUD

🚢 C/D 3/4

84000 Einwohner

Mit 2200 km² ist die »Insel der Jugend«
die größte unter Kubas vorgelagerten
Inseln und die siebtgrößte Insel der Karibik – dazu ein Sonderling mit bewegter Geschichte. Schon früh war sie bewohnt, wie Spuren der Ureinwohner in
den Höhlen zeigen, die ungefähr zwischen 800 und 1000 v. Chr. entstanden.
Auch Christoph Kolumbus machte hier
1494 auf seiner zweiten Reise Station.
Ihm folgten Freibeuter und Piraten,
denn die Insel bot sich mit ihren Fels-
buchten und dem dichten Sumpfgürtel
aus Mangroven und Wäldern als ideale
und Operationsbasis an, vor allem, als
Havanna zum Sammelpunkt der spanischen Gold- und Silberflotte wurde.
Die berühmtesten und berüchtigtsten
Piraten – Henry Morgan, Piet Heyn,
John Hawkins und Sir Francis Drake –
versorgten sich hier mit Trinkwasser,
schlugen Holz für die Schiffsplanken
und flickten ihre durchschossenen Se-
gel, bevor sie wieder in See stachen.
Und versteckten vermutlich hier auch
ihre reiche Beute: eine Schatzinsel wie
in dem berühmten Roman von Robert
Louis Stevenson, nur dass sie damals
Parrot Island hieß, Papageieninsel.
Der ganze Spuk war 1830 vorüber, als
die Spanier die heutige Hauptstadt
Nueva Gerona (ca. 70 000 Einwohner)
gründeten und die Insel als Hort der
Verbannung für Staatsfeinde nutzten.
So durfte sich José Martí auf der Finca
El Abra von seiner Zwangsarbeit erholen und steckte man Fidel Castro in das
berüchtigte Presidio Modelo. Den Namen »Insel der Jugend« erhielt der Ort
in den 1970er-Jahren, als Freiwillige
aus aller Welt auf der Insel Plantagen
für Südfrüchte, vor allem Pampelmu-
sen, anlegten und sie in ein riesiges Ju-
gendlager verwandelten.
Touristisch steckt die Insel noch in den
Kinderschuhen, obwohl sich die Hauptstadt Nueva Gerona in den letzten Jahren herausgeputzt hat und heute eine
wunderbare begrünte Promenade bietet. Das Angebot an Restaurants und
Cafés aber ist nach wie vor mager.
Die größte Attraktion der Insel liegt
tief im Süden vor der Küste und ist nur
guten Tauchern zugänglich: die weiten
Korallenbänke des Canarreos-Archi-

pels mit ihren Schwamm- und Gorgonienkolonien, unversehrten Korallen und tropischen Fischschwärmen. Die farbenfrohe Unterwasserwelt genießt bei vielen den Ruf, das beste Tauchrevier der Karibik zu sein.

www.isladelajuventud-cuba.com

SEHENSWERTES

Cabo Francés

Der Südwestzipfel der Insel ist Startpunkt für Tauchausflüge zu den rund 60 ausgewiesenen Tauchspots, zudem breitet sich hier ein herrlicher Korallensandstrand aus. Man erreicht die Punta Francés am gleichnamigen Kap mit der Fähre ab dem Hotel Colony für 15 CUC (Dauer: 1 Std.).

Informationen zu den Abfahrten im Hotel Colony | Tel. 046/398181

Cueva de la Punta del Este

Die 20 m² große Höhle an der Südostspitze der Insel birgt indianische Malereien, die zu den bedeutendsten in der Karibik gerechnet werden. Experten deuten die Kreise als eine Form der Zeitmessung, die Zeichnungen am Höhlendach als Sternenbewegungen.

Punta del Este | Zutritt nur mit Sondergenehmigung von Ecotur

MUSEEN UND GALERIEN

Museo Finca El Abra

Im Haus des einflussreichen Katalanen José María Sardá durfte sich Kubas Nationalheld José Martí im Herbst des Jahres 1870 von seiner schweren Erkrankung erholen, die er sich als jugendlicher politischer Häftling während der Zwangsarbeit im Steinbruch unter dem Hotel Nacional von Havanna zugezogen hatte.

Nueva Gerona | Ctra. de Siguanea, km 2,5 | Di–So 9–17 | Eintritt 1 CUC

Presidio Modelo

Der letzte Gefangene verließ dieses martialische Zuchthaus 1967, der berühmteste war Fidel Castro, der hier wegen des Moncada-Sturms 19 Monate Haft verbüßte. Der Komplex wurde zwischen 1926 und 1931 unter Diktator Gerardo Machado nach dem Vorbild des panoptischen Systems totaler Überwachung errichtet: fünfstöckige Rundtürme, deren Zellen kreisförmig um die Wachposten angelegt sind. Ursprünglich für 2500 Gefangene gedacht, war es oftmals von Castro-Gegnern überfüllt und machte mit Gefängnisaufständen Schlagzeilen. Seit 1967 ist das Gebäude ein nationales Denkmal. Es beherbergt ein Dokumentationszentrum.

4 km östl. von Nueva Gerona | Mo–Sa 9–16, So 9–12 Uhr | Eintritt 2 CUC

ÜBERNACHTEN

Casa Barbara García García

Heimelig – In der »casa particular« der Krankenschwester Barbara García wird man gut umsorgt – auch mit Mahlzeiten. Zimmer mit Bad und Klimaanlage.

Nueva Gerona | Calle 45 No. 3606 e/ 36 y 38 | Tel. 046/324903 | 2 Zimmer | €

Colony

Zum Abtauchen – Das beliebte Taucherhotel aus den 1950er-Jahren ist rundherum modernisiert. Die Zimmer verfügen über Kabel-TV, Klimaanlage und Terrasse. In der Nähe der Tauchbasis Cabo Francés gelegen.

Ctra. Siguanea, km 42 | Tel. 046/398282 | www.gran-caribe.com | 80 Zimmer | €€

Auch wenn Sie noch nie in Ihrem Leben getaucht sind – auf Kuba sollten Sie es unbedingt einmal probieren. Die Korallenriffe zählen zu den schönsten der Welt (▶ S. 42).

Villa Choli

Wohnen mit der Familie – Willkommen bei den Pena Silvas: Ramberto ist gelernter Koch, Choli ist Lehrerin und spricht Englisch und Französisch. Große Terrasse, die man mit der Familie teilt, gute Verpflegung, Fahrradverleih.
Nueva Gerona | Calle C No. 4001 e/ 6 y 8 | Tel. 0 46/32 31 47 | 2 Zimmer mit TV | €

ESSEN UND TRINKEN
RESTAURANTS
El Galeon

Fisch-Klassiker – Unter den raschelnden Palmen ist das gegrillte Thunfischfilet eine besondere Köstlichkeit. Wer lieber Fleisch essen möchte, kann unter den diversen Schweinefleischgerichten wählen. Alles ist frisch zubereitet, und gelegentlich gibt es abends Livemusik kubanischer Bands.

Nueva Gerona | Calle 24 e/ 45 y 47 No. 4510 | kein Tel. | tgl. ab 12 Uhr | €–€€

Tu Isla

Ganz speziell – »Wir sind besonders.« Damit sind das gute Essen, der herzliche Service und die lässige Atmosphäre des privaten Terrassenrestaurants gemeint. Es befindet sich auf dem Dach der dazugehörigen Casa Particular. Die Bar mixt köstliche Cocktails.
Nueva Gerona | Calle 24 e/ 45 y 47 | Tel. 0 53/50 91 28 | tgl. 12–14 Uhr | €€

SERVICE
VERKEHR
Aeropuerto Rafael Cabrera Mustelier

Zweimal täglich Flüge nach Havanna, keine internationalen Flüge.
Ctra. Central, km 5,5 | Tel. 0 46/32 14 58

Ecotur

Agentur für Ausflüge. Im Angebot sind z. B. Trips zum Refugio de Fauna los Indios an der Westküste oder zum Botanischen Garten Jungla de Jones.

Nueva Gerona | Calle 24 e/ 31 y 33 | Tel. 046/327101 | Mo–Fr 8.30–16 Uhr

SANCTI SPÍRITUS   J3

117 000 Einwohner

Die Hauptstadt der gleichnamigen Provinz im Nordosten Trinidads gehört zu den ältesten Städten Kubas und besitzt einen schönen kolonialen Kern mit kleinen Plätzen und alten Kirchenbauten. Winston Churchill war weniger begeistert. In »My Early Life« notierte er mürrisch: »ein Ort zweiter Klasse und äußerst ungesund«. Hans Magnus Enzensberger hingegen fand heraus, dass der berühmte Bartholomé de Las Casas 1514 während der Gründungsmesse in Sancti Spíritus zu seiner Bestimmung als Fürsprecher der Indianer fand. Las Casas hatte Diego de Velázquez, wie damals bei Eroberungszügen üblich, als Priester bei der »Befriedung« Kubas begleitet. Welches Ereignis ihn dazu bewegte, fortan auf seine Güter zu verzichten und sich dem Schutz der Indianer zu widmen, ist nicht überliefert. Sancti Spíritus wurde sechs Jahre später vom Río Tuinucú an den heutigen Platz am Río Yayabo verlegt. Über den Fluss spannt sich heute Kubas älteste Bogenbrücke. In der sympathischen Kolonialstadt gibt es viele »casas particulares«.

SEHENSWERTES

Iglesia Parroquial Mayor

Ein beeindruckendes Gotteshaus, allein schon wegen seiner prächtigen Decke

Sancti Spíritus (▶ S. 132), vom Tourismus kaum berührt, präsentiert ein Stück authentisches Kuba. Die kleine Provinzstadt trumpft mit hübschen Kolonialbauten auf.

im Mudéjar-Stil. Erbaut wurde es 1680, nachdem Piraten die hölzerne Vorgängerkirche abgebrannt hatten (▶ S. 14).

ÜBERNACHTEN

Hostal La Familia

Wie Zuhause – Die Herzlichkeit von Livan und Maireny sind umwerfend. Liebevoll hat das Paar sein Haus in eine Herberge umgewandelt (▶ S. 18).

Calle Máximo Gomez 16 | Tel. 0 41/ 33 22 99 | 3 Zimmer | €

Hostal del Rijo

Der prächtige koloniale Palast von 1818 ist alles andere als eine Jugendherberge, sondern das beste Hotel der Stadt. 2001 in ein Boutique-Hotel umgewandelt, blieb der historische Charme bewahrt. Der Patio ist ein Lieblingsort mit Pflanzen, Engelsskulpturen und einem plätschernden Springbrunnen. Abends können auch Nicht-Gäste einfach für einen Drink an der Bar sitzen.

Calle Honorato del Castillo 12 | Tel. 0 41/ 32 85 88 | www.islazul.cu, www.cubana can.cu | 16 Zimmer | €€

ESSEN UND TRINKEN

Mesón de la Plaza

Guter Service – Spanische und kreolische Küche sind die Stärken dieses kleinen Lokals an der Plaza Honorato.

Calle Máximo Gómez 34 | Tel. 0 41/ 32 85 46 | tgl. ab 10 Uhr | €

EINKAUFEN

Circulo Filatélico

Liebhaber von Briefmarken finden hier ihr Himmelreich. Es gibt diverse exotische Sondermarken, beispielsweise solche mit Che-Guevara-Fotos von Korda aus dem Jahr 1968.

Sancti Spíritus – am Puls der Geschichte 6

In der Vorgängerin der Parroquial-Mayor-Kirche hielt Bartolomé de Las Casas 1514 seine berühmte Pfingstpredigt, in der er sich für den Schutz der Indianer einsetzte (▶ S. 14).

Calle Máximo Gómez Sur 11 | Tel. 0 41/32 31 77 | tgl. 11–22 Uhr

8 TRINIDAD H 3

73 000 Einwohner
Stadtplan ▶ S. 135

In keiner anderen Stadt Kubas wird das »Goldene Zeitalter« des Zuckerbooms prachtvoller in Szene gesetzt als in Trinidad. Die Crème der Zuckeraristokratie ließ sich an der **Plaza Mayor** nieder: die Canteros, Iznagas, Trujillos, Morets und Arguíns. Ihre restaurierten Paläste haben die viertälteste Stadt Kubas zum kolonialen Schmuckstück gemacht, für dessen Erhalt sich seit 1988 auch die UNESCO einsetzt. Lückenlos reihen sich die Kolonialgebäude, heute meist Museen, um die Plaza Mayor. Hohe Holztüren, vergitterte Fenster, auf Säulen gestützte Balkone, rote Ziegeldächer und das blank getretene Kopfsteinpflaster versetzen den Besucher zurück in die Blütezeit des 18. Jh.

Auch Trinidad wurde im Jahr 1514 von Diego de Velázquez gegründet – an der Stelle einer alten Taíno-Siedlung. Hernán Cortes, der spätere Mexiko-Eroberer, war einer der ersten Verwalter der Stadt. Zwei Jahrhunderte lebten die Trinitarios gut von Schmuggel, Zucker, Tabak und Sklaverei. Erst als sich im 19. Jh. das Geschäft mit dem Zucker nach Havanna und Cienfuegos verlagerte, ging es mit der Stadt bergab. Sie versank in einen Dornröschenschlaf, aus dem sie erst wieder durch den Tourismus erweckt wurde. Der internationale Besucherstrom verschaffte Trinidad ein ganz eigenes weltoffenes Flair, das zusätzlich durch viele neue private Restaurants und »casas particulares« einen enormen Auftrieb erhielt.

Im Rücken von Trinidad steigen die grünen Berge der **Sierra del Escambray** auf über 1000 m auf, die Heimat vieler Edelhölzer, Zedernarten, Farne und der Mariposa, der stark duftenden Nationalblume Kubas. Die sonnigen Hanglagen bringen seit 1748 einen Spitzenkaffee hervor. Der Naturpark breitet sich auf 700 m Höhe um das Kurhotel Topes de Collantes aus. Wer lieber badet anstatt zu wandern, braucht nur in den Osten Trinidads zur herrlich weiten und weißen **Playa Ancón** zu fahren.

SEHENSWERTES

❶ Casa Templo de Santería Yemayá 🚩

Ein Haus für die Göttin des Meeres, für Yemayá, wie sie im afrokubanischen Santería-Kult heißt. Der Tempelvorsteher erklärt Besuchern gern, was es mit den Orishas, den afrokubanischen Gottheiten, auf sich hat (▶ S. 17).

Trinidad – Musik als verbindendes Erlebnis ❼

Ungeduldige sitzen schon kurz vor Sonnenuntergang auf den Stufen, und wenig später, wenn die Livebands einheizen, kommt die Menge in Schwung (▶ S. 14).

Calle Rubén Martinez Villena 59 e/ Bolívar y Guinart | unterschiedliche Öffnungszeiten | Eintritt frei

Parque El Cubano 🚩 H3

Als Ausläufer der Sierra del Escambray erstreckt sich der Naturpark El Cubano nordwestlich von Trinidad (▶ S. 18).

5 km nördl. von Trinidad | Eintritt 10 €

❷ Plaza Mayor

Gleich zu Beginn des hübschen Karrees aus weißen Eisenzäunen, Bänken und Palmen liegt das **Museo Romántico** (▶ S. 136) im pompösen Palacio Brunet, gefolgt von der mächtigen **Parroquial Mayor de la Santísima Trinidad** – der Kathedrale der Heiligen Dreifaltigkeit (erneuert 1894). Schräg gegenüber die **Casa de los Sánchez Iznaga**. Danach führt die Calle Fernando Hernández Echerrí geradeaus weiter zur **Casa Humboldt**. Hier wohnte der Naturforscher während seines Besuchs 1802.

❸ Valle de los Ingenios

Das vor den Toren der Stadt gelegene Tal der einst mehr als 40 alten Zuckermühlen (»ingenios«) steht zusammen mit Trinidad unter UNESCO-Schutz. Die alten Herren- und Gesindehäuser, die sich zu Dörfern auswuchsen, all das erinnert an alte Herrschaftszeiten. Der weithin sichtbare, 43,5 m hohe begehbare Wachturm (1 CUC) von Manaca-Iznaga freilich entlarvt den dunklen Quell des Reichtums: die Sklaverei. In ständiger Angst vor Aufständen schlugen die Aufseher bereits bei kleinen Unregelmäßigkeiten Alarm. Das ehemalige Plantagenhaus von Alejo María del Carmen y Iznaga birgt ein Restaurant, eine Bar und zwei Souvenirshops.

Ctra. a Sancti Spíritus | Iznaga | Tel. 041/
99 72 41 | tgl. 8–16.30 Uhr | Parkplatz
1 CUC

MUSEEN UND GALERIEN

❹ Museo de Arqueología Guamuhaya

Das Museum für Archäologie und Na-
turwissenschaften zeigt präkolumbische Steinwerkzeuge und Tonkrüge,
aber auch Fußfesseln für Sklaven. Ku-
rios: eine Zahnbürste, die Hernán Cor-
tés benutzt haben soll. Makaber: das
Skelett eines gefolterten Sklaven.
Plaza Mayor y Simón Bolívar 457 |
tgl. 9–17 Uhr | Eintritt 1 CUC

❺ Museo de Arquitectura Colonial

Interessante Ausstellung zur Stadtpla-
nung mit Modellen und Karten.
Plaza Mayor y Fernando Hernández Eche-
rrí | Sa–Do 9–17 Uhr | Eintritt 1 CUC

❻ Museo Romántico

Ausgestellt sind Möbel aus Edelhölzern, Kristalllüster aus Böhmen und
Baccarat, Fayencen, Sèvres- und Meiß-
ner Porzellan. Das ehemalige Herr-
schaftshaus liefert einen guten Einblick
in den luxuriösen Lebensstil der Zuckerbarone im 19. Jh. Die Küche ist
noch intakt, auf der Feuerstelle stehen
riesige Töpfe. Vom Balkon im ersten

Straßenszene mit spielenden Kindern in Trinidad (▶ MERIAN TopTen, S. 133). Die einst bedeutendste Handelsmetropole Kubas und Sitz der Zuckeraristokratie wirkt heute eher beschaulich.

Stockwerk bietet sich ein wunderschöner Blick auf die Plaza Mayor.
Calle Fernando Hernández Echerrí 52 | Di–So 9–17 Uhr | Eintritt 2 CUC

ÜBERNACHTEN

7 Brisas Trinidad del Mar
Direkt am Meer gelegen – Dieses im Stil eines mediterranen Dorfes erbaute All-inclusive-Hotel erstreckt sich direkt am Strand der Halbinsel Ancón.
Península de Ancón | Tel. 0 41/99 65 00 | www.cubanacan.cu | 241 Zimmer | €€€

8 Casa Milagros
Gut aufgehoben – Nette Privatzimmer mit allem, was man braucht. Zum Frühstück gibt es frisch gepresste Säfte.
Calle José Martí 416 A | Tel. 0 41/99 48 56 | 3 Zimmer | €€

9 Casa Muñoz ▶ S. 24

Las Cuevas ▶ S. 135, östl. c 1
Etwas außerhalb – In den Hang gebaute, weitläufige Bungalowanlage mit fantastischem Blick auf die Dächer Trinidads und die Halbinsel Ancón. Zum etwas in die Jahre gekommenen Hotel gehören eine Museumshöhle und – mit räumlichem Abstand für die Nachtruhe – die größte Höhlendisco Kubas.
Finca Santa Ana | Tel. 0 41/99 61 33 | www.cubanacan.cu | 114 Zimmer | €€

10 Iberostar Grand Hotel
Die Nummer 1 – Feudales Fünf-Sterne-Wohngefühl – nur für Erwachsene. Man geht wenige Minuten zur Plaza Mayor.
Calle José Martí 262 y General Lino Pérez | Tel. 0 41/99 60 70 | www.iberostar.com | 4 Juniorsuiten und 36 Zimmer | €€€

11 La Ronda 🚩

Koloniales Flair – Die stilvollste Wahl für alle, die in Trinidad nahe der Altstadt wohnen wollen. Kürzlich restauriert, daher gibt es viel Lob (▶ S. 18).

Calle José Martí 246 | Tel. 041/99 85 38 | www.cubanacan.cu | 17 Zimmer | €€–€€€

ESSEN UND TRINKEN

RESTAURANTS

12 La Canchánchara

Ein Klassiker – Nirgendwo schmeckt der lokale Cocktail »canchánchara« (mit Rum, Limonensaft, Honig) so gut wie in dieser alten Touristenkneipe.

Calle R. Martínez Villena 78 | tgl. 10–20 Uhr | €

13 Quince Quatorce

Nostalgisch – Das Haus ist seit dem Gründungsjahr von Trinidad 1514 im Besitz der Familie Ruiz. Die Nachfahren der Zuckerdynastie holten ihre Schätze aus dem Keller – alte Gläser, edles Geschirr, kostbare Leuchter – und staffierten das private Restaurant fast wie ein Museum aus. Gekocht wird auf dem ältesten Herd von Trinidad, wie der charmante Hausherr César Esguerra gern erzählt. Tolle Atmosphäre und gute internationale Küche.

Calle Simón Bolívar 515 | Tel. 041/99 42 55 | tgl. 12–16 und ab 18.30 Uhr | www.mytrinidadcuba.com | €€–€€€

14 Vista Gourmet

Bestes Büfett – Lieblingslokal eiliger Redakteure von Film und Fernsehen, weil man sich hier bequem und schnell bedienen kann. Schöner Blick.

Callejón de Galdos | Tel. 041/99 67 00 | tgl. 12–15, 19–23 Uhr | €€–€€€

KULTUR UND UNTERHALTUNG

15 Casa de la Trova

Hier spielen die besten lokalen Musiker, und so manche Lady aus dem Ausland fand hier ihren Tanzlehrer.

Calle Fernando Hernández Echerrí 29 | tgl. 21–2 Uhr

16 Palenque de los Congos reales

Gute kubanische Bands sorgen hier immer für tolles Flair, dazu sitzt man nett unterm Laubdach. Um 22 Uhr werden die afrikanischen Gottheiten zusammengetrommelt. Kleine Speisen.

Calle Fernando Hernández Echerrí | tgl. 10–2 Uhr

SERVICE

AUSKUNFT

Infotur

Gustavo Izquierdo 101 e/ Simón Bolivar y Piro Guinart | Tel. 041/99 82 57-58 | www.infotur.cu

VERKEHR

Bus

Viazul-Bus | Calle Pirojinal 224 | Tel. 041/9 26 60, 9 24 04 | www.viazul.com

Ziele in der Umgebung

◎ **PARQUE EL CUBANO** 🏴 H 3

Als Ausläufer der Sierra del Escambray erstreckt sich der Naturpark El Cubano nordwestlich von Trinidad. Er ist eine smaragdgrüne Oase zum Durchatmen, eine ideale Alternative zum staubigen Straßenpflaster von Trinidad. Badesachen sollte man unbedingt dabeihaben, weil man beim Javira-Wasserfall ein erfrischendes Bad nehmen kann. Wer mehr Aktivität sucht, kann auch Wandern und Reiten.

5 km nördl. von Trinidad | Eintritt 10 €

DER OSTEN

Der höchste Berg, die steilsten Küsten, die schönsten Buchten, die ältesten Ortschaften – der Osten ist reich an landschaftlichen und kulturellen Höhepunkten. Hier ertönte auch der erste Ruf nach Unabhängigkeit und steht das Elternhaus der Castro-Brüder.

Vier Provinzen verteilen sich über Kubas Osten, eine davon hat einen steilen Aufstieg als Feriendestination hinter sich: Holguín. Vom Flughafen der gleichnamigen Provinzhauptstadt schwirren im Rhythmus landender Urlaubjets aus aller Welt die Transferbusse in die Provinz aus: vor allem zu den Luxusresorts in den schönen Strandbuchten des Nordens, den Ausläufern der großen Bahía Naranjo, wo Kolumbus einst das erste Mal seinen Fuß auf die Insel setzte. Diese auch Costa Esmeralda genannte Ferienmeile wird von der Playa Guardalavaca, der touristischen Urzelle der Region, gekrönt. Östlich weitet sich die Provinz zur Bahía de Nipe. Dahinter steigt sanft die Sierra de Nipe auf, die Heimat der Brüder Fidel und Raúl Castro. Südlich von Holguín führt das breite und fruchtbare Flusstal des Río Cauto geradewegs nach Bayamo, der Hauptstadt der Provinz Granma. Die geschichtsträchtige Region ist ein Ziel für Entdecker und erzählt vom ers-

◀ Die Festungsmauern von San Pedro de la
Roca in Santiago (▶ MERIAN TopTen, S. 150).

ten und vom letzten Unabhängigkeitskrieg, dem »Ruf von Yara«
ebenso wie von Castros Revolution. Denn in den Bergen, die hinter Bayamo aufsteigen, bereiteten
Castro und seine Mitkämpfer Ba-
tistas Sturz vor. Hier liegt die Sierra Maestra mit dem höchsten Berg Kubas, dem Pico Turquino (1974 m). Kubas größte Gebirgskette erstreckt
sich über rund 240 km parallel zur Küste vom Cabo Cruz im äußersten
Westen und läuft am östlichen Zipfel in der Provinz Guantánamo aus.
Unterbrochen wird die Sierra Maestra von der tiefen natürlichen Bucht
von Santiago de Cuba. Die Stadt selbst, die zweitgrößte Kubas, breitet sich
malerisch über Hügel vor dem gebirgigen Hinterland aus.
Geschützt durch die schönste Festung Kubas, ankerten hier die ersten
Sklavenschiffe, später die Schiffe der französischen Flüchtlinge vor den
Revolten auf der Nachbarinsel Hispaniola. Sie und ihre Sklaven brachten
jene Musik in die Stadt, für die Santiago de Cuba heute berühmt ist: die
von der UNESCO als Kulturgut deklarierte Tumba Francesa, Mutter so
mancher lateinamerikanischer Rhythmen (▶ S. 58).

VON SANTIAGO DE CUBA NACH BARACOA

An der Karibikküste von Santiago de Cuba steigt das Gebirge mit dem La
Gran Piedra wieder bis auf eine Höhe von 1214 m an. »Der große Stein« ist
der Eckpfeiler des hier beginnenden UNESCO-Biosphärenreservats Ba-
canao, einer trockenen Küstenregion mit schönen Stränden. Sie grenzt an
das militärische Sperrgebiet der Bahía de Guantánamo mit ihrer berüch-
tigten US-Basis. Nur wer nach langer Fahrt in östliche Richtung entlang
der trockenen Küste auch Kubas steilste Straße, die Farola, überwunden
hat, erfreut sich bald wieder an üppig tropischer Vegetation. Die Route
führt nach Baracoa, Kubas älteste Siedlung und Zentrum des größten Ka-
kaoanbaugebiets der Insel. Hier landete Kolumbus im Jahr 1492 ein zwei-
tes Mal und rammte ein hölzernes Kreuz in den Sand, bevor er die Nachbarinsel entdeckte und sie Hispaniola nannte – eine große Vergangenheit,
die Baracoa den Status der ersten Inselhauptstadt bescherte. Heute ist es
das Zentrum von Kubas Individualtourismus und bester Ausgangspunkt
für Touren in den Humboldt-Nationalpark.

BARACOA

⚓ R 5

82 000 Einwohner

Im Rücken der Regenwald, das Gebirge und der markante Tafelberg **El Yunque**, flankiert von sandigen Buchten, die sich bei näherer Betrachtung als Flussmündungen entpuppen (in der Umgebung strömen insgesamt 29 Flüsse ins Meer!) – so breitet sich Baracoa an der östlichsten Küste Kubas aus. Rostrote Dächer und enge Gassen – lange bot sie das Bild einer in Dornröschenschlaf gefallenen kleinen Stadt – bis die schöne Uferlinie immer wieder von Hurrikanen und Flutwellen zerstört und verlorene koloniale Bausubstanz modern wieder aufgebaut werden musste.

Doch im historischen Zentrum konnte sich Baracoa sein verträumtes koloniales Ortsbild bewahren. Am Ortseingang erinnert seit 1992 eine Statue an Christoph Kolumbus, der hier 500 Jahre zuvor ein hölzernes Kreuz in den Boden schlug, vielleicht sogar genau das, das heute in der **Catedral de Nuestra Señora de la Asunción** wie ein Schatz gehütet wird. Diego de Velázquez gründete Baracoa 1511 als erste Stadt auf Kuba, sie wurde zugleich sein erster Verwaltungssitz, bis ihm seine siebte Stadtgründung, Santiago de Cuba, besser gefiel und er sich entschloss, dorthin umzuziehen.

Politisch versank Baracoa damals in Bedeutungslosigkeit. Wirtschaftlich spielte es dagegen immer eine wichtige Rolle: als Mittelpunkt einer an Bananen, Kaffee, Kakao und Kokosnüssen besonders reichen Region. Heute ist die Stadt ein Lieblingsziel von Naturlaubern, schließlich liegt der artenreiche **Humboldt-Nationalpark** (UNESCO-Welterbe seit 2001) ganz in der Nähe.

MUSEEN UND GALERIEN

Museo Arqueológico »La Cueva Paraíso«

Zahlreiche Funde beschwören in dieser Höhle die Zeit der Urbevölkerung, der Taíno-Indianer, herauf. Sie vermittelt auch einen guten Eindruck vom zerklüfteten Karstgestein dieser Küste. Reparto Paraíso | tgl. 8–17 Uhr | Eintritt 3 CUC

Museo Municipal

Das Stadtmuseum in der Festung Matachín (1742) am südlichen Ortseingang erzählt von Indianern, Christoph Kolumbus, der Revolution, der 1963 am Stadtrand von Baracoa eingerichteten Schokoladenfabrik und der Natur. Fortaleza Matachín | Mo–Sa 8–12, 14–18 Uhr | Eintritt 1 CUC

ÜBERNACHTEN

El Castillo

Überragend – Das beste Hotel im Ort thront auf einem Hügel über der Stadt und wurde zum Teil aus Resten der 1742 errichteten Festung Castillo Ceboruco de Santa Bárbara erbaut. Mit Swimmingpool, angeschlossenem Restaurant und Ausflugsagentur. Calle Calixto García | Loma del Paraíso | Tel. 0 21/64 51 65 | www.gaviota-grupo. com | 62 Zimmer | €€

Hostal La Habanera

Im Herzen der Stadt – Wer es zentral und belebt mag: Das kleine Grandhotel gleich am Beginn der Fußgängerzone bietet zum guten Service auch noch recht viel Atmosphäre. Calle Maceo 126 y Frank País | Tel. 0 21/ 64 52 74 | www.gaviota-grupo.com | 10 Zimmer | €€

ESSEN UND TRINKEN

RESTAURANTS

Finca Duaba

Lohnende Adresse – Das rustikale Ausflugslokal in einem botanischen Garten bietet gute kreolische Küche. Ctra. Baracoa–Moa, km 4 | tgl. 8–16 Uhr | €–€€

La Punta

In alten Gemäuern speisen – Restaurant in der Fortaleza de la Punta mit schönem Blick über die Bahía de Miel. Spezialität ist Fisch mit Kokosmilch. La Punta | Di–So 12–15, 18–22 Uhr | €–€€

SERVICE

AUSKUNFT

Infotur

Calle Maceo 129 e/ Frank País y Maraví | Tel. 0 21/64 17 81 | www.infotur.cu

VERKEHR

Viazul-Busterminal

Ctra. Central | Tel. 0 21/32 37 13 | www.viazul.com

Ziele in der Umgebung

◎ GUANTÁNAMO　　　　Q 6

229 000 Einwohner

»Guantanamera« – wer kennt diesen Song nicht. Dass Texter José Martí ein Mädchen aus Guantánamo meinte, ist weniger geläufig. Guantánamo, 1822 gegründet, ist die geschäftige Hauptstadt von Kubas östlichster Provinz, deren größte Sehenswürdigkeit lange der **Mirador de Malones** war: ein Lokal, von dem man auf die **Guantanamo Bay Naval Base** (GTMO, gesprochen »GITMO«) blickt, wo die USA Terrorverdächtige gefangen halten. Der Aussichtspunkt ist seit einiger Zeit geschlossen.

Idyllisch zwischen Gebirge und Meer liegt die beschauliche Stadt Baracoa. Vom Poolbereich des Hotels El Castillo (▶ S. 140) aus genießt man einen traumhaften Blick über die Bucht.

BAYAMO

🏖 05

170 000 Einwohner

Umgeben von weiten, üppig sprießenden Reisfeldern und Weideflächen beeindruckt Bayamo mit seiner schönen Lage im Tal des Río Cauto zwischen der Sierra Maestra im Süden und dem Golf von Guacanayabo im Westen. Diego de Velázquez wählte den Ort 1513 für seine zweite Stadtgründung auf Kuba. Heute ist Bayamo eine pulsierende, angenehm untouristische Stadt und die Metropole der Provinz Granma. Der Name der Provinz erinnert an jene Jacht, mit der die Revolutionäre 1956 an der **Playa de las Coloradas** landeten. Am zentralen **Parque Céspedes** stehen Statuen der berühmtesten Söhne der Stadt: im Norden die des Nationalhelden Manuel Céspedes, im Süden die von Pedro Figueredo, Schöpfer der La Bayamesa, Kubas Nationalhymne. Am Parque Céspedes beginnt auch der sympathische »bulevar« von Bayamo (▶ S. 15).

MUSEEN UND GALERIEN

Museo de Cera

Ob Bola de Nieve oder Compay Segundo am Klavier, ob Polo Montañez oder Benny Moré: Hier wartet kubanische Prominenz in Wachs auf Besucher. 2016 wurde die Figur des Weltklasseboxers Teófilo Stevenson enthüllt.

Bayamo – ein Blick auf das neue Kuba

8

Wer über die wenig touristische Fußgängerzone der Calle General García an Restaurants, Bars und Läden vorbeispaziert, spürt die Kraft der Wende wie kaum anderswo (▶ S. 15).

Calle General García 254 (Bulevar) | Di–Fr 9–17, Sa 10–13, 19–22, So 9–12 Uhr | Eintritt 2 CUC

Museo Provincial

Das Geburtshaus des Musikers Manuel Muñoz Cedeño birgt neben archäologischen Fundstücken vor allem Dokumente zur Geschichte der Unabhängigkeitskriege und der Revolution.

Calle A. Maceo 58 | Mo–Sa 9–17, So 9–13 Uhr | Eintritt 1 CUC

ÜBERNACHTEN

Royalton

Prominent gelegen – Das geschäftige kleine Staatshotel am Parque Céspedes verfügt über komfortable Zimmer.

Calle A. Maceo 53 | Tel. 023/422290 | www.islazul.cu | 33 Zimmer | €€

Villa León

Sympathisch – Angenehmes privates Quartier mit Bad und TV, gleich um die Ecke des Parque Céspedes.

Calle D. Mármol 154 | Tel. 023/411288 | 2 Zimmer | €

ESSEN UND TRINKEN

San Salvador

Privat und gut – Das wohl beste Privatrestaurant der Stadt. In angenehmem Ambiente gibt es kreative kubanische Küche wie Kotelett in Rum mit Reis.

Calle A. Maceo 107 e/ Martí y Mármol | Tel. 023/426941 | tgl. 12 –23 Uhr | €–€€

SERVICE

AUSKUNFT

Infotur

Plaza del Himno e/ José Joaquín Palma y Padre Batista | Tel. 023/423468 | www.infotur.cu

VERKEHR
Viazul-Busterminal
Ctra. Central 501 (Richtung Santiago de
Cuba) | Tel. 023/42.21.67 | www.viazul.
com

Ziele in der Umgebung

◎ **GRAN PARQUE NACIONAL SIER-
RA MAESTRA / PARQUE NACIONAL
PICO TURQUINO**   M–06

Südlich von Bayamo kündigt sich in
heftigen Erdwellen die Wucht von Kubas höchstem Gebirge, der **Sierra Maestra**, an. Wie ein Riegel legt es sich vor
die Karibikküste und fällt dort zu einer
atemberaubenden Steilküste ab. Aus
der Mitte erhebt sich der **Pico Turquino**, der mit 1972 m höchste Berg Kubas. Er ist von der Karibik her über einen Trekkingpfad erreichbar, allerdings
nur mit Führer oder einem Reiseveran-
stalter. Oben schmückt ihn eine Bronzeplastik von José Martí. Auf einem
schwer zugänglichen und gut mit Laub
getarnten Gelände unweit des Pico Turquino campierten 1956 bis 1959 Fidel
Castro und seine Mitkämpfer nach der
missglückten Landung aus Mexiko: der
Comandancia de La Plata (▶ S. 164).
Ca. 60 km östl. von Bayamo

CAMAGÜEY   M4

323 000 Einwohner

Umgeben von weiten Weiden, über die
sich ein gigantischer blauer Himmel
spannt, ist die Hauptstadt von Kubas
größter Provinz das Tor zum Osten.
Gegründet wurde die heute drittgrößte
Stadt des Landes 1514 von Diego de
Velázquez. Gleich zu Anfang wurde sie
zweimal verlegt. Doch auch ihr Rück-
zug ins Landesinnere konnte die Stadt
nicht vor Piraten schützen. Henry Mor-

gan brannte sie 1668 fast völlig nieder.
Unbeirrt griffen die Camagüeyanos damals zu Ziegel und Lehm und bauten
ein labyrinthisches Straßensystem, in
dem die Bewohner schnell flüchten
konnten, die Piraten sich aber verirren
sollten. Damit es heute Besuchern nicht
so ergeht, sind die vielen schönen Plätze ungewöhnlich gut ausgeschildert.
Der Umzug in die Ebene gereichte Camagüey nicht zum Schaden. Das beweisen die vielen Kirchen und stattlichen Kolonialgebäude, die als Welterbe
unter UNESCO-Schutz stehen. Lokal-
typische Accessoires zur traditionellen
Kolonialarchitektur sind die riesigen
Tonkrüge, sogenannte »tinajones«, in
denen die früher stets um ausreichend
Nass besorgten Bürger Regenwasser
horteten. Erst im Jahr 1903 erhielt die
Stadt nach dem Kaziken der Region ihren jetzigen Namen.

SEHENSWERTES
Plaza del Carmen
Wunderschön von der Klosterkirche
del Carmen bis zu den Anliegerhäus-
chen restaurierter Platz, garniert mit
originellen Bronzefiguren, beispielsweise einer Gruppe »schwatzender Da-
men« an einem Tisch.
Calle Martí y 10 de Octubre

Plaza San Juan de Díos
Den versteckten kolonialen Platz rahmen zwei schöne alte Kaufmannshäu-
ser mit Restaurants und das **Antiguo
Hospital de San Juan de Dios**. In dem
ehemaligen Hospital aus dem Jahr
1728 wurde das **Museo de Arquitectu-
ra Colonial** eingerichtet (Mo–Sa 9–18,
So 9–13 Uhr, Eintritt 1 CUC).
Zwei Blocks südl. des Parque Agramonte

Koloniales Schmuckstück: Camagüey (▶ S. 143), Provinzhauptstadt und Tor zu Kubas Osten, bezaubert durch seine gepflegte, vorbildlich restaurierte Kolonialarchitektur.

Plaza de los Trabajadores

Den dreieckigen Platz beherrscht die 1748 errichtete **Iglesia de la Merced**, die ehemalige Kirche eines Karmeliterinnenklosters. Sehenswert sind ihr silberner Hochaltar und die Art-déco-Gemälde. Prunkstück in den Katakomben ist ein Silbersarg. Ebenfalls an diesem Platz liegt das Geburtshaus von Ignacio Agramonte. Der Rechtsanwalt und General kämpfte an der Seite von Manuel de Céspedes im ersten Unabhängigkeitskrieg. Es ist heute ein Museum (Di–Sa 10–17 Uhr, Eintritt 2 CUC).
Calle Ignacio Agramonte y Cisneros

ÜBERNACHTEN

Colón

Attraktives Haus – Prunkstück dieses Hotels der 1920er-Jahre (2001 als Stadthotel wieder eröffnet) ist die alte Bar in der Lobby. Die einfachen Zimmer bieten Satelliten-TV und Internetservice.
Calle República 472 e/ San José y San Martín | Tel. 0 32/25 48 78 | www.islazul.cu | 47 Zimmer | €€

Gran Hotel

Nostalgisch – Das Stadthotel von 1937 wurde stilvoll renoviert. Zimmer mit Satelliten-TV, Café mit Jugendstilflair.
Calle Maceo 64 e/ Agramonte y Gómez | Tel. 0 32/29 20 93 | www.islazul.cu | 72 Zimmer | €€

Puchy

Komfortabel – Ruhig, aber zentral gelegene »casa particular«. Die Zimmer sind sauber und modern eingerichtet.
Calle San Antonio 70 e/ Martí y Hermanos Agüero | Tel. 0 32/29 33 17, mobil 05/ 3 35 95 53 | 2 Zimmer | €

ESSEN UND TRINKEN

RESTAURANTS

La Campana de Toledo

Bodenständig – In der »Glocke von Toledo« (sie ist im Patio zu sehen) isst man stilvoll gute spanisch-kreolische Küche. Samstagabend oft »Buffet Campana« zu günstigen Preisen.

Plaza San Juan de Dios 18 | Tel. 0 32/28 68 12 | tgl. 9–21 Uhr | €€

El Paso

Schick – Das private Bar-Restaurant führt Lisbel Tena mit viel Engagement und serviceorientiert (▶ S. 18).

Calle Hermanos Agüero 261/Plaza del Carmen | Tel. 0 32/27 43 21 | tgl. 9–24 Uhr | €–€€

CAFÉS

Café Ciudad

Schöner kann man im Herzen von Camagüey kaum eine Pause einlegen: auf der ehemaligen Plaza de Armas mit Blick auf die Kathedrale. Das junge Publikum schätzt in dem Ecklokal besonders die hervorragenden Sandwiches.

Parque Agramonte y Cisneros | Tel. 0 32/25 84 12 | tgl. 9–23 Uhr | €€

EINKAUFEN

Galerie Joel Jover ▶ S. 36

SERVICE

AUSKUNFT

Infotur

Calle Maceo No. 73 e/ Ignacio Agramonte y General Gómez | www.infotur.cu

VERKEHR

Viazul-Busbahnhof

Ctra. Central Oeste y Perú | Tel. 0 32/27 03 95 | www.viazul.com

Ziele in der Umgebung

◎ PLAYA SANTA LUCÍA   ⚑ N 3

Playa Santa Lucía ist der Hausstrand von Camagüey und bildet mit der vorgelagerten **Cayo Sabinal** das Schlusslicht des Archipels Camagüey-Sabinal. Das schönste Stück der Playa beginnt am Ende der kleinen Hotelmeile längs der wilden Lagune voller Flamingos. Sie mündet beim Fischerdorf La Boca in einen Traumstrand mit Restaurants.

109 km nordöstl. von Camagüey

ÜBERNACHTEN

Brisas Santa Lucía

Mit Tropenflair – Gefälliges ausgedehntes All-inclusive-Resort in zentraler Strandlage, das immer gut gebucht ist. Die Tauchbasis »Shark Friends« (Tel. 0 32/36 51 82) liegt gleich nebenan.

Playa Santa Lucía | Tel. 0 32/33 63 17 | www.cubanacan.cu | 400 Zimmer | €€€

Yoannis & Nery

Etwas außerhalb – Gepflegtes Einfamilienhaus eines jungen Paars an der Zufahrtsstraße nach Playa Santa Luciá. Man kann das Auto sicher parken und ein Zimmer mit Bad, Klimaanlage und Kühlschrank beziehen. Fahrradverleih.

Los Corrales s/n | Playa Santa Lucía | mobil 05/2 96 52 94 | yrivero@hotmail.fr | 1 Zimmer | €

HOLGUÍN   ⚑ O 5

288 000 Einwohner

Stadtplan ▶ S. 146

»Ich habe keinen schöneren Ort je gesehen«, notierte Kolumbus am 28. Oktober 1492 begeistert in sein Logbuch, »die Insel ist … reich an ausgezeichneten Ankerplätzen und tiefen Flüssen …

das ganze Flussufer war mit Bäumen bestanden … viele große und kleine Vögel ließen ihren Gesang ertönen.« Heute sind es die Strände dieser »ausgezeichneten Ankerplätze« im Norden Holguíns, die immer mehr Urlauber in die Provinzhauptstadt locken, die Playas Pesquero, Turquesa, Yuragunal oder Esmeralda. Gerahmt von vereinzelten Erhebungen und dem im Nordosten aufsteigenden Gebirge, breitet sich die Stadt als Tor zu dieser Region wie in einem riesigem Kessel aus. Weltoffen und entspannt ist die Atmosphäre, rege der Betrieb in den Straßen und den vielen schattigen Parks der Innenstadt. Seinen Namen trägt Holguín nach dem Besitzer der ersten Hacienda auf seinem Grund, dem Spanier García Holguín. Er erhielt das Land im Jahr 1545 für seine großen Verdienste als Seefahrer (www.ciudaddeholguin.org).

SEHENSWERTES

❶ Loma de La Cruz

Der 275 m hohe Hausberg von Holguín erhebt sich unübersehbar am Nordende der Calle Maceo. Wer die 465 Stufen nach oben geschafft hat, wird mit einem großartigen Blick über die Stadt belohnt. Das Kreuz schleppte der Franziskanermönch Antonio Joseph Alegre am 3. Mai 1790 auf seinem Rücken hinauf – zum Schutz der Bevölkerung vor Epidemien, heidnischen Zauberkräften und Naturkatastrophen. Seitdem werden vom 3. bis 8. Mai die Romerías del Mayo gefeiert.

SEHENSWERTES
❶ Loma de La Cruz

MUSEEN UND GALERIEN
❷ Museo de Ciencias Carlos de la Torre

ÜBERNACHTEN
❸ Pernik
❹ Villa Liba
❺ Villa Mirador del Mayabe

ESSEN UND TRINKEN
❻ 1910
❼ Salon 1720

MUSEEN UND GALERIEN

2 Museo de Ciencias Carlos de la Torre

Der Schatz des renovierten Naturkundemuseums ist seine Schnecken- und Muschelsammlung. Unter den ca. 7000 Exponaten befindet sich auch die seltene Schneckenart »polymita pictas«.

Calle Maceo 129 e/ Martí y Luz Caballero | Di–Sa 9–12, 12.30–17, So 9–12 Uhr | Eintritt 1 CUC

ÜBERNACHTEN

3 Pernik

Funktionell – Altes Funktionärshotel mit großen Zimmern, Restaurant und einer stets gut besuchten Bar.

Ave. Jorge Dimitrov y Plaza de la Revolución | Tel. 0 24/48 10 11 | www.islazul.cu | 200 Zimmer | €€

4 Villa Liba

Beliebte Unterkunft – Die 1950er-Jahre-Villa liegt schön ruhig und zentral.

Calle Maceo 46 y Calle 18 | Tel. 0 24/ 42 38 23 | 3 Zimmer mit Bad | €

5 Villa Mirador del Mayabe

Erholsam – Zum auf einem Hang am Stadtrand gelegenen Hotel gehört auch eine sehenswerte Museums-Finca. Man wohnt ruhig und hat einen herrlichen Blick. Zimmer mit Bad und TV, Pool.

Alturas de Mayabe, km 8 | Tel. 0 24/ 42 21 60 | www.islazul.cu | 24 Zimmer | €€

ESSEN UND TRINKEN

RESTAURANTS

6 1910

Gute Küche – Die Adresse für Anspruchsvolle: Die Steaks sind hier so, wie man sie sich wünscht, die Beilagen sind immer frisch und die Weinauswahl ist gut, aber klein.

Calle Martíres 143 e/ Aricoches y Cables | Tel. 0 24/42 39 94 | tgl. 12–24 Uhr | €–€€

7 Salon 1720

Zuckerbäckerbau – Touristen lieben die mit viel Stuck aufgehübschte alte Eckvilla, nicht selten finden sich auch Hochzeitspaare ein. Ordentliche Küche, empfehlenswert ist z. B. die Paella.

Calle Frexes 190 y Miró | Tel. 0 24/ 46 81 50 | tgl. 12.30–22.30 Uhr | €–€€

SERVICE

AUSKUNFT

Infotur

– Aeropuerto International Frank País | Ctra. Bayamo, km 15 | 0 24/47 47 74
– Pico Cristal | Calle Libertad y Martí | Tel. 0 24/42 50 13, 42 50 03 | www.infotur.cu

VERKEHR

Flugplatz

Aeropuerto International Frank País (HOG) | Ctra. Bayamo | Tel. 0 24/ 46 85 56, 46 25 12

Viazul-Busterminal

Ctra. Central 19 e/ 20 de Mayo y Independencia | Tel. 0 24/47 44 30 | www.viazul.com

Ziele in der Umgebung

◎ BANES P 4

80 000 Einwohner

Die sympathisch ruhige Stadt, die 2012 stark unter Hurrikan Sandy litt, ist Sitz des bedeutenden Museo Baní-Indocubano und bezeichnet sich deshalb gern als Kubas Hauptstadt der Archäologie. Zahlreiche Privatquartiere laden Individualurlauber zum Verbleib ein. Anfang des 20. Jh. stand Banes noch ganz unter dem Einfluss der US-amerikanischen United Fruit Company. Eine Tatsache, die zwei Erzfeinde in der Geschichte Kubas geprägt haben mag, freilich auf konträre Weise: den hier 1901 geborenen, späteren Diktator Fulgencio Batista und den im nahen Birán geborenen Fidel Castro. 1948 heiratete Fidel Castro in der Kirche von Banes die Tochter des Bürgermeisters – die Ehe, aus der ein Sohn entstammt, wurde acht Jahre später geschieden.

86 km östl. von Holguín

MUSEEN UND GALERIEN

Museo Baní-Indocubano

Das wichtigste Zentrum für die Kultur der Ureinwohner in Kuba hortet rund 14 000 Fundstücke, ausgestellt wird immer nur ein Teil, u. a. auch das kostbarste Stück, eine kleine goldene Figur.

Calle General Marrero 305 (Ortszentrum) | Di–Sa 9–17, So 8–12 Uhr | Eintritt 1 CUC

Museo Chorro de Maíta/ Aldea Taína

Auf dem Hügel des ehemaligen Anwesens der Familie Maíta an der Straße nach Guardalavaca fand man bei Ausgrabungen zahlreiche indianische Skelette. Ein Teil wurde in einem Gipsbett für die Öffentlichkeit konserviert und ist im Museum zu sehen. Gegenüber zeigt die »Aldea Taina« (Taíno-Dorf), wie die Urbewohner lebten.

Yaguajay (32 km westl. von Banes)
– Aldea Taína: Mo–Sa 9–17, So 9–13 Uhr | Eintritt 5 CUC
– Museo Chorro de Maíta: Mo–Sa 9–17, So 9–13 Uhr | Eintritt 2 CUC

Hurrikan Sandy hat Banes (▶ S. 147) im Oktober 2012 schwer zugesetzt. Inzwischen sind die meisten Schäden beseitigt, und das Leben geht wieder seinen gewohnten Gang.

◎ BIRÁN   ⚑ P 5

Man nehme Holguíns östliche Ausfahrt, die Av. de los Libertadores, und fahre via Báguano nach Loinaz Hechevarría. Kurz danach biegt eine Straße in die Berge nach Birán ab. Die **Finca Mañacas** , auf der Fidel Castro Ruz am 13. August 1926 geboren wurde und die ersten 14 Jahre seines Lebens verbrachte, liegt am Ortsrand (Mo–Sa 9–12, 13–16.30, So 9–12 Uhr, Eintritt 10 CUC). Das stattliche Gutsgelände mit seinen 26 Gebäuden ist seit 2002 als »Sitio histórico Birán« (historischer Ort) für die Öffentlichkeit zugänglich. Viele private Fotos und Gegenstände (z. B. die Wiege von Fidel) geben einen Einblick in das Leben der Familie.

66 km südöstl. von Holguín

◎ CAYO SAETÍA   ⚑ P 5

Der **Safaripark** Kubas ist hübsch zwischen den schönen Stränden dieser 42 qm großen Insel an der Bahía de Nipe gelegen und mit dem Festland durch einen Straßendamm verbunden (Eintritt 10 CUC, Pass oder Passkopie nicht vergessen!). Wer die auf der Insel lebenden Antilopen, Strauße und Wasserbüffel zu sehen bekommen will, der quartiert sich am besten im Hotel **Villa Cayo Saetía** ein und bucht einen Safari-Ausflug für den nächsten Tag.

Villa Saetía | Tel. 0 24/42 53 20 | www.gaviota-grupo.com | 12 Zimmer | €€
131 km östl. von Holguín

◎ GUARDALAVACA/ COSTA ESMERALDA   ⚑ P 4

Guardalavaca, übersetzt »Hüte die Kuh«, ist mit seinem herrlich breiten und weißen Sandstrand der älteste Badeort der Region. Um mit den boo-menden Luxusresorts an den Stränden der nahen **Bahía de Naranja** Schritt halten zu können, wird er derzeit modernisiert. Fast der ganze östliche Ortsteil wich schon dem Bau eines neuen Luxushotels. Die »Costa Esmeralda« beginnt südlich von Guardalavaca und zieht sich über mehrere Buchten der Bahía de Naranja entlang.

Bahía de Naranjo
57 km nordöstl. von Holguín

SEHENSWERTES

Bariay Parque Monumento Nacional

Herzstück dieses 206 ha großen Ferienparks ist die **Playa Blanca**, jener Strand, an dem Kolumbus vermutlich am 28. Oktober 1492 das erste Mal Kuba bzw. »Cubanacan« (indianisch) betrat. In sein Bordbuch schrieb er damals den berühmten Satz: »Ich habe keinen schöneren Ort je gesehen.« Der Park umfasst das Westufer der Bahía de Naranjo mit den Stränden Playa Pesquero und Playa Yuraguanal. Seit 1992 symbolisiert dort das Monument der Künstlerin Caridad Ramos den mit Kolumbus initiierten Zusammenprall der Kulturen der Alten und der Neuen Welt mit antiken Säulen, die in der Form eines Schiffs angeordnet sind, und indianischen Stelen.

Bariay Parque Monumental | Fray Benito | tgl. 9–17 Uhr | Eintritt 8 CUC
40 km nordöstl. von Holguín, Westufer der Bahía de Naranjo

Bioparque Rocazul

Wandern, Kolibris beobachten, angeln, reiten und zünftig einkehren – ein Besuch dieses 150 ha großen Naturparks am Westufer der Bahía de Naranjo steht in fast allen Hotels auf dem Ausflugsprogramm. Individualreisende erhalten Führer im Infozentrum (Tel. 0 24/42 22 10, tgl. 9–17 Uhr).

Playa Yuraguanal
49 km nordwestl. von Holguín

Cayo Naranjo 👥

Ein modernisiertes **Delfinarium** verwandelte diese an schönen Stränden reiche Insel in der Bucht von Naranjo in ein beliebtes Ausflugsziel.

Fährhafen | Ctra. Holguín–Guardalavaca, km 48 | Tel. 0 24/43 01 37 | tgl. 9–21 Uhr
48 km nordwestl. von Holguín

ÜBERNACHTEN
Blau Costa Verde 👥

Mit Kinderclub – Das Vier-Sterne-All-inclusive-Resort erstreckt sich am schönsten Strandabschnitt der Playa Pesquero. Mit großem Sportangebot.

Playa Pesquero | Crta. Guardalavaca | Tel. 0 24/43 35 10 | www.blauhotels. com | 250 Zimmer | ♿ | €€–€€€

Brisas Guardalavaca

Immer gut besucht – Der schöne Strand entschädigt lärmempfindliche Gäste für den Trubel in diesem beliebten Mittelklasse-All-inclusive-Resort.

Playa Guardalavaca | Tel. 0 24/43 02 18 | www.hotelescubanacan.com | 437 Zimmer | €€–€€€

Paradisus Río de Oro & SPA

Exklusiv nächtigen – Das Flaggschiff der Meliá-Hotelgruppe – ultra-all-inclusive, fünf Sterne und nur für Erwachsene (ab 18 Jahre).

Playa Esmeralda | Crta. Guardalavaca | Tel. 0 24/43 00 90 | www.melia.com | 354 Zimmer | €€€€

⭐ SANTIAGO DE CUBA

P 6

506 000 Einwohner
Stadtplan ▶ S. 153

Die zweitgrößte Stadt der Insel verströmt karibisches Flair wie kaum eine andere auf Kuba. Wie hingegossen breitet sie sich über die ansteigenden Ufer ihrer langen natürlichen Bucht aus, im Rücken die Berge und vor der Bucht die Karibik, die flaschenhalsenge Zufahrt bewacht durch die verwegen in den steilen Felsen gebaute Festung **San Pedro de la Roca**, UNESCO-Welterbe seit 1997. Touristisch leidet die Stadt unter dem Aufstieg Holguíns. Auch Hurrikan Sandy (Ende 2012) setzte ihr heftig zu.

Santiago de Cuba blickt auf eine bewegte Geschichte zurück. Diego de Velázquez machte seine siebte Stadtgründung zur Nachfolgerin von Baracoa als Hauptstadt des Landes (bis 1556). In ihrem Hafen ankerten die ersten Sklavenschiffe und später die Schiffe von rund 30 000 französischen Pflanzern, die vor den blutigen Sklavenaufständen im französischen Saint-Domingue, dem späteren Haiti, geflohen waren. Durch die Flüchtlinge erfuhr die Plantagenwirtschaft des Umlands mit Kaffee und Zucker einen enormen Schub und Santiago seinen größten ökonomischen Aufschwung. Für die französischen Immigranten entstand der Stadtteil **Tivoli**, später die Wiege so manches berühmten kubanischen Musikers. In Tivoli wohnte auch der junge Fidel Castro, als er im Jesuitenkolleg zur Schule ging. In Santiago de Cuba scheiterte er dann später mit seinem Angriff auf die Moncada-Kaserne. Und in Santiago verkündete er am 1. Januar 1959 unter dem Jubel Tausender Menschen vom

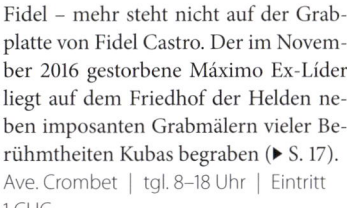

Die quirlige Altstadt von Santiago de Cuba (▶ MERIAN TopTen, S. 150) ist ein Labyrinth aus schmalen Gassen – und die Bewohner zeichnet eine besondere ethnische Vielfalt aus.

blauen Balkon des Rathauses am Parque Céspedes den Sieg der Revolution.

SEHENSWERTES

❶ Cementerio Santa Ifigenia 🚩

Fidel – mehr steht nicht auf der Grabplatte von Fidel Castro. Der im November 2016 gestorbene Máximo Ex-Líder liegt auf dem Friedhof der Helden neben imposanten Grabmälern vieler Berühmtheiten Kubas begraben (▶ S. 17).
Ave. Crombet | tgl. 8–18 Uhr | Eintritt 1 CUC

MUSEEN UND GALERIEN

❷ Casa Velázquez/Museo de Ambiente Histórico Cubano

1522 erbaut, ist die Casa Verlázquez mit ihren maurischen Gitterfenstern das älteste Haus Kubas. Bewohnt wurde es von Diego de Velázquez de Cuel-

lar, dem Eroberer und ersten Gouverneur Kubas. Von hier aus organisierte der Spanier mehrere Expeditionen nach Mexiko, hier verstarb er 1524, ruiniert und hintergangen von seinem ehemaligen Sekretär Hernán Cortez. Im Museum präsentieren Mobiliar, Tapisserien, Vasen und Kristall den luxuriösen Stil der Kaffeebarone im 16. bis 19. Jh.
Calle Félix Peña 612 | Di–Sa 9–17, So 9–13 Uhr | Eintritt 2 CUC

❸ Museo del Carnaval

Furchterregende Masken, aufwendige Kostüme, Trommeln, Plakate und Fotos geben eine Vorstellung vom bunten Karneval in Santiago de Cuba.
Calle Heredia 303 y Pío Rosado | Mo 14–17, Di–Sa 9–17, So 9–13, Shows um 16 Uhr | Eintritt 2 CUC

4 Museo Emilio Bacardí Moreau

Don Emilio gehörte zur berühmten Rum-Dynastie und war der erste Bürgermeister Santiagos. 1899 stiftete er das Haus, in dem es nicht um Rum geht, sondern um Archäologie, Kolonialkunst und Stadtgeschichte.

Calle Pío Rosado y Aguilera | Mo 13–16, Di–Sa 9–16, So 9–13 Uhr | Eintritt 2 CUC

5 Museo Histórico 26 de Julio/ Moncada-Kaserne

Museum in der einst zweitgrößten Militärbastion Batistas, die 1953 unter der Führung von Fidel Castro angegriffen wurde. Das Unternehmen endete in einem Desaster, die Einschusslöcher sind noch heute zu sehen. Im Inneren wird der Opfer des Angriffs gedacht.

Calle 2 y Ave. de los Libertadores | Mo–Sa 9–17, So 9–12 Uhr | Eintritt 2 CUC

ÜBERNACHTEN

6 Casa Granda

Für Schaulustige – Das Grandhotel verströmt den Charme der Belle Époque. Auf der Veranda kann man bei einem Cocktail und kubanischer Musik das Treiben im Céspedes-Park beobachten.

Calle Heredia 201 y Lacret | Tel. 0 22/ 65 30 21 | www.cubanacan.cu | 58 Zimmer | €€

Santiago de Cuba – schöner als im Kino

Die abenteuerlich in die 60 m hohe Klippe erbaute wuchtige Festung Fortaleza de San Pedro de la Roca del Morro versetzt ganz wunderbar in die alten Piratenzeiten (▶ S. 15).

Meliá Santiago   ▶ S. 153, östl. d 2

Spitzenklasse – Das beste Hotel und Schaltzentrale für Funktionäre und Geschäftsleute. Urlauber genießen den Pool, gute Restaurants und eine Disco.

Ave. de las Américas y Calle M | Tel. 0 22/68 70 70, | www.melia.com | 298 Zimmer | €€€

7 Hostal San Basilio ▶ S. 24

ESSEN UND TRINKEN

RESTAURANTS

8 La Maison

Speisen mit Geigen – In der stimmungsvollen Jugendstilvilla wird zu Musik serviert. Die Küche bewegt sich zwischen kreolisch und international.

Ave. Mandoley esq. 1ra | Tel. 0 22/64 11 17 | tgl. 11–22 Uhr | €€–€€€

9 Salón Tropical

Guter Koch – Der beliebte Paladar auf dem Dach ist eine Institution. Nilda kümmert sich um die Gäste, der Bruder kocht. Mal gibt's gute Hausmannskost, mal Italienisches oder Gegrilltes.

Calle Fernandez Marcane 310 | Tel. 0 22/ 64 11 61 | Mo–Fr 18–24, Sa 12–24 Uhr | €€

10 Zunzún

Herrschaftlich – Spitzenrestaurant in einer prächtigen Villa in Vista Alegre. Kreative Küche in stilvollem Ambiente.

Ave. Manduley 159 | Tel. 0 22/64 15 28 | Mo–Sa 12–22, So 12–15 Uhr | €€–€€€€

CAFÉS

11 Chocolateria Fraternidad

Im süßen Himmel – Es mag draußen noch so drückend sein, heiße Schokolade fließt immer in die Becher (▶ S. 19).

Plaza da Marte/Aguilera | tgl. geöffnet | €

SEHENSWERTES
1 Cementerio Santa Ifigenia

MUSEEN UND GALERIEN
2 Museo de Ambiente Histórico Cubano
3 Museo del Carnaval
4 Museo Emilio Bacardí Moreau
5 Museo Histórico 26 de Julio

ÜBERNACHTEN
6 Casa Granda
7 Hostal San Basilio

ESSEN UND TRINKEN
8 La Maison
9 Salón Tropical
10 Zunzún
11 Chocolatería

KULTUR UND UNTERHALTUNG
12 Casa de la Trova
13 Tropicana Santiago

MOMENTE
9 Fortaleza de S. Pedro

KULTUR UND UNTERHALTUNG

12 Casa de la Trova

Die legendäre Kneipe erinnerte einst an Uncle-Sam-Sessions in New Orleans, heute präsentiert sie sich als Son- und Salsa-Museum mit Tanzboden für Touristen (Eintritt 5 CUC).

Calle Heredía 208 | tgl. ab 10 Uhr

13 Tropicana Santiago

Tanzrevue im Stil von Havannas Tropicana mit eher karibischen Themen.

Autopista Nacional, km 1,5 | Tel. 0 22/ 64 25 79 | Beginn 21, Mi–So ab 22 Uhr | Eintritt 45 CUC (1 Getränk inklusive)

SERVICE

AUSKUNFT

Cubatur

Infos und Tickets für Ausflüge (gegenüber vom Hotel Casa Granda).

Parque Céspedes | Tel. 0 22/66 94 01 | tgl. 8.30–17 Uhr

VERKEHR

Viazul-Busbahnhof

Ave. Libertadores y Yarayo | Tel. 0 22/ 62 84 84 | www.viazul.com

Ziele in der Umgebung

◎ CHIVIRICO   06

Der kleine Ferienort wartet mit vielen fliegenden Händlern und einem attraktiven Urlaubsresort am schönen Strand Las Coloradas auf.

60 km westl. von Santiago de Cuba

ÜBERNACHTEN

Brisas Sierra Mar

Für die ganze Familie – Das All-inclusive-Resort breitet sich mit tollem Blick über der Küste am Hang aus. Terrassen-

Wie eine Erscheinung wirkt die majestätische, im Grün der Umgebung hell strahlende Wallfahrtskirche der Basilica Virgen de la Caridad del Cobre (▶ S. 155) nordwestlich von Santiago.

pool, Restaurants, Läden und Club für Kinder. Auch Tickets für Tagesgäste.

Ctra. de Chivirico, km 60 | Tel. 022/329110 | www.hotelescubanacan.com | 200 Zimmer | €€–€€€

◎ EL COBRE ⚐ P6

Neben einer alten Kupfermine (1550–1630) erhebt sich die Wallfahrtskirche **Virgen de la Caridad del Cobre**. Ihre Geschichte begann 1608, als zwei Indianer und ein Sklave in der Bahía de Nipe eine Statue treiben sahen, die die Aufschrift trug: »Ich bin die Jungfrau der Barmherzigkeit.« Später wurde die Marienfigur nach El Cobre gebracht und eine erste Kirche für sie errichtet. 1916 erklärte Papst Benedikt XV. die Jungfrau zur Nationalheiligen, woraufhin ihr bis 1927 ein neuer Gottestempel errichtet wurde. 1936 hat man sie gekrönt, 1998 erhielt sie von Papst Johannes Paul II. bei dessen Kubabesuch eine zweite Krone. Seit 1977 pilgern Gläubige am 8. September, ihrem Namenstag, in die Kirche und bringen Votivgaben.

Tgl. 6–18 Uhr | Eintritt frei
25 km westl. von Santiago de Cuba

◎ RESERVA BIOSFERA BACONAO ⚐ P/Q6

Das Biosphärenreservat wurde von der UNESCO für seine Artenvielfalt gewürdigt. Unter anderem hat man hier rund 800 Insekten-, 60 Vogel- und 29 Reptilienarten gezählt. 84 600 ha groß, breitet sich das Reservat vom 1234 m hohen Gran Piedra bis zur Grenze der Provinz Guantánamo aus. Die Ferienhotels am schönen Strand der Region wurden Ende 2012 durch Hurrikan Sandy stark beschädigt und sind noch geschlossen.

40 km östl. von Santiago

SEHENSWERTES
Valle de la Prehistoria 👫

Ein bisschen »Ice Age«, eine Portion »Jurassic Parc«: Die kuriose Dino-Welt mit mehr als 200 lebensgroßen Dinosauriern und Menschen à la Fred Feuerstein erfreuen Jung und Alt.

Ctra. Baconao, km 9,5 | tgl. 9–17 Uhr | Eintritt 1 CUC

MUSEEN UND GALERIEN
Museo La Isabélica

Die Finca (1800–1850) erbaute der aus Haiti geflüchtete französische Kaffeepflanzer Victor Constantin Couson und benannte sie nach seiner schwarzen Lebensgefährtin Maria Isabel. Zu sehen sind u. a. die Kaffeeschälanlage, Lager, alte Werkzeuge, die Wohnetage und die Verschläge für die Sklaven.

Ctra. Gran Piedra, km 14 | tgl. 8–16 Uhr | Eintritt 2 CUC

Museo Nacional del Transporte Terrestre

Hier warten 44 Automobile aus vorrevolutionärer Zeit auf Betrachter, etwa der Ford von Fidel Castros Mutter, dazu jede Menge kleine Automodelle.

Ctra. Baconao, km 8,5 | tgl. 8–17 Uhr | Eintritt 1 CUC

ÜBERNACHTEN
La Gran Piedra

Mit Traumblick – Einige Zimmer dieses wunderschön auf 1214 m Höhe im Nationalpark gelegenen, einfachen Hotels sind nach den Zerstörungen von Hurrikan Sandy schon wieder hergestellt. Die Treppe mit den 452 Stufen zum Gipfelstein liegt gleich daneben.

Ctra. Gran Piedra, km 14 | Tel. 022/686147 | www.islazul.cu | 27 Zimmer | €€

Badespaß am El-Nicho-Wasserfall im Nationalpark Topes de Collantes (▶ S. 160).

QUER DURCH
KUBA

DIE HEMINGWAY-ROUTE – ZEITREISE AUF DEN SPUREN DES SCHRIFTSTELLERS

CHARAKTERISTIK: Die Zeitreise führt durch die turbulenten Außenbezirke Havannas, zur Küste und zurück in die Altstadt **DAUER:** Tagesausflug **LÄNGE:** 33 km **EINKEHRTIPP:** La Terraza (▶ S. 79), Cojímar, Calle Real 161 e/ Montaña y Candelaria, Tel. 07/33 87 02, tgl. 12–23 Uhr, €

▰ E 1

Ernest Hemingway (1899–1961) lebte gut 20 Jahre auf der Insel (▶ S. 82). Lernen Sie auf dieser Tour die wichtigsten Orte kennen, die mit ihm verbunden sind. Der erste Abschnitt lässt sich leicht zu Fuß bewältigen. Für den Rest benötigt man ein Auto oder ein Taxi.

Plaza de Armas ▶ Parque Central

Startpunkt ist die **Plaza de Armas** in der Altstadt Havannas. Gehen Sie die einmündende Calle Obispo hinauf bis zum Hotel **Ambos Mundos** an der Ecke Calle Mercaderes. Hier stieg Hemingway bis 1939 immer ab, sein Zimmer Nr. 511 ist bis heute für ihn reserviert, inzwischen als kleines Museum (Eintritt 2 CUC). Treten wir nun in seine Fußstapfen und machen eine Kneipenrunde. Dazu verlassen wir das Hotel und gehen die Calle Mercaderes Richtung Norden bis zur Plaza de la Catedral und dort links in die Calle Empredado zur **Bodeguita del Media**. Hier trank der Autor gern seinen Mojito, um sich danach im El Floridita einen Daiquirí zu genehmigen. Folgen wir ihm in die Calle Empredado bis zur Kreuzung Calle Cuba, dort nach links und zwei Blöcke weiter rechts in die Calle Obispo, dann sehen wir schon an der Ecke Monserrate die Bar **El Floridita**. Dort sitzt er auf seinem Lieblingsplatz – als Statue.

Parque Central ▶ San Francisco de Paula

Für die nächste Etappe benötigen Sie einen Wagen. Vom Parque Central geht es in das gut 30 Autominuten entfernte San Francisco de Paula zu Hemingways ehemaliger **Finca La Vigía** ⭐. Dafür müssen Sie durch den Tunnel auf die andere Seite der Bucht fahren. Halten Sie sich bei der Ausfahrt auf dem Prado in die Avenida del Puerto deshalb ganz rechts. So gelangen Sie problemlos in die sehr bald sehr scharf rechts abzweigende Tunnelzufahrt. Drüben geht es flott weiter auf der Vía Monumental bzw. der Umgehungsstraße 1ra Anillo de la Habana um Osthavanna bis zur Abfahrt San Francisco de Paula im Süden der Stadt. Schilder weisen dort den Weg zur »Finca Vigía«, die Hemingway mit seiner dritten Frau **Martha Gellhorn** bezog, weil sie das Hotelleben satt hatte. Man erkennt das Anwesen schon an der langen Mauer. Die Villa ist so geblieben, wie Hemingway sie 1961 hinterlassen hat. Man darf ihr Inneres nur durch die offenen Fenster betrachten.

Bei der Einrichtung gab Hemingway den Ton an: Jagdtrophäen, Stierkampfposter, Bücherregale, diverse Flaschenfraktionen und private Erinnerungsstücke spiegeln sein Leben wider. Im

Der berühmte Stammgast in Bronze gegossen am Tresen von Hemingways Lieblingskneipe El Floridita (▶ S. 29). Hier soll der Schriftsteller den Daiquirí »Papa« erfunden haben.

4 ha großen tropischen Garten liegt der Friedhof für seine Katzen und, liebevoll überdacht, die Jacht »El Pilar«, mit der er seiner Leidenschaft, dem Hochseeangeln, frönte. Wenn die Eisenglocke der »Vigía« ertönte, wusste die ganze Nachbarschaft, dass das Paar prominente Gäste wie u. a. Gary Cooper, Ingrid Bergman, Marlene Dietrich, Spencer Tracy oder Jean-Paul Sartre und Simone de Beauvoir empfing.

Mit **Fidel Castro** verband ihn eine Männerfreundschaft. 1959 hatte der Autor seinen Literaturnobelpreis zum Sieg der Revolution dem kubanischen Volk geschenkt. Nach seinem Tod vermachte außerdem seine letzte Frau die Finca La Vigía dem Staat.

San Francisco de Paula ▶ Cojímar

Fahren Sie nun den Weg zurück, den Sie gekommen sind: wieder über die Umgehungsstraße und dann die Vía Monumental, aber diese nur bis zur Abfahrt **Cojímar**. In diesem Küstenort ankerte Hemingways Jacht »Pilar«, dort fuhr er zu seinen Angelfahrten aus und traf sich anschließend im Restaurant **La Terraza** mit den Fischern. Am Hafen wurde dem berühmten Dauergast ebenfalls ein Denkmal gesetzt.

KÜHLE HÖHEN UND SONNIGE KAFFEE-HÄNGE IN DER SIERRA DEL ESCAMBRAY

CHARAKTERISTIK: Das Kontrastprogramm zur Küste: Über steile Serpentinenstraßen geht es in die Mittelgebirgslandschaft mit Kurklima, Kaffeeplantagen und dem Hanabanilla-Stausee, danach wieder zurück nach Trinidad **DAUER:** Tagesausflug

 **LÄNGE:** 192 km **EINKEHRTIPP:** Hotel Hanabanilla, Salto de Hanabanilla, Tel. 0 34/2 20 84 61, www.islazul.cu.cu, €

H 3

Die Sierra del Escambray ist eine der ursprünglichsten und landschaftlich schönsten Gegenden Kubas, und die Stadt **Trinidad** 🔴 ein guter Startpunkt. Aber: Dieser Ausflug ist nichts für Eilige, denn tiefer im Gebirge können die Straßen (z. B. nach heftigen Regenfällen) streckenweise voller Schlaglöcher sein, da helfen nur Geduld und Gelassenheit – und ein ganzer Tag Zeit.

Trinidad ▶ Topes de Collantes

Verlassen Sie die Stadt in Richtung Cienfuegos und biegen dann rechts auf die Straße 152 nach Topes de Collantes (18 km) ein. Schon dieses erste Ziel erfordert einen sicheren Autofahrer, denn neben der starken Steigung und den engen Kurven sind hier wellige Fahrbahnabschnitte zu bewältigen.

Gönnen Sie sich eine erste Pause am **Mirador del Caribe**, um sich auf das Fahren im Gebirge einzustellen, und genießen Sie dort den schönen Blick auf die Karibikküste und Trinidad.

In **Topes de Collantes** (760 m) erhebt sich das gewaltige Kurhotel Escambray. Davor führt eine Nebenspur zum Informationszentrum. Dort erhalten Sie bei Bedarf nützliches Kartenmaterial für die Weiterfahrt. Die unter Naturschutz stehende Berggegend mit ihren Tälern

und Flüssen, den seltenen Tieren und Pflanzen eignet sich hervorragend als Ausgangspunkt für interessante Wanderungen (▶ S. 56). Wer früh losgefahren ist, sportlich und trittsicher ist, außerdem festes Schuhwerk trägt, kann hier einen Trip zum **Salto El Caburní** unternehmen (ca. 3 Std., Wasser mitnehmen!). Einen ortskundigen Führer findet man im Informationszentrum (Alleingänge sind nicht erlaubt).

Topes de Collantes ▶ Jibacoa

Nach dieser Einstimmung auf die Sierra de Escambray geht es nun tiefer in das Mittelgebirge hinein. Dazu durchfahren Sie Topes de Collantes und biegen rechts Richtung Jibacoa ab. Wenig später überqueren Sie den Río Caburní und kommen zu einem weiteren Aussichtspunkt: dem **Mirador Tres Palmas**. Den Besucher erwarten nun großartige Landschaftsbilder: sattgrüne Hügel und Täler mit Wäldern aus Zedern- und Eukalyptusbäumen, wilden Papayas und Bananen und immer wieder Kubas Nationalbaum, die Königspalme.

Bald wandelt sich das Bild, und in den Tälern verstecken sich einsame Fincas. Die Hänge leuchten intensiv von Kaffeesträuchern mit ihren roten Früchten und erzählen davon, dass in der Sierra

Üppig grüne Täler, dichter Kiefernwald und eine extrem artenreiche tropische Vegetation kennzeichnen die Sierra del Escambray – im Bild der Stausee Embalse Hanabanilla (▶ S. 161).

del Escambray die besten Kaffeebohnen der Insel wachsen.

Jibacoa ▶ Embalse Hanabanilla

Im besonders idyllischen **Jibacoa-Tal** reichern Bananenplantagen die Szenerie an. Hinter dem Dorf geht es weiter Richtung Manicaragua. Noch bevor der eigentliche Ort beginnt, nehmen Sie links die Straße nach Cumanayagua. Nach etwa 20 km zweigt wieder links die Zufahrt zum **Hanabanilla-Stausee** ab. Manchmal ist der Wasserspiegel durch eine längere Trockenperiode extrem niedrig, normalerweise aber breitet er sich wie ein kleines Meer zwischen den grünen Bergen aus. Im **Hotel Hanabanilla** kann man Rast machen und vom Obergeschoss aus die Aussicht genießen. Unten laden Boote zu Fahrten auf dem See ein.

Embalse Hanabanilla ▶ Trinidad

Den Rückweg sollten Sie nicht später als 16 Uhr antreten, um ohne Eile das Gebirge westlich zu umfahren und vor Einbruch der Dunkelheit in Trinidad anzukommen. Biegen Sie dazu, vom Hotel Hanabanilla kommend, links auf die Straße nach Cumanayagua (24 km) ein und kehren über El Roble auf die Küstenstraße nach **Trinidad** zurück.

VON VIÑALES ZURÜCK NACH HAVANNA MIT STOPP AUF CAYO LEVISA

CHARAKTERISTIK: Die Carretera del Norte ist eine abwechslungsreiche Alternative zur Autopista und lässt sich gut mit einem Tag auf der Insel Cayo Levisa kombinieren **DAUER:** 4 Std., bzw. mit Übernachtung auf Cayo Levisa 36 Std. **LÄNGE:** 188 km **ÜBERNACHTUNG:** Villa Cayo Levisa, Cayo Levisa (die Fähre legt um 10 Uhr von Palma Rubia ab), Tel. 0 48/75 65 01-3, www.cubanacan.cu, 53 Zimmer, €€

C 2–E 1

Viñales ▶ Palma Rubia

Wenn Sie einen herrlichen Badetag auf der schönen Insel Cayo Levisa verbringen wollen, reservieren Sie noch in **Viñales** ⭐ bei einer (Hotel-)Agentur ein Zimmer in der Villa Cayo Levisa. Um die Fähre um 10 Uhr erreichen zu können, müssen Sie etwa um 8 Uhr in Viñales losfahren. Dafür verlassen Sie Viñales auf der Carretera a Puerto Esperanza, passieren die Cueva de los Indios und den Rancho Vicente und biegen nach 3 km rechts auf die Carretera del Norte nach La Palma ab. Ein letzter markanter Mogote-Hügel – und schon durchfahren Sie die nördliche Küstenregion vor der Silhouette der **Cordillera de Guaniguanico**. Die Gegend ist ländlich geprägt, kleine Fincas in alter indianischer »bohio«-Bauweise säumen die Straße, und auf den Feldern ackern die Bauern mitunter noch mit Ochsengespannen.

Von La Palma ist es nicht mehr weit bis **Palma Rubia**, dem Hafen für die Fähren zur vorgelagerten **Cayo Levisa**. Achten Sie nach der Durchfahrt von La Palma auf die erste Straße, die links abzweigt. Die Abfahrt ist auch mit einem weißen Bootsrumpf am rechten Straßenrand markiert. Nach 9 km, vorbei an Zuckerrohrfeldern, folgt eine Gabelung, hier geht es geradeaus, und schon sind Sie da. Im Hafen herrscht kurz vor der Abfahrt der Fähre Hochbetrieb. Stellen Sie Ihr Auto ab und bezahlen Sie den Parkwächter (ab 1 CUC), dann können Sie unbesorgt auf die Fähre einchecken und für knapp 24 Stunden übersetzen. Freuen Sie sich auf eine der schönsten Inseln Kubas, ein großartiges Tauchrevier, viele Pelikane und einen sehr schönen, 4 km langen weißen Strand!

Palma Rubia ▶ Mariel

Am nächsten Morgen nach der Rückkunft der Fähre kehren Sie zur Carretera del Norte zurück und fahren weiter Richtung Osten nach Havanna. Immer breiter wird das Küstenvorland, immer weiter rückt die Cordillera de Guaniguanico in die Ferne. Sie passieren nun ländliche Orte und Viehfarmen, in denen vielleicht gerade Cowboys Tiere mit dem Lasso einfangen – und müssen geduldig so manchen schlechten Straßenabschnitt hinter sich bringen. Nach etwa 35 km ist **Bahía Honda** erreicht, das bereits in der neu gebildeten Provinz Artemisa (seit 2011) liegt. Und

Sonne, Strand und Meer – diese bizarren Strukturen sind Reste eines einstigen Mangroven-dickichts auf Cayo Levisa (▶ S. 99), einer der zahlreichen Trauminseln vor Kubas Nordküste.

nach weiteren 30 km erwarten Sie von der erhöhten Küstenstraße bei Cabañas schöne Ausblicke auf eine der tiefen Buchten an dieser Küste.

Hinter Augusto César Sandino und Quiebra Hacha folgt die neue Zufahrt nach **Mariel**. Die Hafenstadt, die den USA am nächsten liegt, war im Jahr 1980 Schauplatz von Kubas größter Massenflucht, insgesamt sollen es etwa 125 000 Kubaner gewesen sein, die hier mit ihren Booten in See stachen.

Inzwischen wird Mariel mit brasilianischer Finanzhilfe zum größten Containerhafen der Karibik ausgebaut. Die erste Phase des 957-Mio-Dollar-Projekts wurde 2014 in Gegenwart der brasilianischen Regierungschefin Dilma Rousseff eingeweiht. Der Hafen soll auch amerikanischen Containerschiffen optimale Bedingungen bieten.

Mariel ▶ Havanna-Miramar

Nun ist Havanna bereits ganz nah, denn an der Ortsausfahrt von Mariel, vor dem Industriehafen La Boca, zweigt rechts die vierspurige Carretera Panamericana ab. Sie führt immer an der Küste entlang bis zur Marina Hemingway und zur 5ta Avenida, der Prachtstraße von Miramar in **Havanna**.

IN DIE SIERRA MAESTRA UND ZUR »COMANDANCIA DE LA PLATA«

CHARAKTERISTIK: Eine großartige Gebirgslandschaft schon während der Anfahrt, unvergesslich die frühmorgendliche Pirsch zum Rebellenlager und seine versteckte Lage. Eintritt und Führer zur Comandancia de La Plata: 11 CUC **DAUER:** für Frühaufsteher 8 Std., mit Übernachtung 20 Std. **LÄNGE:** 162 km plus ca. 20 km

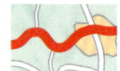 zu Fuß (hin und zurück) **EINKEHRTIPP:** Villa Santo Domingo (Ctra. La Plata), km 16; Tel. 0 23/56 55 68; 20 Zimmer, www.islazul.cu, €€

🚗 O 5–N 6

Die Anfahrt von **Bayamo** führt zunächst 50 km nach Yara. Der kleine Ort wurde durch den Aufruf von Manuel de Céspedes zum Unabhängigkeitskampf bekannt, den »Grito de Yara«.

Yara ▶ Santo Domingo

Weiter geht es dann 12 km durch flaches Land mit Zuckerrohrplantagen und Reisfeldern nach **Bartolomé Masó**, wo schon die Schlote der Zuckerfabrik grüßen. Sind diese passiert, folgt die Ausfahrt nach Santo Domingo. Nach kurzer Zeit wird die Landschaft immer hügeliger, sind die Berg- und Talfahrten immer steiler und spektakulärer bis **Santo Domingo** erreicht ist, der kleine Ort am Fuß des Pico Turquino. Im gleichnamigen Hotel hat man sich auf Besucher der »Comandancia de La Plata« spezialisiert. Dort werden Führer für Wanderungen zu dem versteckten ehemaligen Lager Fidels Castro, Che Guevaras und der anderen Rebellen vermittelt. Und weil die Touren früh starten, erhalten die Gäste entsprechend zeitig auch ihr Frühstück.

Santo Domingo ▶ Comandancia de La Plata

Treffpunkt am Morgen ist der benachbarte Eingang zum **Nationalpark Pico Turquino**. Hier wird der Eintritt bezahlt und wartet der Führer. Hinter der Schranke geht es die letzten 5 km mit dem Auto weiter. Nach einer extremen Steigung ist schließlich der Parkplatz von **Alto Naranjo** erreicht, der Ausgangspunkt für die Wanderung.

Gutes Schuhwerk sollte man tragen, denn der Pfad ist oft steinig und steil. Unterwegs bieten sich immer wieder großartige Ausblicke in die Bergwelt der Sierra Maestra, vor allem auf den Gipfel des **Pico Turquino** (1974 m). Oft kann man das To-co-ro-to-co-ro von Kubas Nationalvogel Tocororo hören, kleine Schlangen können den Weg kreuzen.

50 Minuten später etwa ist die **Casa von Oswaldo Medina** erreicht. Er war einer der beiden Besitzer des Hinterlandes, auf dem sich die Rebellen einrichteten. Sein Haus diente den Aufständischen als Wachposten, Pforte und Treffpunkt bei Veranstaltungen. Hier wurde auch musiziert, wie die Fotos an den Wänden belegen. Hinter dem Haus öffnet sich eine Pforte mit dem eigentlichen Pfad zum Rebellenlager. Ab hier darf nicht mehr fotografiert werden.

Wieder geht es über Stock und Stein, über einen Bach und das letzte Stück

Die Sierra Maestra in Kubas Süden wird von einer üppig grünen Gebirgsvegetation durchzogen und diente Fidel Castro während der kubanischen Revolution lange als Hauptquartier.

ordentlich steil hinauf. Und dann ist es geschafft – zwei Stunden nach dem Start. Die stets frisch gemähte Lichtung, auf der Fidel Castro 1976 mit dem Helikopter landete, ist zuerst zu sehen. Dann eine Hütte, der Posten **Numero 1** – ein echtes Feldlazarett – getarnt mit spanischem Moos, das inzwischen verdorrt ist. Che Guevara soll hier seine Kumpane verarztet haben. Besonders idyllisch liegt die **Comandancia**, der Platz, wo Herbert L. Matthew Fidel Castro interviewte – um später mit seinem Bericht die Batista-Reden von Castros Tod Lügen zu strafen. Castro selbst hat-

te den New-York-Times-Journalisten in die Berge eingeladen, damit sich die Weltöffentlichkeit von seiner Unverwüstlichkeit überzeugen konnte – und die Sympathien für Castro wuchsen.

Die ganze Ausdehnung des Rebellenlagers lässt sich gut im **Museum** an einem Modell erkennen: 16 Gebäude kann man zählen – von der »Casa Comandante« (Fidel Castro) bis zum Gäste- und zum Frauenhaus, von der Küche bis zur Hütte, in der Recht gesprochen wurde, dem »Justizgebäude«. Außerdem sind alte Schreibmaschinen, eine Nähmaschine und viele Fotos zu sehen.

KUBA
ERFASSEN

Farbenfrohe Fassade: Wandmalerei in Santiago de Cuba (▶ MERIAN TopTen, S. 150).

KUBA KOMPAKT

Hier erfahren Sie alles, was Sie über die Insel Kuba wissen müssen – kompakte Informationen über Land und Leute, von Bevölkerung über Geografie und Politik bis Religion und Wirtschaft.

BEVÖLKERUNG

Der ethnische Schmelztiegel Kuba setzt sich aus Menschen der drei Kontinente Europa, Afrika und Asien zusammen. Wie viel Erbgut der Ureinwohner – den Guahanatabey, Siboney und Taínos – noch in den Kubanern steckt, werden erst DNS-Analysen klären. Mit dem Zuckerboom im 18. Jh. kam die Einwanderung aus Spanien in Schwung. Gleichzeitig stieg der Import von Sklaven aus Afrika. Als die Sklaverei 1886 verboten wurde, nahmen Großgrundbesitzer 150 000 chinesische Kulis unter Vertrag. Rund 1 Mio. Kubaner leben in Florida. Die meisten flohen seit 1959 vor dem Kommunismus, andere 1980 und 1994 vor der Wirtschaftsnot.

LAGE UND GEOGRAFIE

Kuba ist die größte Insel der Antillen, ein Archipel mit mehreren vorgelagerten Inselgruppen und über 1600 Cayos aus Muschelkalk. Geografisch liegt Kuba zwischen dem Golf von Mexiko im Westen, dem Atlantik im Norden und der Karibik im Süden. Die kürzeste Entfernung zu den USA beträgt 154 km.

◄ Ein Mann, ein Hut, ein Hahn: Straßenszene in Trinidad (► MERIAN TopTen, S. 133).

POLITIK

Die einzige zugelassene Partei in der sozialistischen Republik (seit 1976) ist die Partido Comunista de Cuba (PCC), höchstes Staatsorgan die Nationalversammlung mit 614 Sitzen, die Abgeordneten werden für fünf Jahre gewählt. An der Spitze Kubas steht seit Februar 2008 (2013 wiedergewählt) der Comandante en jefe Raúl Castro Ruz (*1931), der die Amtsgeschäfte des erkrankten Bruders Fidel übernahm. Der fünf Jahre jüngere Raúl war zuvor gut 50 Jahre lang Verteidigungsminister. Als Staats- und Regierungschef vereint er alle staatstragenden Funktionen in seiner Person, auch die des Oberbefehlshabers der Streitkräfte und PCC-Generalsekretärs. Raúl gilt als Pragmatiker. Er veränderte die ideologisch geprägte Politik seines Bruders durch fundamentale Reformen, die 2011 auf dem VI. Parteitag zur Stärkung der Wirtschaft beschlossen wurden.

RELIGION

Von 1962 bis 1992 war Kuba ein atheistischer Staat, seit 1991 garantiert die Verfassung Religionsfreiheit. Zwei Papstbesuche (1998 und 2012) bescherten der katholischen Kirche, die einst mit den spanischen Kolonisatoren und Missionaren importiert worden war, eine Renaissance. In der atheistischen Zeit erstarkten die von den Sklaven aus Afrika importierten Götterkulte (Santería). Heute huldigen schätzungsweise 80% aller Kubaner zugleich der Santería und dem Christentum, jedem katholischen Heiligen stellten sie einen afrikanischen Gott zu Seite.

WIRTSCHAFT

Das 1962 verhängte US-Wirtschaftsembargo konnte Kuba mithilfe seiner sozialistischen Bruderstaaten umschiffen, bis es zum Zusammenbruch der Sowjetunion (1991) kam und Kuba seinen wichtigsten Handelspartner verlor. Fidel Castro setzte daraufhin auf Tourismus als neuen Devisenbringer und auf neue Handelspartner in Lateinamerika. Seit 2009 boomt der Tourismus. Die Annäherung an den Westen hat die Entdeckerlust von Amerikanern und Europäern zusätzlich befeuert.

Mehr Geld macht Kuba jedoch mit Landsleuten jenseits der Grenze: Allein 50 000 kubanische Ärzte praktizieren im Ausland. Exportgüter sind Zucker, Nickel, Tabak und Kaffee. Die Eurokrise setzte Kubas Wirtschaft erneut zu. Raúl Castro begann die Wirtschaft radikal zu reformieren: Rund 1 Mio. Kubaner wurden aus dem Staatsdienst entlassen, über 200 Branchen für Privatunternehmer (»cuentapropistas«) geöffnet, die Reisefreiheit eingeführt, der An- und Verkauf von Wohnimmobilien und der Import von Pkws erlaubt. Gut 80 % der Lebensmittel werden importiert, und seit Langem gibt es Pläne, das doppelte Währungssystem abzuschaffen.

AMTSSPRACHE: Spanisch
EINWOHNER: 11,2 Mio.
FLÄCHE: 109 884 km^2
GRÖSSTE STADT: La Habana (Havanna), 2,1 Mio. Einwohner
INTERNET: www.cubainfo.de, www.autenticacuba.com
RELIGION: ca. 50% Katholiken, Protestanten, afrokubanische Religionen
WÄHRUNG: Kubanischer Peso (CUP), Kubanischer Peso Convertible (CUC)

GESCHICHTE

Wie wurde Kuba zur reichsten Zuckerkolonie der Welt?
Warum fühlten sich die Kubaner so lange um ihre Freiheit betrogen?
Wie konnten hier Guerilleros die Regierung übernehmen?
Entdecken Sie Kubas ungewöhnliche Geschichte.

6000 v. Chr. Frühe Besiedlung

Die ersten Menschen gelangen vermutlich vor etwa 8000 Jahren mit Kanus aus Mittelamerika nach Kuba. Auf dieses Alter wurden die ältesten Spuren datiert, die man im tiefen Südwesten der Insel fand. Überlieferungen zufolge lebten dort noch zur Zeit der Ankunft der Spanier Nachfahren dieses ältesten Stamms der **Guanahatabeyes**. Sie sprechen eine andere Sprache als die Mehrheit der Einheimischen, die **Taíno**, und sind ebenso wie eine zweite Minderheit, die **Ciboney** (oder Siboney, das heißt »Steinleute«), noch Jäger und Sammler. Die Taíno kommen ab etwa 700 v. Chr. über die Kleinen Antillen nach Kuba und gehören der Sprachfamilie der Arawak an. Sie kennen die Keramik, betreiben Ackerbau und glauben an Naturgötter. An der Spitze stehen **Kaziken** wie Habaguanex, Camagüey oder Guamá. Den Kaziken zur Seite stehen ein Ältestenrat und der lokale Priester (»behique«), der die medizinische oder berauschende Wirkung bestimmter Pflanzen kennt und religiöse Zeremonien leitet.

1492 Entdeckung durch Kolumbus

Als **Christoph Kolumbus** 1492 in der »Neuen Welt« landet, die er für Westindien hält (weshalb er bekanntlich die Ureinwohner Indios nennt), bevölkern die Taíno die Großen Antillen und die heutigen Bahamas. Kuba ist in 29 Kazi-

8000 v. Chr.

1492

1511

Diego Velázquez de Cuellar segelt mit vier Schiffen und 300 Spaniern nach Kuba und gründet Baracoa als erste Stadt.

Die ersten Siedler erreichen Kuba, wahrscheinlich Guanahatabeyes aus Mittelamerika.

Kolumbus entdeckt die kubanische Nordostküste (Bahía de Bariay) und anschließend die äußerste Ostküste (Baracoa).

kenreiche unterteilt. Kolumbus betritt die Insel zunächst an der Nordküste (Bahía de Bariay) und dann an der Ostküste (Baracoa), bevor er weitersegelt und vor Hispaniola Schiffbruch erleidet. Die dortigen Taíno eilen ihm zu Hilfe, und Kolumbus verspricht ihnen im Gegenzug Unterstützung im Kampf gegen die kannibalischen Kariben, die ärgsten Feinde der Taíno. Spätestens als Kolumbus 1502 nach Spanien deportiert wird, erkennen die Taíno die wahren Absichten der Neuankömmlinge. Von den neuen Statthaltern, unter ihnen **Diego de Velázquez de Cuellar**, werden zunächst die Taíno auf Hispaniola brutal unterworfen.

1508–1525 Die Eroberung

Als der Spanier **Sebastián de Ocampo** Kuba 1508 umsegelt, wird klar, dass es sich um eine Insel handelt. Nun wird auch die Eroberung Kubas vorbereitet. 1511 sticht Velázquez mit vier Schiffen und 300 Mann, unter ihnen sein Sekretär Hernán Córtez sowie der Priester Bartolomé de Las Casas, von Hispaniola aus in See und landet in Baracoa.

Dort ruft **Hatuey**, ein aus Hispaniola nach Kuba geflüchteter Kazike, die Taíno zum Widerstand auf, wird aber an die Spanier verraten. Velázquez nimmt ihn gefangen und lässt ihn 1512 als Ketzer verbrennen. Hatuey wird auf Kuba als erster Rebell verehrt. Vor seiner Hinrichtung soll er gesagt haben, lieber wolle er in die Hölle, als zu den grausamen Spaniern in den Himmel. Velázquez »befriedet« danach als erster Gouverneur die ganze Insel und gründet zahlreiche Städte, darunter Santiago de Cuba, wo er 1525 stirbt.

1535–1763 Piratenzeit

Eine neue Epoche bricht an: die Zeit der Ausplünderung Amerikas. Drehscheibe wird **Havanna**, denn 1535 befiehlt Karl V. eine neue Flottenordnung und weist Havanna die Funktion als Sammelplatz vor der Heimfahrt nach Spanien zu. Havanna wächst zum größten Werftzentrum der Karibik heran, ganz Kuba arbeitet ihm zu. Aber bald wird es in der Karibik eng für die Spanier. Nach dem Sieg von **Francis Drake** über die spanische Armada 1588 lauern die

Der Widerstandskämpfer Hatuey, ein aus Hispaniola geflüchteter Kazike, wird lebendig verbrannt.

1515
Havanna wird am Ufer des Río Mayabeque gegründet und 1519 an seinen heutigen Platz verlegt.

1512

1514
Der Priester Bartolomé de Las Casas wandelt sich in Sancti Spíritus zum Beschützer der Indios.

1607
Havanna wird Kubas Hauptstadt. Die spanische Vormachtstellung auf den Weltmeeren geht zu Ende.

Engländer bald überall darauf, den Spaniern Land und Schätze abzujagen. Havanna beginnt, sich mit Festungen zu schützen. Dennoch können die Engländer 1762 die Stadt einnehmen – um sie schon ein Jahr später gegen Florida einzutauschen. Sie verlassen Havanna jedoch erst nach Abschluss eines neuen Handelsabkommens. Es beschert Kuba 4000 Sklaven für die Arbeit auf den ersten Zucker- und Tabakplantagen.

Ab 1790 Aufstieg zur Zuckerinsel

Auf der Nachbarinsel, im französischen Westteil von Hispaniola (Saint-Domingue), ernten und verarbeiten etwa zur gleichen Zeit bereits 400 000 Sklaven Zuckerrohr für nur 30 000 Weiße. Das funktioniert so lange, bis im Mutterland Frankreich 1789 der Ruf der **Französischen Revolution** nach »Freiheit, Gleichheit und Brüderlichkeit« ertönt und bis nach Saint-Domingue dringt.
Es kommt zu blutigen **Sklavenaufständen**, die die ganze Karibik erschüttern. Überall fürchtet man jetzt Rebellionen, verschärft Strafen und Sicherheitsmaßnahmen. Aus Saint-Domingue fliehen

französische Plantagenbesitzer mit ihnen ergebenen Sklaven ins Ausland, vor allem nach Kuba. Mit ihrem Geld und ihrem Know-how im Plantagenanbau verwandeln sie nun Kuba in das, was Saint-Domingue bis zu den Sklavenaufständen war: die ertragreichste Zuckerkolonie der Welt.

1821–1878 Erster Unabhängigkeitskrieg

Unterdessen verändert sich das koloniale Amerika. Im Vorfeld der Französischen Revolution lösen sich schon die USA von England, Haiti wird 1804 von Frankreich unabhängig, und Simón Bolívar befreit 1821 die spanischen Kolonien – ausgenommen Puerto Rico und Kuba. 1823 erlassen die wirtschaftlich erstarkten USA die **Monroe-Doktrin** (»Amerika den Amerikanern«) – um zugleich selbst massiv in Mittel- und Südamerika sowie in der Karibik zu intervenieren. Washington empfindet Kuba, wie ein US-Außenminister verkündet, als »natürliches Anhängsel«. Als aber der Anschluss an die USA diskutiert wird, entlädt sich das Unbehagen

Spanien schafft die Sklaverei auf Kuba ab.

1762/1763

1868–1878

1886

England erobert Havanna, tauscht es aber ein Jahr später gegen Florida. Beginn des Sklavenhandels.

Der erste Unabhängigkeitskrieg gegen Spanien endet mit einer Niederlage für die Rebellen.

der Kubaner im Jahr 1868 im »**Ruf von Yara**«, der flammenden Unabhängigkeitserklärung des Großgrundbesitzers **Carlos Manuel de Céspedes**. Zusammen mit Ignacio Agramonte, Máximo Gómez, Calixto García und Antonio Maceo als Führer der Rebellen bekriegt er zehn Jahre lang eine 100 000 Mann starke spanische Streitmacht. Am Ende siegt Spanien, senkt Steuern und Zölle und lockert die Handelsbeschränkungen. Die USA werden wichtigster Handelspartner Kubas.

1895–1899 Zweiter Unabhängigkeitskrieg

Den nächsten Befreiungsversuch startet **José Martí** (1853–1895), Kubas großer Dichter, Denker und Nationalheld. Mit 17 Jahren wird er wegen antispanischer Agitation zu sechs Jahren Zwangsarbeit verurteilt, erkrankt aber so schwer, dass man ihn zur Kur schickt und schließlich ins Exil nach Spanien verbannt. Dort studiert er, wird Journalist, bereist Europa und Lateinamerika und geht 1880 nach New York, um die Befreiung Kubas vorzubereiten.

1895 beginnt der Krieg, Martí aber fällt nur einen Monat und acht Tage, nachdem er ins Feld zog – und steigt daraufhin zum Volkshelden auf. 1898 scheint der Krieg schon gewonnen, da rufen konservative Kräfte die USA zu Hilfe. Sie schicken das Kriegsschiff »Maine« nach Havanna. Am 15. Februar 1898 explodiert es im Hafen und reißt 260 US-Marines in den Tod. Es kommt zum **Spanisch-Amerikanischen Krieg**. Er ist kurz (25. April–12. August 1898), bringt aber große Veränderungen: Am 1. Januar 1899 übergibt Spanien die Oberhoheit über Kuba an die USA.

1901–1952 Zeit der Diktatoren

Der zweite Unabhängigkeitskrieg führt die Kubaner in die Abhängigkeit von den USA. Ein Zusatz (Platt-Amendment) in der Verfassung von 1901 gewährt den USA ein **Interventionsrecht**. Und sie nehmen es sich bereits 1906 nach Wahlunruhen, um danach drei Jahre im Land zu bleiben. Rassismus und rücksichtsloses Profitstreben kehren zurück, vor allem als der Zuckerpreis durch die Verknappung des Rü-

Zweiter Unabhängigkeitskrieg. José Martí fällt im Gefecht und steigt zum Volkshelden auf.

1895

1898–1902
Die USA greifen ein. Spanien kapituliert. Kuba wird Republik unter der Oberaufsicht von Washington.

1925–1952
Zeit der Diktaturen und der Putsche von Fulgencio Batista y Zaldívar. US-Unternehmen kontrollieren die Wirtschaft.

1953
Sturm auf die Moncada-Kaserne, 1956 beginnt der Guerillakrieg in der Sierra Maestra.

benzuckers im Ersten Weltkrieg boomt (»Tanz der Millionen«). Zwischen 1911 und 1924 versechsfacht sich die Höhe der US-Investitionen. Den Niedergang des Zuckerpreises indes bekommen vor allem die Arbeiter zu spüren. Sympathisanten finden sie an den Universitäten. Dort formiert sich auch der politische Widerstand gegen das harte Vorgehen von Diktator **Gerardo Machado** gegen die Arbeiterbewegung sowie gegen den folgenden zweifachen Putschisten (1933 und 1952) **Fulgencio Batista y Zaldívar**.

1953–1959 Die Revolution

Aufsehen erregt besonders der Studentenführer und Jurist **Fidel Castro Ruz** (*13. August 1926). Erst attackiert er Batista formal mit einer Klage wegen Verfassungsbruchs, dann mit Waffen, indem er am 26. Juli 1953 mit 165 Mann die Militärkaserne in Santiago den Cuba angreift. Die Attacke endet in einem Fiasko mit 70 toten Rebellen. Castro überlebt und hält seine berühmte Verteidigungsrede, in der er am Ende sagt: »Verurteilt mich, die Geschichte wird mich freisprechen.« Zwei Jahre

später ist er schon wieder frei – begnadigt im Zuge einer Amnestie.

Den Sturz Batistas bereitet er nun im Exil in Mexiko vor, wo sich ihm der argentinische Arzt **Ernesto »Che« Guevara** (▶ S. 116) anschließt. Am 25. November 1956 stechen 82 Mann mit der Jacht »Granma« in See, um an der Playa Los Coloradas bei Niquero auf Kuba zu landen. Das Militär lauert ihnen auf und richtet ein Blutbad an: Lediglich 20 Überlebende entkommen in die Sierra Maestra. Dort schlagen sie ihr Lager auf (▶ S. 164) und mobilisieren das kubanische Volk für den Umsturz. Zwei Jahre später dann die Generaloffensive: Unter Che Guevara fällt Santa Clara, und Batista flieht ins Ausland. Am 1. Januar 1959 verkündet Fidel Castro in Santiago de Cuba den **Sieg der Revolution**.

1959–1989 Staatsaufbau und erste Krise

Der Máximo Líder im grünen Drillich und sein Chefideologe Che Guevara enteignen die US-amerikanischen Fabrik- und Grundbesitzer und bauen das Land nach **sozialistischem Muster** um.

1959

Sieg der Revolution unter Fidel Castro.

1961

Die von der CIA gestützte Invasion in der Schweinebucht scheitert.

1962

Die »Kubakrise« endet mit dem Verzicht auf die Stationierung von Raketen.

Sie errichten ein kostenloses Bildungs- und Gesundheitssystem, führen eine breit angelegte Alphabetisierung durch und verkünden die Parole »Socialismo o Muerte«, Sozialismus oder Tod.

1960 reagieren die USA mit einem Wirtschaftsembargo. Ein von der CIA unterstützter Invasionsversuch scheitert 1961 in der Schweinebucht. Ein Jahr später bringt die »Kubakrise« um die Stationierung sowjetischer Mittelstreckenraketen auf der Insel die Welt an den Rand eines Atomkriegs. 1965 wird die Kommunistische Partei Kubas gegründet. Schon 1970 kommt es zu einer ersten schweren Krise durch eine schlechte Zuckerernte. 125 000 Kubaner reisen über Mariel ins Ausland aus.

1990–2016 Spezialperiode und Reformen

Völlig zum Erliegen kommt die Wirtschaft auf Kuba nach dem Zusammenbruch der Sowjetunion. Es wird die »periodo especial« ausgerufen. Fidel Castro wirbt um Verbündete in Lateinamerika. Er findet sie zunächst in Venezuela, später auch in Bolivien, Ecuador und Brasilien. In Kuba setzt er mit Erfolg auf den **Tourismus** als Devisenbringer. Der Preis ist sozialer Unfrieden, vor allem durch die Spaltung der Währung in kaufkräftige Devisen (Peso Convertible) und den kubanischen Peso. Zugleich bleibt Kubas Wirtschaft schwerfällig und marode. Erst als **Raúl Castro** seinen Bruder ablöst, beginnt die Wende. Der Pragmatiker streicht staatliche Stellen und setzt radikale Reformen durch. Ende 2014 verkündet US-Präsident Barack Obama das Ende der Eiszeit zwischen Amerika und Kuba, jedoch nicht des Embargos. Auf dem Amerika-Gipfel in Panama reichen sich die Präsidenten beider Länder die Hände – ein historisches Ereignis. Die US-Botschaft in Havanna wird eröffnet, das Embargo gelockert, Goldgräberstimmung bricht aus. Im Februar 2016 besucht Papst Franziskus Kuba, dann Barack Obama, gefolgt vom internationalen Jetset wie den Rolling Stones. Trotz der Öffnung emigrierten 2016 rund 50 000 Kubaner in die USA. US-Präsident Trump droht Kuba noch vor Amtsantritt im Januar 2017, das Rad der Zeit zurückzudrehen.

Gründung der Kommunistischen Partei. Che Guevara verlässt Kuba.

2011–2017 Radikale Wirtschaftsreformen. Unternehmertum wird erlaubt, Reisefreiheit eingeführt. Tauwetter zwischen Amerika und Kuba.

1965

1991 Der Zusammenbruch der UdSSR verschärft die Wirtschaftskrise.

2016 Fidel Castro stirbt am 25. November im Alter von 90 Jahren.

REISEINFORMATIONEN

Anreise und Ankunft
MIT DEM FLUGZEUG

Havanna, Varadero, Holguín sowie der internationale Flughafen von Cayo Coco werden von zahlreichen Charterfliegern angesteuert, Havanna zudem von internationalen Fluggesellschaften wie Iberia, Austrian Airlines, Swiss, Air France und KLM. Die Flugdauer von Mitteleuropa beträgt bei einem Nonstopflug etwa 10 Stunden.

Auskunft
IN DEUTSCHLAND, ÖSTERREICH UND DER SCHWEIZ

Kubanisches Fremdenverkehrsbüro

c/o Botschaft der Republik Kuba | Stavangerstr. 20 | 10439 Berlin | Tel. 030/ 44719658, 44718949 | www.cubatravel. cu | www.autenticacuba.com

AUF KUBA

Zentrales Fremdenverkehrsbüro Infotur in Havanna

www.infotur.cu
– Obispo 521 e/ Bernazza y Villegas | Tel. 07/8663333
– Obispo y San Ignacio | Tel. 07/ 8636884

Diplomatische Vertretungen
Deutsche Botschaft   ⚑ E1

Havanna | Vedado | Calle 13, No. 652 y Calle B | Tel. 07/8332569 | www. havanna.diplo.de

Österreichische Botschaft   ⚑ E1

Havanna | Miramar | Ave. 5ta A No. 6617 y Calle 70 | Tel. 07/2042825 | E-Mail: havanna-ob@bmeia.gv.at

Botschaft der Schweiz   ⚑ E1

Havanna | Miramar-Playa | Ave. 5ta 2005 e/ 20 y 22 | Tel. 07/2042611 | www.eda.admin.ch/havana

Feiertage
1. Januar Aniversario de la Revolución (Jahrestag der Revolution)
28. Januar Geburtstag von José Martí
8. März Día Internacional de la Mujer (Internationaler Frauentag)
Karfreitag
1. Mai Día de Trabajo (Tag der Arbeit)
30. Juli Tag der Märtyrer der Revolution

26. Juli Día de la Rebeldia Nacional (Sturm auf die Moncada-Kaserne)
10. Oktober Aniversario del Comienzo de la Primera Guerra de Independencia (Jahrestag des Unabhängigkeitskrieges 1868–1878)
25. Dezember Navidad (Weihnachten)

FKK

FKK ist verboten. In den Ferienresorts wird »oben-ohne« toleriert.

Geld

1 CUC	0,95 €/1,01 SFr
1 €	1,05 CUC
1 SFr	0,99 CUC
1 €	23,48 Pesos (CUP)

Zahlungsmittel für den Urlauber ist die Devisenwährung Peso Convertible (CUC). Der US-Dollar wurde 2004 abgeschafft. Am besten reist man mit Euro oder Schweizer Franken in bar ein und wechselt sie vor Ort. Im Ausland ist der CUC wertlos; Restbestände sind am Flughafen gegen Vorlage des Beschaffungsbelegs rücktauschbar. Nicht als Zahlungsmittel akzeptiert werden Kreditkarten oder Schecks von US-Banken, ebenso wenig EC/Maestro- oder Postbankkarten. Ansonsten kann man mit Kreditkarte bezahlen – sofern die Technik mitspielt. Gegen Vorlage von Kreditkarte und Pass erhält man in den »cadecas« und in Banken Bargeld in der Devisenwährung (ca. 3 % Gebühr). Bargeldziehen mit PIN-Nummer an Geldautomaten ist nicht möglich.
Die nationale Währung ist der kubanische Peso (CUP). Man kann CUC in einer »cadeca« in CUP wechseln, z. B. für den Einkauf auf den Märkten. Der Kurs liegt bei 22 CUP für einen CUC.

Links und Apps

Das Internet entwickelt sich – langsam. Es gibt Hotspots für WLAN und Internetcafés. Doch die Netze sind noch nicht sehr belastbar.

LINKS

www.autenticacuba.com/de, www.cubatravel.cu/de
Internationale Websites des Kubatourismus mit umfassenden Infos zu allen möglichen Themen, auch auf Deutsch.
www.cubainfo.de
Die Website des kubanischen Fremdenverkehrsamts in Deutschland bietet wichtige Links zu Veranstaltern sowie interessante Reiseinformationen.
www.cuba.cu
Kuba für die Kubaner: Auf diesem spanischsprachigen Kubaportal findet man z. B. die »Reflexiones« von Fidel Castro.
www.cubaabsolutely.com
Das englischsprachige Portal für Kuba, flott aufbereitet von kanadischen Journalisten. Tolle Bilder, gute Storys, Veranstaltungstipps, Havanna-Führer.
www.netzwerk-cuba.de
Das Portal der Kubafreunde – seit Jahrzehnten wird hier über Aktionstage, Projekte und Kampagnen berichtet.

APPS

Tripwolf – Kuba Reiseführer
Die besten Infos zu Sehenswürdigkeiten, Restaurants und Hotels in Kuba – gratis zum Download mit Offline-Stadtplan bei www.tripwolf.com, für i-Phone und Android-Smartphones.
Casa Particular Directory App
Hilfreich bei Suche nach Privatquartieren; für Android-Handys (9,95 €) und iPhones/iTunes (9,99 €) – erhältlich bei www.cuba-junky.com.

Medizinische Versorgung

Impfungen sind nicht vorgeschrieben. Da Kuba ein tropisches Land ist, empfiehlt sich jedoch eine Vorsorge gegen Typhus und Hepatitis A. Aktuelle Infos unter: www.auswaertiges-amt.de.

KRANKENHAUS

Es gibt zahlreiche Polikliniken, und jede Stadt besitzt ein Krankenhaus. Die großen Hotels sind mit Erste-Hilfe-Stellen ausgestattet. Ausländer können sich nur in speziellen Krankenhäusern behandeln lassen. Alle Behandlungs- und Medikamentkosten sind in Peso Convertible (CUC) zu bezahlen. Die größte und beste internationale Klinik Havannas, auch für Zahnbehandlungen:

Cira García ⚑ E1

Calle 20 No. 4101 y Ave. 41 (Playa) | Tel. 07/2 04 28 11 | www.cirag.cu/ingles

APOTHEKEN

Apotheken heißen »farmacia«, sie öffnen in der Regel von 9–18 Uhr. Internationale Apotheken sind gut ausgestattet. Man muss den Pass vorlegen und in CUC bezahlen.

Nebenkosten

1 Tasse Kaffee	0,75 –1,50 €
1 Bier	1,50–3,00 €
1 Cocktail (Mojito)	2,00–3,00 €
1 Flasche Rum	3,00–10,00 €
1 Cohiba-Zigarre	7,00 €
1 Liter Benzin	1,40 €
Taxi (Kilometerpreis)	1,20 €
Mietwagen/Tag	ab 50,00 €

Notruf

Polizei Tel. 106
Krankenwagen Tel. 105

Asistur ⚑ E1

Bietet rund um die Uhr Hilfe in Notfällen, Service und Infos zum internationalen Geldtransfer, medizinische Hilfe, Rechtsberatung (z. B. bei Diebstahl), Reisescheckumtausch, Fahrkarten.
Havanna | Centro Habana | Prado 208 e/ Trocadero y Colón | Tel. 07/8 66 44 99 | www.asistur.cu

Post

Briefmarken erhält man auf Postämtern und dort, wo man Postkarten kauft. Eine Ansichtskarte oder ein Brief nach Europa kosten 0,75 CUC. Um sicherzugehen, dass die Postkarte ankommt, sollte man sie beim Postamt abgeben.

Reisedokumente

Zur Einreise sind ein bis zur Abreise gültiger Reisepass und eine Touristenkarte (ab 22 €) nötig, für Kinder ein Kinderausweis mit Lichtbild und ebenfalls eine Touristenkarte. Sie ermöglicht einen Aufenthalt bis zu 30 Tagen. Zudem muss man eine Auslandskrankenversicherung nachweisen (eine spanische Übersetzung erhält man von der Versicherung), anderenfalls muss bei der Ankunft in Kuba eine eigene Versicherung abgeschlossen werden.

Reiseknigge

Fotografieren: Verboten ist das Fotografieren von Polizisten, Militärs und jeglichen militärischen Einrichtungen. **Freundschaften:** Knüpfen Kubaner engere Kontakte mit Ausländern, reagiert die Polizei mitunter argwöhnisch mit Verhören ihrer Landsleute, das sollte man wissen. Prostitution ist verboten. **Gesetze:** Eine allgegenwärtige Polizei sorgt für die Einhaltung der Gesetze.

Bei Verkehrsdelikten die Strafe (»multa«) nie an den Polizisten zahlen, sondern das Bußgeld in den Mietvertrag eintragen lassen. Werden bei einem Unfall Kubaner verletzt, muss man seine Unschuld beweisen können – bis zur Klärung darf man das Land nicht verlassen. Also besser defensiv fahren!

Reisewetter

Im subtropischen bis tropischen Klima Kubas gibt es nur zwei Jahreszeiten: die schwülheiße Regenzeit von Mai bis Oktober und die für Europäer angenehmere Trockenzeit von November bis April. Erwärmt sich der Atlantik über 20 °C (Aug.–Okt.), ist Hurrikanzeit. Im Dezember und Januar können sich Kälteperioden im Norden (USA) abkühlend auswirken. Die Durchschnittstemperatur der Luft ist am Tag 28 °C, in der Nacht 20 °C, die des Wassers ca. 26 °C.

Sicherheit

Kuba ist im Vergleich zu anderen lateinamerikanischen Ländern ein relativ sicheres Reiseland. Individualtouristen sollten allerdings auch nicht zu vertrauensselig sein, Diebstähle kommen immer häufiger vor.

Spezialveranstalter

Cuba-Erlebnisreisen

Pauschal- und Rundreisen, Segeltörns, Bus- und Bahnreisen, Vermittler von Privatquartieren.
c/o Reisebüro Rieckmeyer | Aegidiistr. 18 | 48143 Münster | Tel. 0251/4 84 07 80 | www.cuba-erlebnisreisen.de

Danza y Movimiento

Zahlreiche Tanz- und Sprachkurse.
Kleine Rainstr. 3 | 22765 Hamburg | Tel. 040/34 03 28 | www.danzaymovimiento.de

Marco Polo Reisen

Kleine Gruppen, um vor Ort flexibler zu sein und in kleinen Hotels und »casas particulares« absteigen zu können.
Riesstr. 25, 80992 München | Tel. 0 80/50 60 00 | www.marco-polo-reisen.com

Studiosus

Studienrundreisen unter nachhaltigen, sozial verantwortlichen und umweltschonenden Aspekten.

Klima (Mittelwerte)

	Januar	Februar	März	April	Mai	Juni	Juli	August	September	Oktober	November	Dezember
Tages-temperatur	26	26	27	29	30	31	32	32	31	30	27	26
Nacht-temperatur	19	19	20	21	22	24	24	24	24	23	21	20
Sonnen-stunden	6	6	7	7	8	6	6	6	5	5	5	5
Regentage pro Monat	6	4	4	4	7	10	9	10	11	11	7	6
Wasser-temperatur	24	25	26	26	27	28	29	30	28	26	25	24

Riesstr. 25 | 80992 München | Tel. 089/
50 06 00 | www.studiosus.de

Strom

Neuere Hotels bieten meist 220-Volt-Steckdosen, ältere sind noch für 110 Volt ausgelegt (Adapter mitnehmen!).

Telefon

VORWAHLEN

D, A, CH ▶ Kuba 00 53
Kuba ▶ D 1 19 49
Kuba ▶ A 1 19 43
Kuba ▶ CH 1 19 41

Wesentlich preiswerter als im Hotel ist das Telefonieren an den blauen Kartentelefonen, im Etecsa-Telegrafenamt (Centro Telefonico) und den Etecsa-Telefonkiosken (»minipuntos«). Die Telefonkarten für nationale (5 oder 10 CUP) und internationale Gespräche (5 oder 10 CUC) kann man in Hotels und in den Etecsa-Büros kaufen.
Für Telefonate innerhalb Kubas muss eine 1 vor der Ortskennzahl gewählt werden. Handynutzer werden automatisch zum Roamingpartner Cubacel weitergeleitet. Cubacel verkauft auch Prepaid-Chips. Bei Auslandsgesprächen wird vor der Landeskennzahl eine 119 gewählt. Inlandsgespräche benötigen die Vorwahl 0 für Havanna, im restlichen Land die Vorwahl 01 (dann Ortskennzahl und Teilnehmertelefon). Neuerdings muss bei Telefonaten innerhalb Havannas die Ortskennzahl 7 mitgewählt werden. Weitere Informationen erhält man unter www.etecsa.cu.

Trinkgeld

1 bis 2 CUC Trinkgeld (»propina«) für einen Kofferträger sind ebenso ange-messen wie 6 bis 10 CUC pro Woche für den Zimmerservice.

Verkehr

Wer auf eigene Faust in Kuba umherreist, sollte ein wenig Spanisch sprechen und mit Unbequemlichkeiten rechnen. Den Fahrplänen öffentlicher Verkehrsmittel ist nicht immer zu vertrauen, Verspätungen gehören zum Alltag. Auf der Autobahn fahren die Pkws meist links, weil auf der rechten Spur langsame Fahrzeuge wie Kutschen, Pferdekarren und Fahrräder anzutreffen sind – nachts auch oft ohne Beleuchtung! Achtung: Schlaglöcher!
Auf Kuba gibt es Straßennamen und zugleich (z. B. in Havanna-Vedado) ein Nummernsystem nach US-Vorbild. Liegt eine Adresse an einer Ecke (spanisch: »esquina« heißt das: Calle Obispo esq. San Ignacio oder einfach Obispo y San Ignacio. Liegt sie zwischen (»entre«) zwei Straßen, heißt es: Calle Obispo entre San Ignacio y Cuba oder einfach Obispo e/ San Ignacio y Cuba.

BUSSE

Die Busse von Viazul (Havanna, Ave. 26 y Zoológico, Tel. 07/8 81 14 13, www. viazul.com) verkehren zwischen den großen Orten, bequem und pünktlich. Die Fahrt von Havanna nach Varadero dauert ungefähr 2,5 Stunden und kostet 10 CUC, die Strecke Havanna–Santiago 16 Stunden und 51 CUC.

FLUGZEUG

Größere Inlandsstrecken überwindet man am besten mit dem Flugzeug. Da die Flüge jedoch sehr rasch ausgebucht sind, ist eine Reservierung noch in Deutschland zu empfehlen, z. B. bei einem Kuba-Spezialisten. Die meisten innerkubanischen Flugziele bietet die Cubana (www.cubana.cu). Aero Gaviota bedient u. a. Baracoa, Cayo Coco, Holguín, Trinidad und Varadero (www.aerogaviota.com), Aero Caribbean lateinamerikanische Ziele, u. a. auch Santo Domingo (www.cubajet.com).

MIETWAGEN

Es gibt nur kubanische Anbieter, z. B. Cubacar oder Transtur. Voraussetzungen für eine Anmietung sind der nationale Führerschein, der Reisepass und ein Mindestalter von 21 Jahren. Je nach Mietdauer kostet der günstigste Wagentyp etwa 50 CUC, dazu kommt eine obligatorische Versicherung (ab 10 CUC pro Tag); Reifenreparaturen werden von der Versicherung nicht gedeckt. Ein zweiter Fahrer muss in den Vertrag eingetragen werden und zahlt zusätzlich 3 CUC pro Tag. Bei Vertragsabschluss wird je nach Typ ein Kreditkartenabzug über eine Kaution von 150 bis 500 CUC fällig.

Die Hauptstrecken im Lande sind ausreichend mit Tankstellen versehen, bei denen man oft auch rund um die Uhr tanken kann. Man sollte den Tank jedoch nicht bis zum letzten Tropfen ausreizen, weil manche Tankstelle schon leergetankt sein könnten.

TAXIS

Touristentaxis mit dem gelben o.k.-Schild auf dem Dach stehen vor jedem größeren Hotel. Diese fahren mit Taxameter. Die Grundgebühr beträgt meist 1 CUC, jeder weitere Kilometer wird mit 40 bis 70 Cent (nachts etwa 20 % mehr) berechnet. Außerdem gibt es lizenzierte Taxifahrer, die ihren Privatwagen nutzen, Coco-Taxen, überdachte Motorroller, Bici-Taxen sowie Rikscha-Fahrräder. Der Preis sollte in jedem Fall vorher ausgehandelt werden.

Eine günstige Alternative zu den teureren Taxis ist das neue System der Sammeltaxis mit alten US-Limousinen, die auf festen Routen in der Altstadt und Centro Habana verkehren. Man zahlt mit kubanischen Pesos – vorausgesetzt man findet einen freien Platz. Drehscheibe ist der Parque de la Fraternidad. Die Apps Metro, The Cuban Urban Transport (nur mit Netz) oder Uber Cubano informieren darüber, wie man sich günstig fortbewegen kann.

Zeitungen

Die überregionale Tageszeitung »Granma« ist das offizielle Sprachrohr der Kommunistischen Partei. Im Internet kann man sie auch auf Deutsch nachlesen: www.granma.cu/aleman. Außerdem erscheint »Granma Internacional« wöchentlich auf Englisch. Die regierungskritische Bloggerin Miriam Celaya schreibt für ihre Online-Tageszeitung unter www.14ymedio.com.

Zeitverschiebung

Der Zeitunterschied zur MEZ beträgt 6 Stunden, lediglich in der letzten Märzwoche und der ersten Novemberwoche 5 Stunden.

Zoll

BEI DER EINREISE IN KUBA

Eingeführt werden dürfen persönliche Gegenstände wie Kameras, Ferngläser, Musikinstrumente, Sportartikel oder auch Laptops. Wer Geschenke mitbringen will, darf zollfrei maximal 10 kg Medikamente und Geschenkartikel im

Wert von bis zu 50 US-Dollar einführen. Wenn das Gepäck schwerer als 30 kg wirkt, wird es gern von den Zollbeamten auf unerlaubte Geschenke überprüft und eventuell ein »Strafzoll« fällig. Nicht erlaubt ist die Einfuhr von frischen Lebensmitteln, tierischen Produkten, Drogen, Pornografie, Waffen und explosiven Stoffen. Mehr Informationen unter www.aduana.co.cu.

BEI DER AUSREISE AUS KUBA

Nicht erlaubt ist die Ausfuhr von Kulturgütern. Wertvolle zeitgenössische Kunst, etwa Gemälde, darf nur mit einem Zertifikat ausgeführt werden, das man normalerweise beim Kauf erhält. Ausführen darf man 1 l hochprozentige alkoholische Getränke, 200 Zigaretten oder 100 Zigarillos bzw. 50 Zigarren (ab einer Anzahl von 24 Zigarren müssen der Kaufbeleg eines offiziellen Zigarrenladens sowie ein Zertifikat über die Echtheit vorgelegt werden). Die

Zigarren müssen sich außerdem in einer Originalkiste (Hologramm im Deckel) befinden. Die Zigarren sollte nicht in den Koffer, sondern unbedingt ins Handgepäck, denn der Zoll will kontrollieren. Zigarren, deren Herkunft nicht eindeutig erkennbar ist, werden konfisziert.

BEI DER EINREISE IN EUROPA

Folgende Richtmengen dürfen bei der Ankunft in Europa nicht überschritten werden: 200 Zigaretten oder 100 Zigarillos bzw. 50 Zigarren oder 250 g Rauchtabak; 1 l Rum (über 22 % Alkohol) oder 2 l Zwischenerzeugnisse (22 % oder weniger), außerdem Waren im Wert von 430 € (175 € bei unter 15-Jährigen). Die Einfuhr von Krokodilleder, Schildpatt, schwarzer Koralle und großen Muscheln ist nach dem Washingtoner Artenschutzabkommen verboten. Weitere Infos unter www.zoll.de, www.zoll.ch und www.bmf.gv.at/zoll.

Entfernungen (in km) zwischen wichtigen Orten

	Bayamo	Camagüey	Cienfuegos	Havanna	Holguín	Pinar del Río	Santa Clara	Santiago de Cuba	Trinidad	Varadero
Bayamo	–	210	543	736	68	879	480	116	468	656
Camagüey	210	–	322	526	202	668	268	326	253	444
Cienfuegos	543	322	–	246	537	387	63	660	79	171
Havanna	736	526	246	–	735	165	258	858	318	121
Holguín	68	202	537	735	–	876	470	155	465	646
Pinar del Río	879	668	387	165	876	–	400	1023	459	290
Santa Clara	480	268	63	258	470	400	–	595	122	176
Santiago de Cuba	116	326	660	858	155	1023	595	–	579	776
Trinidad	468	253	79	318	465	459	122	579	–	250
Varadero	656	444	171	121	646	290	176	776	250	–

ORTS- UND SACHREGISTER

Wird ein Begriff mehrfach aufgeführt,
verweist die **fett** gedruckte Zahl auf die Hauptnennung.
Abkürzungen: Hotel [H] · Restaurant [R]

Liebe Leserinnen und Leser,

vielen Dank, dass Sie sich für einen Band aus unserer Reihe MERIAN *momente* entschieden haben. Wir freuen uns, wenn Ihnen der Reiseführer gefällt. Wenn Sie aber Anregungen, Korrekturen oder Kritik haben, zögern Sie bitte nicht, uns zu schreiben. Denn das hilft uns, MERIAN *momente* noch besser zu machen.

Alle Angaben in diesem Reiseführer sind gewissenhaft geprüft. Preise, Öffnungszeiten usw. können sich aber schnell ändern. Für eventuelle Fehler übernimmt der Verlag keine Haftung.

© 2018 GRÄFE UND UNZER VERLAG GmbH, München
MERIAN ist eine eingetragene Marke der GANSKE VERLAGSGRUPPE.

GRÄFE UND UNZER VERLAG
Postfach 86 03 66 | 81630 München
Tel. 0 89/4 50 00 99 41
LESERSERVICE
merian@graefe-und-unzer.de
Tel. 0 08 00/72 37 33 33 *(gebührenfrei in D, A, CH)*
Mo–Do 9.00–17.00 Uhr, Fr 9.00–16.00 Uhr

Alle Rechte vorbehalten. Nachdruck, auch auszugsweise, sowie die Verbreitung durch Film, Funk, Fernsehen und Internet, durch fotomechanische Wiedergabe, Tonträger und Datenverarbeitungssysteme jeglicher Art nur mit schriftlicher Genehmigung des Verlages.

BEI INTERESSE AN MASSGESCHNEIDERTEN MERIAN-PRODUKTEN:
veronica.reisenegger@graefe-und-unzer.de

BEI INTERESSE AN ANZEIGEN:
KV Kommunalverlag GmbH & Co KG
Tel. 0 89/9 28 09 60
info@kommunal-verlag.de

3. Auflage 2018

REDAKTION
Richard Schmising, Nadia Turszynski
LEKTORAT
Ewald Tange, tangemedia, München
BILDREDAKTION
Nora Goth
SCHLUSSREDAKTION
Heidemarie Herzog
HERSTELLUNG
Renate Hutt
SATZ/TECHNISCHE PRODUKTION
Ewald Tange, tangemedia, München
REIHENGESTALTUNG
Independent Medien Design, Horst Moser, München (Innenteil), La Voilà, Marion Blomeyer & Alexandra Rusitschka, München und Leipzig (Coverkonzept)
KARTEN
Kunth Verlag GmbH & Co. KG für MERIAN-Kartographie
DRUCK UND BINDUNG
Printer Trento, Italien

Ein Unternehmen der
GANSKE VERLAGSGRUPPE

PEFC/18-31-506

BILDNACHWEIS
Titelbild (Paseo de Marti, Havanna): Bildagentur Huber: Kremer
akg-images/AP 174l | alamy: P. Crean 19, M. Lucier 33, mauritius images 94, S. Smith 53, TNT Magazine 93, Anzenberger: G.& H. Schill 136, Schill 110, G. Sioen 103 | AWL: J. Arnold 26, W. Bibikow 16, 97, P. Harris 54 | Bildagentur Huber: R. Schmid 41, 62-63, 64, 76, 128, 154 | Bildagentur-online: Tschanz-Hofma 89 | dpa Picture-Alliance: M. Longhurst 2, A. Rath 159, P. Schickert 12 | Ehrenburg/CC BY-SA3.0 171l | Flonline 58, 124, 138, 166-167 | fotolia.com: Daniel Prudek 14 | gemeinfrei 171r, 174r, 175 | Getty Images 34, 86, R. van der Hilst 50, vuk8691 100 | GlowImages 13r, 107, 163 | imageBROKER/vario images 70 | imago: C. Bach 43, McPHOTO 22 | INTERFOTO 116 | laif: A. Falvo 73, P. Frilet/hemis.fr 75, 127, 132, G.Haenel 30, Hauser 57, 90, Meyer 6, K.-H. Raach 18, 113, 165, S. Sahm 141, Tatlow 144 | look-foto 20-21 | mauritius images: alamy 25, 104, 123,148, 168, W. Bibikow 15, E. Bömsch/imageBROKER 17, CuboImages 156-157, 161 | S.Pollex/T.Roetting 9 | Schapowalow: R. Schmid 69 | Shutterstock: A. Abrignani 192o, art studio 172, R. Canino 37, R. Cavalleri 192u, gmstockstudio 29, R. Gonzalez 38, G. Kollidas 173l, Neftali 170, Sloneg 120, The Visual Explorer 13l, 56, Toniflap 55, Tupungato 151, Vilainecrevette 131, Zhukov 173r | UPPA/Photoshot 82 | vario images: blend 4-5, D. Friedman 46 | Your Photo Today 81

KULINARISCHES LEXIKON

A

abadejo – Kabeljau, Dorsch
agua – Wasser
– mineral – Mineralwasser
– potable – Trinkwasser
ahumado – geräuchert
ajiaco – Fleischtopf mit Knollenfrüch-
   ten und Kochbananen
ajo – Knoblauch
a la plancha – auf dem Rost gegrillt
al horno – aus dem Ofen
albóndigas – Fleischklößchen
anchoas – Sardellen, Anchovis
arroz – Reis
– a la marinera – mit Fisch und/
oder Meeresfrüchten
– rojo – roter Reis (mit chorizos,
   Möhren, Tomaten)
asado – Braten
atún – Thunfisch

B

bebida – Getränk
bistec – Steak
bocadito – Snack, belegtes Brötchen
boniato – Süßkartoffel
boquerones – Sardellen
buey – Rind, Ochse

C

caballa – Makrele (auch »macarela«)
cabra – Ziege
café – Kaffee
– con leche – Milchkaffee
– con mezclado – starker, schwarzer
   Kaffee mit Zucker
calamar – Tintenfisch
caldereta – Eintopf
camarones – Krabben

carne – Fleisch
– mechada – gefüllter Rinderbraten
– picada – Hackfleisch
cerdo, chancho – Schwein
cerveza – Bier
chicharrones – frittierte Schwarte
– de pollo – frittierte Hühnerstücke
chivo – Ziege
chorizo – pikante Wurst (für Eintöpfe)
chuleta – Kotelett
churrasco – Fleisch vom Rost
cocada – Süßspeise mit Kokos
cocido – Eintopf, Gekochtes
concha – Muschel
conejo – Kaninchen
congris – Reis mit roten Bohnen,
   Tomaten und Paprikaschoten
cordero – Lamm, Lammfleisch
crema – Sahne

D

digestivo – Digestif
dorada – Goldbrasse
dulce – süß, Süßigkeit

E

empanada – Teigtasche (gefüllt)
ensalada – Salat
entrada – Vorspeise
escalopa, escalope – Schnitzel
estofado – geschmort, Schmorgericht

F

filete – Filet
flan – Pudding, Flan
frijoles – Bohnen
frito – gebraten, frittiert
fritura de pescado – gebackene Fische
fruta – Frucht, Obst

G

gamba – Garnele
guayaba con queso – Guavenmarmelade mit Frischkäse
guineo – kleine aromatische Banane

H

helado – Speiseeis
higado – Leber
huevos – Eier

J

jamón – Schinken
jugo – Saft

L

langostino – Riesengarnele
leche – Milch
lechón – Spanferkel
lenguado – Seezunge
liquado – Mixgetränk aus Früchten
   mit Wasser oder Milch
lomo – Filet, Lende

M

macarela – Makrele
mariscos – Meeresfrüchte
mejillones – Miesmuscheln
menestra – Gemüseeintopf
merluza – Seehecht
moros y cristianos – Reis mit schwarzen Bohnen, »Mohren und Christen«

O

oliva – Olive
oveja – Schaf

P

palmito – Palmherz
pan – Brot
–con lechón – Brot mit Spanferkel
papa – Kartoffel
~s fritas – Pommes frites

~s hervidas – Salzkartoffeln
~s salteadas – Bratkartoffeln
parrillada – Grillplatte
patacones pisados – gebackene
   Bananen
pescado – Fisch
picadillo – Gericht aus Hackfleisch mit
   Gemüse und Gewürzen
plátano – Kochbanane
pollo – Huhn, Hühnchen
postre – Dessert, Nachtisch
potaje – Eintopf
puerco – Schwein

Q

queso – Käse

R

res – Rind
ropa vieja – »alte Wäsche«, gekochtes,
   zerpflücktes Rindfleisch in Gemüse

S

salchicha – Würstchen
salpicón – Meeresfrüchtesalat
salsa roja – rote Sauce, Ketchup
sardina – Sardine
sepia – Tintenfisch
solomillo – Filet, Lende

T

tallarines – Nudeln
tamales – Maistaschen mit Fleisch
ternera – Kalbfleisch
tocino – Speck
torta – Kuchen, Torte
tortilla – Eierspeise, Omelett

V

verdura – Gemüse
vino – Wein
– blanco – Weißwein
– tinto – Rotwein

KUBA GESTERN & HEUTE

Ist hier etwa die Zeit stehen geblieben? So viel Ähnlichkeit steckt in den beiden Bildern von Havannas **Catedral de San Cristóbal** (▶ S. 66) an der Plaza de la Catedral, dabei trennen sie über 150 Jahre. Das Bild oben stammt vom Künstler Lancelot und wurde 1860 im Pariser »Le Tour du Monde« veröffentlicht, das Foto unten datiert von heute. Lediglich der Korallenstein wirkt inzwischen morbider – wie zermürbt von den »gottlosen Zeiten« der Revolution.